KB202594

그리스도의 비밀

그리스도의 비밀

◈ 전능자의 말씀이 삶 가운데 그대로 ◈

Pastor Joshua Kim

도서출판 경외

그리스도의 비밀을 쓰면서

그리스도의 비밀을 전하니까 많은 사람들이 "그리스도의 비밀이 무엇이냐?"고 묻는다. 안타깝게도 많은 사람들이 그리스도의 비밀을 모르거나 그리스도의 비밀이라는 말조차도 들어 보지 못하였다고 한다. 그래서 이상한 새로운 교리를 전하는 것이 아닌지 의심을 품는 이들도 있다. 그리스도의 비밀은 바울 사도가 전한 복음이다.

골 4:3 "또한 우리를 위하여 기도하되 하나님이 전도할 문을 우리에게 열어 주사 그리스도의 비밀을 말하게 하시기를 구하라 내가 이것을 인하여 매임을 당하였노라"

바울 사도는 자신이 전한 복음이 사람의 뜻대로 된 것이 아니고 오직 예수 그리스도의 계시로 말미암은 것이라고 성경은 기록하고 있다.

갈 1:11-12 "11형제들아 내가 너희에게 알게 하노니 내가 전한 복음이 사람의 뜻을 따라 된 것이 아니라 12이는 내가 사람에게서 받은 것도 아니요 배운 것도 아니요 오직 예수 그리스도의 계시로 말미암은 것이라"

바울 사도가 자기의 생명을 아끼지 아니하고 전했던 영광의 복음인 그리스도의 비밀은 로마의 문을 열었고 전 세계로 전파되었다. 하지만 지금까지 교회들이 그리스도의 비밀은 전하지 않고 자신들이 만든 교리와 교파의 가르침만 전하다가 이제는 황폐한 지경에 이르렀다. 유럽에 가보면 화려하고 웅장하게 지어 놓은 교회들이 지금은 교인들이 없어서 건물 유지를 위해 돈을 받고 교회를 구경을 시켜주는 관광지로 되어 버렸다. 선택받지 못한 나머지 교회들은 심지어 술집이나 호텔, 이슬람 사원으로 팔려나간다. 이제는 예배드리는 교회들을 찾아보기 힘든 지경이다. 미국의 사정도 별반 다를 바가 없어서 지난 이십여 년 동안 약 사천만 명의 교인들이 교회를 떠났다고 한다. 한국도 교회들도 급속히 위축되고 있다.

왜 그런가? 교회를 다녀도 기도의 응답이 없으며 전능하신 하나님을 믿는데도 재앙을 그대로 당하고 있다. 교인들이 신앙생활을 하지만 많은 문제들 속에 살고 있으며 기쁨과 감사 대신에 근심과 걱정이 가득한 삶을 산다. 교회에 오면 신앙인 같으나 교회 문을 나서면 믿지 않는 자와 하나도 다를 바 없다고 세상 사람들은 교회를 욕하고 비방한다. 교인들은 습관적으로 교회생활을 하다가 목회자에게 실망을 하거나 교회에 분쟁이 생기면 신앙에 회의를 느끼며 교회를 등진다. 그리스도의 비밀은 성경이 말씀하는 바로 그 복음이며 한국 교회는 물론 전 세계의 교회를 회복시킬 생명의 복음이다. 모든 편견과 알고 있는 성경 지식을 내려놓고 이 책을 읽는다면 하나님께서 크신 깨달음을 주실 것이며 성경에 약속하신 모든 형통의 복이 그대로 임할 것이다. 성경은 전능하신 하나님 말씀이기 때문에 살아 역사하며 모든 문제들을 해결하여 주신다.

> 히4:12 "하나님의 말씀은 살았고 운동력이 있어 좌우에 날선 어떤 검보다도 예리하여 혼과 영과 및 관절과 골수를 찔러 쪼개기까지 하며 또 마음의 생각과 뜻을 감찰하나니"

그리스도의 비밀은 먼저 나의 삶을 행복하게 한다. 내가 먼저 행복하고 만족하면 나의 자녀들이 효자가 되며 가정의 행복이 이루어진다. 이렇게 내 가정이 화목하고 행복하면 자녀들이 잘되어 사회에 공헌을 하며 다른 사람들에게도 유익을 주는 귀한 삶을 살게 된다. 이것이 바로 하나님께서 성경을 통하여 말씀하신 사람답게 사는 복된 삶이다.

고전 10:33 “나와 같이 모든 일에 모든 사람을 기쁘게 하여 나의 유익을 구치 아니하고 많은 사람의 유익을 구하여 저희로 구원을 얻게 하라”

아브라함을 복의 근원으로 부르신 것처럼 내가 먼저 잘 되어서 복의 근원이 된다면 대한민국은 전 세계에 복을 나눠 주는 으뜸이 되는 나라가 될 것이다. 그리스도의 비밀은 하나님의 말씀이 나의 삶 속에 그대로 이루어지게 하며 하나님께 영광을 돌릴 뿐 아니라 세상 사람들에게도 칭찬을 받는 삶을 살게 한다.

마 5:16 “이같이 너희 빛을 사람 앞에 비취게 하여 저희로 너희 착한 행실을 보고 하늘에 계신 너희 아버지께 영광을 돌리게 하라”

그리스도의 비밀은 남녀노소 구분 없이 누구나 되게 한다. 그리스도의 비밀은 이미 실패한 인생이라도 더 잘되게 한다. 이 책에 담겨져 있는 간증들은 하나님께서 부족한 종에게 살아 역사 하신 것들을 기록한 것이다. 이 책에 나오는 말씀들을 잘 묵상한다면 누구라도 살아서 역사하시는 전능자의 말씀이 삶 가운데 그대로 이루어지는 것을 직접 볼 것이다.

기도

주여! 너무나도 귀한 복음인 그리스도의 비밀을 저희들에게 주신 것 감사하오니 이제는 깨달아 존귀한 자가 되게 하여 주옵소서. 눈을 열어서 비밀 안에 담겨 있는 하나님의 놀라운 사랑을 보게 하여 주시며 온전히 행하여 주님께서 인정하시는 의인의 삶을 살게 하여 주옵소서. 자자손손 그 복을 받게 하시고 대한민국이 세계를 살리는 복의 근원 되는 나라가 되게 하옵소서. 또한 이 복을 받아 누리는 각 교회와 가정들이 되게 하여 주옵소서. 모두가 이 땅에서 하나님 자녀들에게 주시는 복을 다 받게 하옵소서. 지금까지 기도한 것을 들어주신 아버지시여 성삼위 이름으로 축복하오니 꼭 응답해 주옵소서. 예수님 이름으로 감사하며 기도드리옵나이다. 아멘.

목 차

제1장

후회 없는 삶을 위하여

에서의 눈물

믿음의 조상인 아브라함의 손자요 이삭의 아들인 에서는 믿음의 가정에서 태어났다. 어려서부터 하나님을 믿고 자라 왔던 에서가 장자의 명분을 팔고 안타깝게도 망령된 자가 되었다. 성경은 에서를 망령된 자이며 버림받은 자라고 말하고 있다. 지금은 에서와 같이 장자의 명분을 팔아서 망령된 자가 되는 일이 없겠지만 성경은 왜 이 사건을 기록하고 있는지 생각해 본 적이 있는가? 소위 말하는 모태 신앙이요 하나님을 믿은 에서가 망령된 자가 되어서 하나님께 버린바 된 이 사건을 통하여 우리에게 말씀하시는 바를 잘 깨달아야 한다.

히 12:16-17 "16음행하는 자와 혹 한 그릇 식물을 위하여 장자의 명분을 판 에서와 같이 망령된 자가 있을까 두려워하라 17너희의 아는 바와 같이 저가 그 후에 축복을 기업으로 받으려고 눈물을 흘리며 구하되 버린 바가 되어 회개할 기회를 얻지 못하였느니라"

히브리서는 음행하는 자가 바로 망령된 자요 장자의 명분을 파는 죄라고 말씀한다. 장자의 명분을 팔지 않아도 음행하는 자는 바로 망령된 자이며 버림을 받게 되는 무서운 죄이다. 음행하는 죄를 실제로 저지른 적이 없으니 자기 자신은 깨끗하다고 믿는 자들을 향하여 예수님은 마음으로 음욕을 품으면 이미 마음으로 간음한 것과 같다고 말씀한다.

마 5:27-28 "27또 간음치 말라 하였다는 것을 너희가 들었으나 28나는 너희에게 이르노니 여자를 보고 음욕을 품는 자마다 마음에 이미 간음하였느니라"

근래에 일어난 카톨릭 신부들의 성추행 사건들을 비롯하여 많은 교역자들과 교인들이 음란 문제로 교회는 물론 하나님의 이름까지 더럽히고 있다. 음란 문제가 발생하면 세상 사람들은 교회를 욕할 뿐 아니라 하나님의 이름까지 들먹이며 비난한다.

롬 2:24 "기록된 바와 같이 하나님의 이름이 너희로 인하여 이방인 중에서 모독을 받는도다"

카톨릭 신부들은 자신의 삶을 전적으로 하나님께 바쳐서 결혼까지 포기한 사람들이다. 그런데 이들이 어떻게 범죄자로 전락하게 되었는지 의문이 생기지 않는가? 물론 인간이니까 실수를 할 수 있지만 소위 하나님을 위해 산다는 신부나 목회자들이 성범죄자로 타락하는 모습들은 우리에게 많은 실망감을 준다. 교회들이 음란에 대해서 침묵하고 있는 이유는 간단하다. 음란 문제를 해결할 수 있는 길을 모르거나 속으로는 자신들도 같은 문제로 죄책감에 시달리고 있기 때문이다. 말로는 하나님을 믿는다고 하지만 속에 있는 음란한 마음을 제거하지 않는다면 여호와를 알지 못한다고 성경은 말씀한다.

호 5:4 "저희의 행위가 저희로 자기 하나님에게 돌아가지 못하게 하나니 이는 음란한 마음이 그 속에 있어 여호와를 알지 못하는 까닭이라"

음란한 마음이 있으면 참 하나님이신 여호와를 알지 못하기 때문에 영생이 없다. (렘 10:10) 그런데도 예수를 믿기만 하면 구원 받는다고 가르치기 때문에 교인들이 쉽게 죄를 지으며 넘어진다.

요 17:3 “영생은 곧 유일하신 참 하나님과 그의 보내신 자 예수 그리스도를 아는 것이니이다”

이스라엘 백성들은 하나님께서 베푸신 놀라운 이적들로 애굽으로부터 벗어나 종에서 해방될 수 있었다. 하나님께서는 이스라엘 백성들 앞에서 행하사 구름기둥과 불기둥으로 인도하셨다.

출 13:21-22 “21여호와께서 그들 앞에 행하사 낮에는 구름기둥으로 그들의 길을 인도하시고 밤에는 불기둥으로 그들에게 비취사 주야로 진행하게 하시니 22낮에는 구름기둥, 밤에는 불기둥이 백성 앞에서 떠나지 아니하니라”

그런데도 이스라엘 백성들은 바로의 군대가 뒤에서 추격하며 앞에는 자신들을 가로막고 있는 홍해를 보자 두려움과 공포에 사로잡혀 오히려 하나님을 원망하고 모세를 대적한다.(출 14:11-12) 이때에도 하나님은 이스라엘 백성을 긍휼히 여기사 모세를 통해 홍해가 갈라지는 기적을 베푸셨다. 성경은 홍해를 건넌 이스라엘 백성을 ‘구름과 바다에서 세례를 받은 자들’이라고 말씀한다.

고전 10:1-4 “1형제들아 너희가 알지 못하기를 내가 원치 아니하노니 우리 조상들이 다 구름 아래 있고 바다 가운데로 지나며 2모세에게 속하여 다 구름과 바다에서 세례를 받고 3다 같은 신령한 식물을 먹으며 4다 같은 신령한 음료를 마셨으니 이는 저희를 따르는 신령한 반석으로부터 마셨으매 그 반석은 곧 그리스도시라”

사도행전은 이스라엘 백성들을 광야 교회의 교인으로 선지자 모세에게서 생명의 도를 받은 세례 교인이라고 말씀한다.

행 7:37-38 "37이스라엘 자손을 대하여 하나님이 너희 형제 가운데서 나와 같은 선지자를 세우리라 하던 자가 곧 이 모세라 38시내산에서 말하던 그 천사와 및 우리 조상들과 함께 광야 교회에 있었고 또 생명의 도를 받아 우리에게 주던 자가 이 사람이라"

광야 교회에 속해서 생명의 도를 받았으며 세례까지 받은 세례 교인이요 지금의 우리들보다 더 많은 이적과 하나님의 역사를 체험했던 이스라엘 백성들도 음란죄는 피하지 못하고 죽음을 당하였다. 이스라엘 백성들은 간음하다가 하루에 이만 삼천 명이 죽음을 당하였다.

고전 10:8 "저희 중에 어떤 이들이 간음하다가 하루에 이만 삼천 명이 죽었나니 우리는 저희와 같이 간음하지 말자"

이처럼 세례 교인이었으며 생명의 도를 받았던 자들도 망하게 하는 죄가 바로 간음죄이다. 간음죄를 범하면 에서와 같이 회개할 기회조차 없이 하나님의 저주 가운데 살아간다. 그럼에도 불구하고 음란죄를 이기는 법을 모르는 오늘날의 교회들은 오히려 교인들을 넘어지게 하고 있다. 에서는 나중에 후회를 하고 눈물을 흘리며 축복을 기업으로 받기를 원했지만 회개할 기회를 얻지 못했다고 히브리서는 말씀한다.

히 12:17 "너희의 아는 바와 같이 저가 그 후에 축복을 기업으로 받으려고 눈물을 흘리며 구하되 버린 바가 되어 회개할 기회를 얻지 못하였느니라"

사람을 더럽게 하는 것들

세례 교인이었던 이스라엘 백성들도 음란죄로 인하여 죽음을 당하였고 모태 신앙이며 하나님을 믿었던 에서도 버림받게 한 것이 바로 음란죄이다. 겉으로는 음란한 마음이 없는 척 위선을 부리며 사람들을 속일 수는 있지만 모든 생각과 중심을 아시는 하나님 앞에서 피할 수 있는 사람은 아무도 없다. 하나님께서 분노를 풀기 전에는 음란죄가 쉽게 용서 받지 못한다고 성경은 말씀한다.

> 겔 24:13 "너의 더러운 중에 음란이 하나이라 내가 너를 정하게 하나 네가 정하여지지 아니하니 내가 네게 향한 분노를 풀기 전에는 네 더러움이 다시 정하여지지 아니하리라"

음란한 마음을 그대로 놔두면 음란죄가 쌓여서 결국 음란의 종이 되며 결국은 반복해서 음란죄를 범하게 되는 것이다. 또한 음란죄는 후회를 하고 고민을 해도 없어지지 않으며, 죄에서 벗어나기 위해 몸부림을 쳐도 자신의 의지와는 상관없이 음행을 저지르게 되어 결국은 오늘날의 에서가 되게 한다.

> 잠 22:14 "음녀의 입은 깊은 함정이라 여호와의 노를 당한 자는 거기 빠지리라"

그렇다면 음란한 마음을 비롯해서 온갖 죄들로부터 자유를 누릴 수 있는 길은 없는 것일까? 성경은 죄를 이겨 내며 승리의 삶을 살 수 있는 길을 말씀한다. 예수님께서 제자들에게 사람을 더럽게 하는 죄들을 친히 가르쳐 주셨지만 교회들은 예수님의 가르침을 무시해 버렸다. 짐승들은 손을 씻지 않고 먹이를 먹지만 사람이라면 더러운 손으로 음식을 먹지는 않는다. 만일 손을 씻지 않고 음식을 먹으면 배는 아플 수 있겠지만 사람을 더럽게 만들지는 않는다. 사람을 더럽게 하는 것은 음식이 아니라 '마음에서 나오는 죄들'이다.

> 마 15:16-20 "16예수께서 가라사대 너희도 아직까지 깨달음이 없느냐 17입으로 들어가는 모든 것은 배로 들어가서 뒤로 내어 버려지는 줄을 알지 못하느냐 18입에서 나오는 것들은 마음에서 나오나니 이것이야말로 사람을 더럽게 하느니라 19마음에서 나오는 것은 악한 생각과 살인과 간음과 음란과 도적질과 거짓 증거와 훼방이니 20이런 것들이 사람을 더럽게 하는 것이요 씻지 않은 손으로 먹는 것은 사람을 더럽게 하지 못하느니라"

마음에서 나오는 죄들이 사람을 더럽게 만든다. 그 중의 하나가 바로 음란이요 간음죄이다. 마음에서 나오는 이런 죄들을 회개하고 그리스도의 피로 씻으면 쉽게 죄들을 이길 수 있다.(엡 1:7) 사람들은 손을 씻고 음식을 먹을 줄은 알지만 자기를 진짜 더럽게 만드는 마음에서 나오는 죄들은 무시하고 씻는 법이 없다. 오늘날 교회들이 믿음과 구원에만 초점을 맞추다 보니 예수님께서 제자들에게 친히 가르쳐 주신 사람을 더럽게 하는 죄들은 철저히 외면했다. 그 결과 교인들이 음란죄를 비롯해서 각종 죄악 속에 빠지게 되었으며 삶에는 형통함이 사라졌다. 교회를 다녀도 복된 삶을 살아본 적이 없으니 결국은 좌절만 맛보고 교회를 떠나게 된 것이 오늘날의 유럽 교회들과 미국, 한국 교회의 안타까운 현실이다. 죄가 있으면 하나님께서 우리의 기도를 듣지 않으신다고 말씀했건만 교회들은 이 말씀 또한 철저히 외면했다. 죄를 씻지 않으니 하나님께 기도한다고 해도 기도가 막히고 응답은 없으니 교인들의 삶은 당연히 답답할 수밖에 없고, 문제가 심각하면 하나님을 원망하면서 교회를 떠나게 되는 것이다.

사 59:1-3 "1여호와의 손이 짧아 구원치 못하심도 아니요 귀가 둔하여 듣지 못하심도 아니라 2오직 너희 죄악이 너희와 너희 하나님 사이를 내었고 너희 죄가 그 얼굴을 가리워서 너희를 듣지 않으시게 함이니 3이는 너희 손이 피에, 너희 손가락이 죄악에 더러웠으며 너희 입술은 거짓을 말하며 너희 혀는 악독을 발함이라"

하나님과 나 사이를 가로막고 있는 것이 바로 죄악들이다. 교인들이 이사야서 말씀을 깨닫고 죄를 회개한다고 해도 무슨 죄를 어떻게 회개해야 하는지 배워 본 적이 없기 때문에 막막할 뿐이다. 하지만 분명한 것은 하나님과 나 사이를 가로막고 있는 죄들을 해결하면 살아 계신 하나님께서 나의 기도를 응답하신다는 것이다. 하나님은 전능자이시기 때문에 어떠한 문제도 해결해 주신다. 그래서 바울 사도를 비롯하여 믿음의 선조들이 그리스도의 비밀을 전한 것이다. 그러면 무슨 죄들을 어떻게 회개해야 하는가?

첫째는 예수님께서 친히 가르쳐 주신 마음에서 나오는 죄들을 회개해야 한다.

마음에는 나오는 죄 중의 하나가 바로 간음하는 마음이다. 살면서 음란한 마음과 생각이 드는 이유는 마음에서 흘러나오기 때문이며 이것이 사람을 더럽게 만들고 있다. 사람을 더럽게 하는 이런 죄들을 깨끗케 하면 음란의 종에서 벗어나게 된다. 마음에서는 음란죄 외에도 여러 죄들이 나오는데 그 첫 번째가 바로 악한 생각이다. 악한 생각이란 돈을 사랑하는 마음이라고 디모데 전서는 말씀하고 있다.

딤전 6:10 "돈을 사랑함이 일만 악의 뿌리가 되나니 이것을 사모하는 자들이 미혹을 받아 믿음에서 떠나 많은 근심으로써 자기를 찔렀도다"

돈은 꼭 필요한 것이다. 문제는 사람들이 돈의 노예가 되어 돈을 위해 살고, 돈 때문에 걱정하고, 심지어 남을 죽이기까지 한다. 돈을 사랑하는 것은 일만 악의 뿌리가 되기 때문에 한 번 빠지게 되면 벗어나기가 어렵다. 돈 때문에 자기의 소중한 목숨을 버리기도 하고 평생 돈에 묶여서 노예처럼 사는 사람들도 부지기수다. 말씀 그대로 돈을 사랑하면 많은 근심이 자기를 찔러서 사람을 번뇌케 할 뿐 아니라 믿음에서도 떠나게 한다.

잠 12:25 "근심이 사람의 마음에 있으면 그것으로 번뇌케 하나 선한 말은 그것을 즐겁게 하느니라"

번뇌는 근심이 자라서 생긴 것이다. 염려와 근심이 삶의 일부분이라고 생각하고 가볍게 여기는 사람들이 많은데 근심은 사망을 이룬다고 성경은 말씀한다.

고후 7:10 "하나님의 뜻대로 하는 근심은 후회할 것이 없는 구원에 이르게 하는 회개를 이루는 것이요 세상 근심은 사망을 이루는 것이니라"

일반 의학 상식으로도 스트레스가 만병의 근원임을 알고 있다. 또 스트레스 없이 살아 보려고 발버둥을 치지만 쉽게 사라지지 않는다. 속에 근심이 있는 한 아무리 애를 써도 인간의 노력으로는 근심을 없애지 못한다. 근심은 번뇌의 근원이며 나아가서는 심령을 상하게 하며 뼈를 마르게 한다.

잠 15:13 "마음의 즐거움은 얼굴을 빛나게 하여도 마음의 근심은 심령을 상하게 하느니라"

우리가 알다시피 뼈는 피를 생성하며 우리 몸을 지탱하는 가장 중요한 부분이다. 뼈가 마른다면 병에 취약하게 되어 결국은 온갖 병에 시달리며 살게 된다.

잠 17:22 "마음의 즐거움은 양약이라도 심령의 근심은 뼈로 마르게 하느니라"

하지만 교인들은 현대 과학이나 의학은 믿을지언정 전능하신 하나님의 말씀은 무시한다. 피가 깨끗하고 건강한 삶을 위해서는 스트레스도 받지 말고 건강한 식단을 유지하며 근심 대신 즐겁게 살면 된다고 상식적으로는 다 알고 있다. 하지만 모든 것이 자신의 뜻대로 되지 않는다는 것 또한 잘 안다. 그것은 바로 근심과 걱정의 뿌리가 바로 돈과 직접적으로 연결되어 있기 때문이다. 일만 악의 뿌리가 되는 돈은 사랑의 대상이 아니고 다스리고 지배해야 하는 대상이다. 하나님께서는 자기를 사랑하는 자에게 물질의 복을 비롯해서 모든 복을 준비해 놓으셨기 때문에 만복의 근원 되시는 하나님을 사랑하면 악을 이길 수 있다. 사랑의 아버지이신 하나님은 자기 자녀가 세상에 묶이지 않고 근심 없이 날마다 기뻐하고 감사하며 아무 걱정 없이 살기를 원하신다.

살전 5:16-18 "16항상 기뻐하라 17쉬지 말고 기도하라 18범사에 감사하라 이는 그리스도 예수 안에서 너희를 향하신 하나님의 뜻이니라"

하나님께서 물질의 복을 주신다고 하면 기복 신앙이라고 하나님 말씀을 부인하는 자들이 있는데 하나님은 우리가 모든 일에 부족함이 없이 부요한 삶을 살기를 원하신다.

고후 8:9 "우리 주 예수 그리스도의 은혜를 너희가 알거니와 부요하신 자로서 너희를 위하여 가난하게 되심은 그의 가난함을 인하여 너희로 부요케 하려 하심이니라"

모든 재물과 부는 하나님께서 주시는 것이다. 어떤 사람들은 구약은 옛날이야기처럼 취급해서 어제의 하나님과 오늘날의 하나님이 다른 분인 것처럼 여기는 자들이 있다. 그러나 알파와 오메가 되시는 하나님은 어제나 오늘이나 영원토록 변함없으시고 전능하신 분이시다.(계 1:8) 하나님을 사랑하면 모든 쓸 것을 채워 주신다. 채워 주실 뿐 아니라 차고 넘치게 주셔서 남에게도 나누어 줄 수 있도록 복을 내리신다.

잠 8:17-21 "17나를 사랑하는 자들이 나의 사랑을 입으며 나를 간절히 찾는 자가 나를 만날 것이니라 18부귀가 내게 있고 장구한 재물과 의도 그러하니라 19내 열매는 금이나 정금보다 나으며 내 소득은 천은보다 나으니라 20나는 의로운 길로 행하며 공평한 길 가운데로 다니나니 21이는 나를 사랑하는 자로 재물을 얻어서 그 곳간에 채우게 하려 함이니라"

가끔 하나님을 믿지 않아도 잘 사는 사람들이 있다고 부러워하는 사람들이 있지만 악인이 형통한 것은 죄이기 때문에 부러워 할 필요가 없다.

잠 21:4 "눈이 높은 것과 마음이 교만한 것과 악인의 형통한 것은 다 죄니라"

사람들은 누구나 이 세상을 떠날 때에 아무 것도 가지고 갈 수 없다. 그러니 헛된 재물에 마음을 두지 말고 하나님만 사랑하면 하나님께서 필요한 모든 것과 쓸 것을 다 채워 주신다.(잠 23:4-5) 마태복음에서도 이방인들은 '무엇을 먹을까, 마실까, 입을까' 염려하지만 하나님께서는 우리에게 모든 것이 있어야 할 줄을 이미 아신다고 말씀한다. 하지만 교회를 다니며 입으로는 하나님을 믿는다고 하면서도 이방인들과 똑같이 염려하며 살고 있으니 이 얼마나 딱한 노릇인가? 먼저 그의 나라와 그의 의를 구하면 이 모든 것을 우리에게 더하신다는 것이 하나님께서 약속하신 말씀이다.

마 6:31-33 "31그러므로 염려하여 이르기를 무엇을 먹을까 무엇을 마실까 무엇을 입을까 하지 말라 32이는 다 이방인들이 구하는 것이라 너희 천부께서 이 모든 것이 너희에게 있어야 할 줄을 아시느니라 33너희는 먼저 그의 나라와 그의 의를 구하라 그리하면 이 모든 것을 너희에게 더하시리라"

사람들이 하나님의 말씀을 믿지 못하니 하나님을 의지하지 않고 자기 스스로 벌어서 힘들게 살아간다. 그러니 생활에는 염려가 가득하고 피곤하며 스스로 잘 살아 보려고 하다가 온갖 시험에 빠진다. 그러다가 큰 시험에 부딪히면 심지어 스스로 목숨을 버리거나 침륜과 멸망에 빠져 허우적거린다.

딤전 6:9 "부하려 하는 자들은 시험과 올무와 여러 가지 어리석고 해로운 정욕에 떨어지나니 곧 사람으로 침륜과 멸망에 빠지게 하는 것이라"

'살인'하면 다른 사람을 직접 죽이는 것이라고 알고 있지만 남을 미워하는 것도 살인이다.(요일 3:15) 교회를 다녀도 남을 미워하는 마음이 수시로 들며 결국에는 원수가 된다. 교회에 분쟁이 일어나는 이유는 이런 살인죄가 마음에서 나오기 때문이다. 요한일서에는 빛 가운데 있다고 하면서 형제를 미워하는 자들에게 경고하기를 '형제를 미워하면 어두움이요 이 어두움이 눈을 멀게 하였다'고 말씀한다. 어두움 가운데 있는 자는 가는 길이 캄캄하기 때문에 여기저기에 걸려 넘어진다. 또한 갈 길을 알지 못하기 때문에 앞날에 대한 걱정에 사로잡히는 것이다.

요일 2:9-11 "9빛 가운데 있다 하며 그 형제를 미워하는 자는 지금까지 어두운 가운데 있는 자요 10그의 형제를 사랑하는 자는 빛 가운데 거하여 자기 속에 거리낌이 없으나 11그의 형제를 미워하는 자는 어두운 가운데 있고 또 어두운 가운데 행하며 갈 곳을 알지 못하나니 이는 어두움이 그의 눈을 멀게 하였음이니라"

마태복음은 이사야서를 인용하여 '눈으로 보고 귀로 들을 수 있는 자는 복이 있다'라고 말씀한다. 정상적인 사람들이라면 매일 눈으로 보고 귀로 들으며 사는 것이 일상적인 일이다. 하지만 남을 미워하는 살인죄로 인하여 눈과 귀가 멀게 된다는 것을 아는 사람은 거의 없다.

마 13:14-16 "14이사야의 예언이 저희에게 이루었으니 일렀으되 너희가 듣기는 들어도 깨닫지 못할 것이요 보기는 보아도 알지 못하리라 15이 백성들의 마음이 완악하여져서 그 귀는 듣기에 둔하고 눈은 감았으니 이는 눈으로 보고 귀로 듣고 마음으로 깨달아 돌이켜 내게 고침을 받을까 두려워함이라 하였느니라 16그러나 너희 눈은 봄으로, 너희 귀는 들음으로 복이 있도다"

눈과 귀가 고침을 받으려면 마음에 있는 완악한 죄를 없애야 한다. 눈과 귀가 고침을 받으면 앞길이 환하기 때문에 근심과 걱정이 사라질 뿐 아니라 귀가 열렸기 때문에 하나님께서 인도하시는 음성을 분명하게 들을 수 있다. 그래서 눈과 귀가 고침을 받은 자가 복 있는 자라고 말씀하는 것이다. 문제는 어제 형제를 미워했다가 용서하고 다시 사랑한다고 해도 다시 미워하는 일이 수 없이 많다. 그런데도 한 번 빛이면 다시 어두움에 빠지지 않는다고 하는 것은 전적으로 성경을 부인하는 것이다. 신앙생활 초기에는 교회에서 분쟁을 일으키는 일이 거의 없다. 오히려 교회 오랜 다닌 직분 자들과 목회자들이 더 많은 분쟁을 일으킨다. 이들은 서로 미워하고 다투고 분쟁하며 심지어 폭력까지 행사하는 살인죄를 범하고도 천국은 분명히 간다며 말씀을 부인하며 교인들에게도 그렇게 가르치고 있다. 교회뿐 아니라 가정에서도 부부가 미워하거나 형제끼리도 다툼이 일어난다. 그리고 직장이나 어떤 모임에서건 남을 미워하는 행위는 살인죄를 저지르고 있는 것이며 그 사람에게 영생은 없다. 살인죄를 짓지 않는 길은 마음에서 나오는 더러운 죄들을 그리스도의 피로 씻는 길인데도 교회들은 침묵하고 있다. 성경은 증거하기를 세상에서 가장 거짓되고 부패한 것이 사람의 마음이라고 한다.

렘 17:9-10 "9만물보다 거짓되고 심히 부패한 것은 마음이라 누가 능히 이를 알리요마는 10나 여호와는 심장을 살피며 폐부를 시험하고 각각 그 행위와 그 행실대로 보응하나니"

만물보다 부패하고 거짓된 마음을 가지고 있으면서도 입으로만 예수를 주로 시인하고 하나님을 마음에 믿으면 구원 받는다고 가르치는 자들이 있는데 성경은 말씀하시기를 내가 자의적으로 예수를 주라 고백할 수 있는 것이 아니고 성령으로만 예수를 주라고 고백할 수 있다. (고전 12:3) 앞으로 더 상세히 살펴보겠지만 성령은 회개치 아니한 더러운 심령과는 함께 하시지 않는다.

롬 10:9-10 "9네가 만일 네 입으로 예수를 주로 시인하며 또 하나님께서 그를 죽은 자 가운데서 살리신 것을 네 마음에 믿으면 구원을 얻으리니 10사람이 마음으로 믿어 의에 이르고 입으로 시인하여 구원에 이르느니라"

입으로 나오는 모든 것이 마음에서 나오는 것이기 때문에(마 12:34) 마음의 죄를 놔두고 입으로만 외치는 것은 위선이요 가식이다. 그런데도 입으로 '믿습니다'라고 하면 다 구원 받는다고 가르치니 교인들이 죄에 대해서 무감각한 삶을 살 수밖에 없다. 성경은 우리가 '주여 주여' 한다고 천국에 다 들어가는 것이 아니고 하나님 뜻대로 행하는 자만이 천국에 간다고 말씀한다.(마 7:21) 또한 머리로만 믿는 것도 결코 구원에 이르지 못한다. 잠언에서도 말씀하기를 사람의 마음속에는 일곱 가지 가증한 것이 있기 때문에 사람들의 말과 속이 다른 것을 행한다고 이미 말씀하셨다. 주변에서 보는 바와 같이 사람들은 겉만 보고 사람을 믿다가 낭패를 당한 후에는 서로 싸우고 미워하고 증오한다. 물론 교인들도 절대 예외가 아니다.

잠 26:24-26 "24감정 있는 자는 입술로는 꾸미고 속에는 궤휼을 품나니 25그 말이 좋을지라도 믿지 말것은 그 마음에 일곱 가지 가증한 것이 있음이라 26궤휼로 그 감정을 감출지라도 그 악이 회중 앞에 드러나리라"

잘 알다시피 도적질은 사람의 물건을 훔치는 것을 말한다. 하지만 성경엔 하나님의 것을 도적질하는 것도 포함되어 있다. 십일조와 헌물은 하나님께서 정하신 것이다. 십일조를 강조하기 때문에 교회와 목회자가 타락한다고 십일조 자체를 경시하는 사람들이 있는데 이것은 하나님 말씀을 부인하는 것이다.

> 말 3:8-10 "8사람이 어찌 하나님의 것을 도적질하겠느냐 그러나 너희는 나의 것을 도적질하고도 말하기를 우리가 어떻게 주의 것을 도적질 하였나이까 하도다 이는 곧 십일조와 헌물이라 9너희 곧 온 나라가 나의 것을 도적질하였으므로 너희가 저주를 받았느니라 10만군의 여호와가 이르노라 너희의 온전한 십일조를 창고에 들여 나의 집에 양식이 있게 하고 그것으로 나를 시험하여 내가 하늘 문을 열고 너희에게 복을 쌓을 곳이 없도록 붓지 아니하나 보라"

십일조나 헌물을 드릴 때 아까운 마음이 드는 것은 '나'도 '내 삶'도 다 하나님의 것인데도 '내가 스스로 돈을 벌어서 내가 내 삶을 사는 것'이라는 교만한 마음을 가졌기 때문이다. 나의 삶은 나의 것이 아니라 주님의 것이다. (롬 14:7-8) 주님의 것을 나의 것이라 하는 것이 도적질하는 마음이다. 또 하나는 십일조를 드려도 복을 쌓을 곳이 없도록 주신다는 약속이 자기 삶에 이루어지지 않았기 때문에 아까운 마음도 들고 손해 보는 마음이 드는 것이다. 아무리 십일조를 드려도 "하늘 문을 열고 너희에게 복을 쌓을 곳이 없도록 주신다"는 약속이 이루어지지 않는 이유는 외식함 때문이요 또한 의와 인과 신을 버렸기 때문이다.

> 마 23:23 "화 있을찐저 외식하는 서기관들과 바리새인들이여 너희가 박하와 회향과 근채의 십일조를 드리되 율법의 더 중한바 의와 인과 신은 버렸도다 그러나 이것도 행하고 저것도 버리지 말아야 할찌니라"

그 다음이 바로 거짓말하는 죄인데 이 죄가 있으면 자연스럽게 거짓말을 하면서도 깨닫지 못하며 점점 겉과 속이 다른 위선자의 삶을 살게 된다. 거짓말하는 자는 불과 유황으로 타는 못에 빠진다고 성경은 경고를 해도 이미 구원 받았다고 믿기 때문에 이런 말씀에는 신경을 쓰지 않는다.

> 계 21:8 "그러나 두려워하는 자들과 믿지 아니하는 자들과 흉악한 자들과 살인자들과 행음자들과 술객들과 우상 숭배자들과 모든 거짓말 하는 자들은 불과 유황으로 타는 못에 참예하리니 이것이 둘째 사망이라"

계시록 21장은 두려워하는 자나 살인자나 행음하는 자나 우상 숭배자나 거짓말하는 자들은 모두 믿지 않는 것과 같은 죄로 둘째 사망에 이른다고 말씀한다. 마음에서 나오는 죄들을 씻지 않기 때문에 아니 한 번도 이 죄들을 회개해 본 적이 없기 때문에 사람들은 이런 죄들의 노예가 되어 좋은 열매를 맺지 못하며 빛 된 삶을 살지 못하는 것이다. 또한 훼방하는 죄는 여호와의 말씀을 멸시하며 명령을 거부하는 무서운 죄다. 마음에서 나오는 죄를 회개치 않으면 자기도 모르게 하나님 말씀을 멸시하는 것이다.

> 민 15:29-31 "29이스라엘 자손 중 본토 소생이든지 그들 중에 우거하는 타국인이든지 무릇 그릇 범죄한 자에게 대한 법이 동일하거니와 30본토 소생이든지 타국인이든지 무릇 짐짓 무엇을 행하면 여호와를 훼방하는 자니 그 백성 중에서 끊쳐질 것이라 31그런 사람은 여호와의 말씀을 멸시하고 그 명령을 파괴하였은즉 그 죄악이 자기에게로 돌아가서 온전히 끊쳐지리라"

자기는 성경이 하나님 말씀인 줄을 믿으며 하나님을 훼방한 적이 없다고 항변할지 몰라도 훼방하는 죄가 있으면 자신도 모르게 하나님 말씀을 경멸하며 명령을 따르지 않는다. 성경 말씀인데도 자기와 믿는 것이 다르다고 함부로 이단이라고 정죄하고 판단하는 것도 바로 훼방하는 죄요. 결국은 멸망을 가져오는 무서운 죄다. 교회들은 수많은 세월동안 그리스도의 비밀을 무시하며 복음 대신에 성경을 교단과 교리에 끼워 맞추었다. 고린도후서는 망하는 자들이 복음 전파를 막으며 마음을 혼미하게 한다고 말씀한다.(고후 4:3-4)

우리가 "예수를 믿습니다" 고백한다고 해서 지은 죄가 없어지는 것이 아니다. 하나님께서는 우리가 다 회개하기에 이르기를 원하시기 때문에 깨달으라고 문제를 주시고 오래 참으시고 기다리신다. 교단의 가르침이나 교리는 우리를 구원받게 하지 못하며 진리는 단 하나 성경말씀뿐이다. 모든 사람들이 다 넉넉히 구원 받고 하나님께 영광 돌리는 복된 삶을 살아야 하지 않겠는가? 길은 단 하나 그리스도의 비밀뿐이다. 그래서 바울 사도는 기꺼이 자기 생명을 다하여 그리스도의 비밀을 전하였으며 성경은 이것을 우리에게 증거하신다.

사형 언도 받은 자

사울은 베냐민 지파에 기스라 이름하는 유력한 사람의 아들로 이스라엘 자손 가운데서 가장 준수한 소년이었다.(삼상 9:1-2) 또한 스스로 작게 여길 줄도 아는 겸손한 사람이어서 여호와께 기름 부음을 받았으며 이스라엘 왕의 자리에 올랐다.

삼상 15:17 "사무엘이 가로되 왕이 스스로 작게 여길 그 때에 이스라엘 지파의 머리가 되지 아니하셨나이까 여호와께서 왕에게 기름을 부어 이스라엘 왕을 삼으시고"

하나님께서 선지자 사무엘을 통하여 사울 왕에게 아말렉 족속을 진멸하라는 명령을 내리셨다. 그러나 사울은 그 명령을 어기고 아말렉 왕인 아각을 살려 주었을 뿐 아니라 양과 소들 중에서 가장 좋은 것과 좋게 보이는 것들을 남겼다. 사무엘이 사울 왕을 책망할 때 사울은 자신의 잘못을 알았기 때문에 즉시 사죄했지만 하나님은 사울 왕을 버리셨다. 기름 부음까지 받은 왕이라도 하나님께 버림을 받은 것은 말씀을 버렸기 때문이다. 한 번 구원받으면 하나님께 버림받지 않는다고 가르치는 자들은 사울 왕이 버림받은 것에 대해서는 침묵한다. 교회들이 예배를 중시하지만 하나님께서 원하시는 것은 말씀에 순종하는 것이며 말씀을 거역하는 것은 우상에게 절하는 죄와 같다.

삼상 15:22-23 "22사무엘이 가로되 여호와께서 번제와 다른 제사를 그 목소리 순종하는 것을 좋아하심 같이 좋아하시겠나이까 순종이 제사보다 낫고 듣는 것이 수양의 기름보다 나으니 23이는 거역하는 것은 사술의 죄와 같고 완고한 것은 사신 우상에게 절하는 죄와 같음이라 왕이 여호와의 말씀을 버렸으므로 여호와께서도 왕을 버려 왕이 되지 못하게 하셨나이다"

하나님께서 명령하신 것은 아말렉 족속을 진멸하며 그들이 가지고 있던 모든 것을 멸하라는 것이었다. 그런데 사울은 하나님의 명령을 거역하고 탈취한 것 중에서 가장 좋은 양과 소를 남기며 하나님께 제사를 드리기 위함이라고 변명을 하였다. 오늘날도 하나님께서 우리에게 바라시는 것은 말씀에 대한 순종이지 멋진 교회건물이나 헌금이나 화려한 예배가 아니다. 하나님께서 사무엘 선지자에게 사울을 버렸다고 말씀하셨을 때 사울이 바로 그 자리에서 왕의 자리를 잃거나 죽음을 당한 것이 아니다. 하나님께서는 사울이 진정으로 회개해서 하나님께 돌아올 기회를 주시며 왕의 자리를 빼앗지 않으셨으나 사울은 회개하지 않았다. 도리어 사울은 골리앗을 죽이고 이스라엘에게 큰 승리를 가져다 준 다윗이 자기보다 더 큰 찬사를 받자 시기하고 질투를 하며 죽이려고 하였다. 진정으로 회개를 하지 않는 사울은 수시로 악신에 시달리며 번뇌하는 삶을 살았다고 성경은 말씀한다. 사울이 다윗에게 대한 시기 질투가 얼마나 심했으면 자기의 사위인데도 계속해서 죽이려고 하였다. 그러다가 말년에는 스스로 자살하였으며 자기 자식들은 물론 자기를 따르던 병사까지 모두 다 죽게 하는 비운의 인물이 되었다.

삼상 31:4 "그가 병기 든 자에게 이르되 네 칼을 빼어 나를 찌르라 할례 없는 자들이 와서 나를 찌르고 모욕할까 두려워하노라 하나 병기 든 자가 심히 두려워하여 즐겨 행치 아니하는지라 이에 사울이 자기 칼을 취하고 그 위에 엎드러지매"

사울을 통해서 우리에게 말씀하시는 것은 하나님 말씀을 버리면 기름 부음 받은 왕이라도 상실한 마음 가운데 내어 버려두신다는 것이다. 하나님께서 상실한 마음 가운데 버려둔 사람들에게 나타나는 현상 중 대표적인 것이 미움과 시기와 질투이다. 입으로는 하나님을 믿는다고 하면서도 교회 내에서 분쟁을 일으키고, 남이 잘 되면 시기 질투하고, 모여서 수군수군하는 더러운 죄들을 서슴없이 짓는 자들이 있다. 로마서에서는 이런 죄들은 '사형에 해당하는 죄'라고 말씀하는데도 많은 교회들과 교인들은 이것이 얼마나 중대한 죄인 줄을 모르고 있다. 수시로 사형에 해당하는 죄를 지으면서도 '사람이 살다보면 다 그럴 수 있지' 하면서 자신뿐 아니라 다른 사람들도 옳다고 한다.

> 롬 1:28-32 "28또한 저희가 마음에 하나님 두기를 싫어하매 하나님께서 저희를 그 상실한 마음대로 내어버려 두사 합당치 못한 일을 하게 하셨으니 29곧 모든 불의, 추악, 탐욕, 악의가 가득한 자요 시기, 살인, 분쟁, 사기, 악독이 가득한 자요 수군수군하는 자요 30비방하는 자요 하나님의 미워하시는 자요 능욕하는 자요 교만한 자요 자랑하는 자요 악을 도모하는 자요 부모를 거역하는 자요 31우매한 자요 배약하는 자요 무정한 자요 무자비한 자라 32저희가 이같은 일을 행하는 자는 사형에 해당하다고 하나님의 정하심을 알고도 자기들만 행할 뿐 아니라 또한 그 일을 행하는 자를 옳다 하느니라"

마음에 하나님 두기를 싫어하는 죄들을 회개치 않으면 로마서에 기록되어 있는 죄들을 계속 짓게 되며 하나님으로부터 점점 멀어지게 된다. 이런 죄들을 범하는 자들을 로마서는 사형에 해당한다고 말씀한다. 사형 언도를 받은 자에게 사형 집행 때까지 밥을 먹게 해 준다고 죄가 없어지는 것이 아니다. 사형 언도를 받은 자라도 죄가 없다고 판결이 나면 풀려나듯이 하나님께서도 사형 언도를 받은 사람에게도 살 길을 주셨다. 그것이 바로 그리스도의 비밀이다. 사울 왕이 버림받은 후에도 왕의 자리를 지킨 것처럼 사형언도를 받은 우리를 아직 살려 두시고 기회를 주시는 것은 아무도 멸망치 않고 다 회개하기를 원하시기 때문이다.

벧후 3:8-9 "8사랑하는 자들아 주께는 하루가 천년 같고 천년이 하루 같은 이 한 가지를 잊지 말라 9주의 약속은 어떤 이의 더디다고 생각하는 것 같이 더딘 것이 아니라 오직 너희를 대하여 오래 참으사 아무도 멸망치 않고 다 회개하기에 이르기를 원하시느니라"

바리새인들은 신앙적으로나 도덕적으로 흠잡을 것 없이 뛰어난 종교생활을 했다. 그들은 불의한 일들을 하지 않았으며 특별히 간음하는 자들을 경멸하며 자칭 의로운 삶을 산 자들이다. 종교적 열심이 얼마나 뛰어났으면 일주일에 두 번씩 금식했으며 소득의 십일조도 빠짐없이 드렸다.

눅 18:11-12 "11바리새인은 서서 따로 기도하여 가로되 하나님이여 나는 다른 사람들 곧 토색, 불의, 간음을 하는 자들과 같지 아니하고 이 세리와도 같지 아니함을 감사하나이다 12나는 이레에 두 번씩 금식하고 또 소득의 십일조를 드리나이다 하고"

선교에 대한 열정도 뛰어나 교통이 잘 발달되지 않았던 그 시절에도 바다와 육지를 두루 다니면서 교인을 얻기 위해 열심을 내었다.

마 23:15 "화 있을찐저 외식하는 서기관들과 바리새인들이여 너희는 교인 하나를 얻기 위하여 바다와 육지를 두루 다니다가 생기면 너희보다 배나 더 지옥 자식이 되게 하는도다"

하지만 바리새인들은 자신들도 지옥 자식의 삶을 살았으며 전도해서 얻은 교인들을 더욱 더 지옥 자식으로 만드는 잘못을 범하였다. 바리새인들이 예수님께 크게 책망을 받았던 이유는 말만 하고 행함이 없었으며(마 23:3-4), 겉으로는 깨끗하고 멋진 옷으로 단장해서 아름답게 보였지만 속에는 탐욕과 방탕이 가득했고(마 23:25), 살인과 모든 더러운 것이 마음속에 가득했기 때문이다.(마 23:27) 말로는 "서로 사랑합니다", "하나님 사랑합니다"를 외치며 교회 안에서는 참다운 신자같이 보이지만 교회 밖 일상생활에서는 온갖 외식과 불법이 가득하다면 바리새인과 다를 바가 없다.

> 마 23:27-28 "27화 있을찐저 외식하는 서기관들과 바리새인들이여 회칠한 무덤 같으니 겉으로는 아름답게 보이나 그 안에는 죽은 사람의 뼈와 모든 더러운 것이 가득하도다 28이와 같이 너희도 겉으로는 사람에게 옳게 보이되 안으로는 외식과 불법이 가득하도다"

즉 예수님께서 서기관들과 바리새인들을 책망하신 이유는 그들이 보인 외식 때문이다. 외식하는 자들은 남의 티는 자기 눈에 잘 보이기 때문에 수군수군하며 손가락질한다. 하지만 정작 자신들도 같은 행위를 하면서도 저 죄인들과 나는 다르다고 자부하는 '자칭 의인들'이다. 이것이 위선이요 가식이다. 먼저 내 눈 안에 있는 들보를 빼내지 않는다면(마 7:1-5) 자신도 모르게 남을 판단하게 되며 자신은 자칭 의인이라고 믿지만 바리새인처럼 화 받을 자의 삶을 살게 된다. 교회에서 예배를 드릴 때는 존경받는 목회자요, 장로요, 권사와 집사요, 신자들의 모습이지만 삶 속에서 나타나는 열매는 남을 미워하여 살인죄를 저지르며(요일 3:15), 가정불화 속에서 살고 있고 남을 위하여 기도하기는커녕 수군수군하여 남의 흉이나 보고 있다면 어느새 바리새인이 되어 있는 것이다.

수시로 마음속으로 음란죄를 지으며 '믿는 자가 이러면 안 되지'라는 양심의 가책을 느껴 본 적이 있는가? 가정과 교회 내의 분쟁으로 인하여 다른 사람을 용서 못하고 괴로움에 빠진 적이 있는가? 하나님께서 믿음 안에서 약속하신 평강과 기쁨과 소망 대신에 입으로는 감사를 외치지만 마음속으로는 온갖 근심과 걱정과 원망의 삶을 살고 있지는 않는가? "누구든지 주의 이름을 부르는 자는 구원을 얻는다"는(롬 10:13) 익숙한 설교를 들으며 '그래도 구원은 받겠지, 하나님께서 나는 봐 주시겠지' 하는 마음으로 살고 있지는 않은가? 하나님을 입으로 믿는다고 시인을 하여도 행위가 따르지 않는다면 가증한 자라고 성경은 말씀한다.

딛 1:16 "저희가 하나님을 시인하나 행위로는 부인하니 가증한 자요 복종치 아니하는 자요 모든 선한 일을 버리는 자니라"

서기관들과 바리새인들이 저지른 치명적인 죄악은 말씀을 자기 멋대로 해석하며 적용하고 자기들의 유전과 전통과 신조들을 위해서 하나님의 말씀을 폐한 데 있다. 교단의 전통과 교리라는 명목으로 하나님 말씀을 외면한 대가는 교인들을 죄악에서 벗어나지 못하고 헤매다가 결국은 신앙을 포기하고 교회를 떠나도록 한다.(마 15:3-6)

예수님께서 친히 하나님 뜻대로 행하는 자라야 천국에 들어간다고 분명히 말씀하셨는데도 몇몇 교단들은 이 말씀을 따르면 '행위 구원론자'라고 이단시한다.

마 7:21 "나더러 주여 주여 하는 자마다 천국에 다 들어갈 것이 아니요 다만 하늘에 계신 내 아버지의 뜻대로 행하는 자라야 들어가리라"

분명한 것은 우리의 구원은 전적인 은혜로 이루어지는 것이지 교단의 가르치는 교리로 되는 것이 아니다. 구원받는 백성은 믿음으로 살지만 하나님 뜻대로 행하는 행함이 반드시 따라야 한다. 바울 사도가 계시로 깨달음을 얻고 자기 생명을 바쳐서 전한 그리스도의 비밀은 믿음은 물론 행함도 있게 한다. 바리새인보다 나은 의가 없으면 천국에 갈 수 없다.

마 5:20 "내가 너희에게 이르노니 너희 의가 서기관과 바리새인보다 더 낫지 못하면 결단코 천국에 들어가지 못하리라"

그렇다면 바리새인보다 더 나은 의는 무엇인가? 예수님께서는 죄인임을 자백하는 세리를 가리켜서 바리새인들보다 더 나은 의라고 말씀하신다. 그리고 자기를 낮추는 자가 되어야 한다고 말씀하셨다.

눅 18:13-14 "13세리는 멀리 서서 감히 눈을 들어 하늘을 우러러 보지도 못하고 다만 가슴을 치며 가로되 하나님이여 불쌍히 여기옵소서 나는 죄인이로소이다 하였느니라 14내가 너희에게 이르노니 이 사람이 저보다 의롭다 하심을 받고 집에 내려 갔느니라 무릇 자기를 높이는 자는 낮아지고 자기를 낮추는 자는 높아지리라 하시니라"

의는 내가 믿어서 되는 것이 아니라 그리스도의 피로 죄를 씻을 때만 의롭게 된다. 그리스도의 피로 죄를 회개하지 않고서 '내가 예수를 믿으니 의롭다'고 하는 것은 교리이지 성경에서 말씀하시는 것이 아니다. 로마서 5장은 분명히 말씀하시기를 그리스도께서 우리를 위하여 죽으심으로 하나님께서는 자기의 사랑을 확증하셨으며 의롭게 되는 길은 자칭 의로운 것이 아니라 그리스도의 피로 인하여 의롭다 하심을 얻는 것이다.

롬 5:8-9 “8우리가 아직 죄인 되었을 때에 그리스도께서 우리를 위하여 죽으심으로 하나님께서 우리에게 대한 자기의 사랑을 확증하셨느니라 9그러면 이제 우리가 그 피를 인하여 의롭다 하심을 얻었은즉 더욱 그로 말미암아 진노하심에서 구원을 얻을 것이니”

사람을 더럽게 하는 죄들을 깨끗케 해야 진노하심에서 구원을 얻는다고 성경은 말씀하는데도 이런 구절들은 다 무시해 버리고 ‘오직 믿기만 하면 구원’이라는 교리로 단순화해서 가르쳤기 때문에 교인들이 기도를 해도 응답이 없다. 죄를 씻으면 막혔던 기도가 하나님께 상달되면서 기적의 응답이 삶에 이루어지는데 교회에서 그리스도의 피로 죄를 씻는 회개가 사라지니 교인들의 기도가 하나님께 상달되지 않는 것이다. 그래서 그리스도께서 우리 죄를 위해서 십자가에서 피를 흘리시며 돌아가신 것이다.

엡 1:7 “우리가 그리스도 안에서 그의 은혜의 풍성함을 따라 그의 피로 말미암아 구속 곧 죄 사함을 받았으니”

음란을 이기는 길

마음에서는 사람을 더럽게 하는 죄들이 나오며 또한 마음에 하나님 두기를 싫어하는 죄들도 나온다. 성경에서는 우리 몸에서도 하나님 나라를 유업으로 받지 못하게 하는 죄들이 나온다고 말씀하신다.

갈 5:19-21 "19육체의 일은 현저하니 곧 음행과 더러운 것과 호색과 20우상 숭배와 술수와 원수를 맺는 것과 분쟁과 시기와 분냄과 당 짓는 것과 분리함과 이단과 21투기와 술 취함과 방탕함과 또 그와 같은 것들이라 전에 너희에게 경계한 것 같이 경계하노니 이런 일을 하는 자들은 하나님의 나라를 유업으로 받지 못할 것이요"

사람들이 음란죄에 특별히 약한 이유 중의 하나는 음란죄가 마음에서 나와서 사람을 더럽게 할 뿐 아니라 우리의 육체에서도 나오는 더러운 죄이기 때문이다. 하나님께서는 복음으로 사람을 타락시키고 망하게 하는 음란을 쉽게 이기도록 하셨지만 안타깝게도 교회들은 하나님 말씀에 무지하여 자신들도 음란죄의 문제를 해결하지 못하였다. 그래서 교인들은 말로는 음란과 상관없는 삶을 사는 것 같아도 속으로는 음란죄에 벗어나지 못하고 겉과 속이 다른 위선의 삶을 산다. 음란을 이기는 길은 인간적인 노력이나 고행을 하며 도를 닦는다고 되는 것이 아니며 속으로 억지로 참는다고 음란한 마음이 쉽게 없어지지 않는다. 우리의 노력으로 되는 것이 아니라 전적인 은혜로 되기 때문에 우리는 복음을 따라야 하며 그래서 그리스도의 비밀이 주어진 것이다. 교회들이 하나님의 말씀을 믿고 따르는 것 같지만 말씀을 자기들의 입맛대로 해석하고, 단 몇 개의 구절을 선택하여 강조함으로써 나머지 성경 구절들을 부인하는 오류를 범하고 있다. 모든 성경은 하나님의 감동으로 된 것이기 때문에(딤후 3:16-17) 한 구절도 빼거나 더하면 안 된다. 계시록을 통해서 경고하시기를 하나님께서 주신 성경 외에 한 구절이라도 더하면 재앙이 더하여질 것이요. 한 구절이라도 빼면 생명나무에 참예할 수 없다고 말씀하신다.

계 22:18-19 "18내가 이 책의 예언의 말씀을 듣는 각인에게 증거하노니 만일 누구든지 이것들 외에 더하면 하나님이 이 책에 기록된 재앙들을 그에게 더하실 터이요 19만일 누구든지 이 책의 예언의 말씀에서 제하여 버리면 하나님이 이 책에 기록된 생명나무와 및 거룩한 성에 참예함을 제하여 버리시리라"

음란죄를 쉽게 이기는 길은 무엇인가? 결론부터 말하자면 그리스도의 비밀로 얻게 되는 지혜가 있어야 음란죄를 이긴다. 지혜가 있어야 음란죄를 이기며 망령된 자가 되는 것을 막아 준다.

잠 2:16 "지혜가 또 너를 음녀에게서, 말로 호리는 이방 계집에게서 구원하리니"

디모데후서 3장 15절에 '구원에 이르게 하는 것이 지혜'라고 말씀한다. 지혜가 있어야 구원을 받을 수 있는데 지금까지 교회들은 믿음은 강조하지만 지혜에 대해서는 전혀 알지를 못했다. 지혜가 있어야 음란의 종노릇을 하지 않으며 하나님께 버림을 받지 않는다. 또한 망령된 자가 되는 것을 막고 구원에 이르게 하여 천국 백성의 삶을 살게 한다.

딤후 3:15 "또 네가 어려서부터 성경을 알았나니 성경은 능히 너로 하여금 그리스도 예수 안에 있는 믿음으로 말미암아 구원에 이르는 지혜가 있게 하느니라"

여기서 말씀하는 지혜는 세상의 지혜를 말씀하는 것이 아니고 하나님의 지혜, 바로 그리스도를 말씀하는 것이다. 즉 그리스도의 비밀로 인하여 지혜를 얻게 되고 지혜가 죄를 이기게 한다. 앞으로 상세히 살펴보겠지만 하나님의 지혜는 바로 그리스도이시며 그리스도께서 우리 안에 계시는 것이 그리스도의 비밀이다. 특히 지혜가 있어야 여호와 하나님을 알게 되어 영생에 이르게 된다. 그래서 바울 사도가 깨달음을 얻고 전한 것이 바로 그리스도의 비밀인 것이다.

고전 1:24 "오직 부르심을 입은 자들에게는 유대인이나 헬라인이나 그리스도는 하나님의 능력이요 하나님의 지혜니라"

우리의 몸에서는 음행과 더러움의 죄들뿐 아니라 우상숭배와 이단과 시기와 분을 내는 온갖 더러운 죄가 다 나온다. 교인들이 툭하면 싸우고 갈라지고 당을 지으며 이단에 쉽게 빠지고 원수를 맺는 이유가 바로 우리 몸에서 나오는 죄 때문이라고 성경은 말씀한다. 교회는 교회대로 각 가정에서는 부부나 형제끼리 원수가 되어 싸우고 갈라지고 시기하고 분을 내면서 그것이 죄인 줄 깨닫지도 못하고 있다. 천국 가는 그리스도 예수의 사람들은 육체와 함께 그 정과 욕심을 십자가에 못 박은 자들이다.

갈 5:24 "그리스도 예수의 사람들은 육체와 함께 그 정과 욕심을 십자가에 못 박았느니라"

육체에서 나오는 죄들을 그냥 놔두고는 하나님의 나라를 유업으로 받지 못한다.(갈 5:19-21) 그래서 육체의 정욕을 십자가에 못 박는 것을 말하지 않는 교회는 죽은 교회이다. 육체에서 나오는 죄를 씻지 않고 나두면 성화는커녕 처음 믿을 때보다 배나 더 지옥 자식이 되며 결국은 사망에 이른다.

롬 6:16 "너희 자신을 종으로 드려 누구에게 순종하든지 그 순종함을 받는 자의 종이 되는 줄을 너희가 알지 못하느냐 혹은 죄의 종으로 사망에 이르고 혹은 순종의 종으로 의에 이르느니라"

한 번 믿으면 영원히 구원받는다고 가르치는 사람들이 즐겨 쓰는 구절은 다음과 같다.

요 6:39 "내게 주신 자 중에 내가 하나도 잃어버리지 아니하고 마지막 날에 다시 살리는 이것이니라"
요 10:28 "내가 저희에게 영생을 주노니 영원히 멸망치 아니할 터이요 또 저희를 내 손에서 빼앗을 자가 없느니라"

당연한 말씀이다. 주님이 제일 강하신데 누가 그 손에서 빼앗을 수 있겠는가? 하지만 주의 손에서 빼앗을 자는 없으나 죄인 된 우리가 스스로 주를 버리는 것을 모르니 문제다. 누가복음 15장에 나오는 탕자는 아버지를 버리고 떠난다. 누가 탕자를 강제로 탕자로 만든 게 아니라 탕자 스스로가 세상을 사랑하는 정욕 때문에 아버지를 떠난 것이다. 세상에 있는 모든 것이 육신의 정욕과 안목의 정욕과 이생의 자랑이다. 그래서 세상을 사랑하면 탕자가 되는 것이다.

요일 2:15-16 "15이 세상이나 세상에 있는 것들을 사랑치 말라 누구든지 세상을 사랑하면 아버지의 사랑이 그 속에 있지 아니하니 16이는 세상에 있는 모든 것이 육신의 정욕과 안목의 정욕과 이생의 자랑이니 다 아버지께로 좇아 온 것이 아니요 세상으로 좇아 온 것이라"

육체와 함께 그 정과 욕심을 십자가에 못 박은 사람들만이 그리스도 예수의 사람들이다.(갈 5:24) 성경은 경고하시기를 정욕을 제거하지 않으면 하나님의 진노가 임한다고 말씀한다.

골 3:5-6 "5그러므로 땅에 있는 지체를 죽이라 곧 음란과 부정과 사욕과 악한 정욕과 탐심이니 탐심은 우상 숭배니라 6이것들을 인하여 하나님의 진노가 임하느니라"

자기의 지체를 죽이지 않으면 음란과 우상숭배와 같은 탐심으로 인하여 하나님의 진노가 임한다고 말씀에서 경고하는데도 하나님은 사랑의 하나님이시지 진노의 하나님은 아니라고 성경을 서슴없이 부인하고 있다. 하나님은 우리가 회개하도록 잠시 기다려 주시는 것뿐이다. 탕자는 다행히 회개하고 아버지께 돌아오지만 정욕에 완전히 지면 영원한 탕자가 된다. 탕자가 아버지를 버리고 떠났을 때는 아들이 아니라 '죽은 자'(눅 15:24)라고 말씀한다.

눅 15:24 "이 내 아들은 죽었다가 다시 살아났으며 내가 잃었다가 다시 얻었노라 하니 저희가 즐거워하더라"

아버지는 탕자가 회개하고 돌아오기를 기다리시지 탕자를 찾아다니시지 않는다. 우리에게 있는 정욕은 우리를 탕자가 되게 만든다. 적을 모르면 당연히 싸울 수가 없고 적을 안다고 해도 이기는 방법을 모르면 패배를 당하는 것은 자명한 일이다. 정욕을 이기는 길을 교회에서 배워본 적도 없고 들은 적도 없으니 육체의 정욕에 져서 성범죄를 일으키거나 수많은 문제 속에서 산다. 이로 인하여 교인들이 세상의 빛이 되기는커녕 오히려 세상 사람들에게 손가락질만 당하는 것이 현실이다. 오늘날도 교인들은 신앙인의 적이 마귀 사탄인 줄로만 알지만 육체의 정욕이라는 적은 잘 모르기 때문에 적에게 져서 자신들도 모르게 어두움의 삶을 살고 있다. 에서가 장자의 명분을 팔아넘긴 것이 얼마나 큰 죄이기에 회개할 기회조차 얻지 못했는지 생각해 본 적이 있는가? 신학자들은 이스라엘의 장자를 중시하는 문화에서 에서의 죄를 찾으려고 하였으며 창세기 25장 34절에도 에서가 장자의 명분을 가볍게 여겼다는 구절이 나온다. 하지만 근본 문제를 따져 보면 에서가 넘어진 것은 자기의 배고픔을 채우기 위해서였다. 장자의 명분을 노리던 야곱은 에서에게 장자의 권리만을 달라고 하였지만 다른 것을 요구하였을지라도 에서는 자기의 배고픔을 채우기 위해서 어떤 것이라도 기꺼이 포기하였을 것이다. 정욕에 진 에서는 회개할 기회를 얻지 못했다. 믿음의 가정에서 자라나 하나님도 잘 아는 에서였지만 정욕을 선택하고 하나님은 버렸다. 그래서 에서는 하나님께 버림을 받은 것이다. 장자의 명분을 판 것이 그 당시에는 큰 죄였다고 말할지 모르지만 에서는 정욕에 진 자를 뜻한다. 그래서 음행하는 자는 에서와 같이 망령된 자인 것이다.(히 12:16) 육체의 정욕은 영혼을 대적하여 싸우는 강력한 적이다.

> 벧전 2:11 "사랑하는 자들아 나그네와 행인 같은 너희를 권하노니 영혼을 거스려 싸우는 육체의 정욕을 제어하라"

하나님의 명령을 따라서 하나님을 경외함으로 방주를 짓고(히 11:7) 아들들과 아내와 자부들과 함께 홍수에서 생존한 노아는 여호와께 은혜를 입은 자였으며 의인이요 완전한 자라고 성경은 기록하고 있다.

창 6:8-9 "8그러나 노아는 여호와께 은혜를 입었더라 9노아의 사적은 이러하니라 노아는 의인이요 당세에 완전한 자라 그가 하나님과 동행하였으며"

완전한 자였던 노아가 홍수가 끝난 후에 농업을 시작하여 포도주를 만들어 마시고 취하여 장막 안에서 벌거벗은 일이 창세기 9장에 기록되어 있다.(창 9:20-21) 이일로 인하여 아버지의 나체를 보고 다른 두 형제에게 말한 둘째 아들 함이 저주를 받는다. 성경이 이것을 기록한 뜻이 많이 있겠지만 한 가지 분명한 것은 의인도 실수하여 넘어진다는 것이다.

전 7:20 "선을 행하고 죄를 범치 아니하는 의인은 세상에 아주 없느니라"

다행히 노아는 에서와는 달리 하나님께서 인정하신 의인으로 기록되어 있지만 의인도 넘어지며 죄를 범한다고 성경은 말씀한다. 죄를 지으면 죄의 종이며 죄의 종은 사망에 이른다.(롬 6:16) 노아는 훌륭하기 때문에 의인의 길을 갔다고 하면 죄인인 우리는 설 자리가 없어진다. 의인이라도 넘어져서 다시 죄의 종이 될 수도 있다. 그러나 또 회개하면 죄의 종이 아니라 의인의 삶을 살 수 있게 하나님께서는 우리에게 복음을 주셨다.

겔 14:20 "비록 노아, 다니엘, 욥이 거기 있을찌라도 나의 삶을 두고 맹세하노니 그들은 자녀도 건지지 못하고 자기의 의로 자기의 생명만 건지리라 나 주 여호와의 말이니라 하시니라"

그러면 우리는 어떻게 영혼을 대적하여 싸우는 육체의 정욕을 제어할 수 있는가? 성경 말씀에 대한 깨달음이 없는 사람들은 자기 노력으로 육체의 정욕을 이겨 보려고 하지만 이것은 금욕주의와 다를 바 없다. 도를 닦으므로 혹은 자기의 노력으로 억지로 참고 버티는 것은 복음이 아니다. 육체의 정욕은 그리스도의 비밀로 간단히 이길 수 있기 때문에 은혜이며 복음이다. 성경은 정과 욕심을 가지고는 천국에 갈 수 없다고 말씀한다. 또한 몸에서 나오는 죄들을 씻지 아니하면 하나님 나라를 유업으로 받지 못한다고 강력히 경고하고 있다. 안타깝게도 말씀에 눈먼 목회자들은 자신들도 이런 죄들을 씻지 아니할 뿐 아니라 교인들에게 가르치지도 못한다. 소경인 목회자를 따라가면 같이 구덩이에 빠진다.

마 15:14 "그냥 두어라 저희는 소경이 되어 소경을 인도하는 자로다 만일 소경이 소경을 인도하면 둘이 다 구덩이에 빠지리라 하신대"

그러나 하나님은 우리에게 승리의 길을 주셨다. 그 길은 그리스도의 비밀이다. 범사에 잘 되고 건강한 삶은 누구나 원하는 것이지만 육체의 정욕으로부터 벗어나 승리할 때만 가능하다. 육체의 정욕은 그리스도의 피로 철저하게 회개하면 이긴다. 하지만 육체의 정욕은 얼마나 강력한지 하루만 회개를 게을리 해도 음란한 마음이 또 다시 생겨나며 남을 미워하는 살인을 하는 마음도 계속해서 우리를 괴롭힌다. 분명한 것은 우리가 이 세상에 살고 있는 동안에는 마음과 몸에서 나오는 죄들을 피할 수 없다. '우리 연약함을 아시는 주님께서 그냥 용납해 주시겠지' 하며 자기를 합리화한다고 죄가 없어지지 않는다. 그래서 우리는 쉬지 말고 회개기도를 해야 하는 것이다.

살전 5:17 "쉬지 말고 기도하라"

쉬지 말고 기도하는 것이 가능하냐고 반문할지 모르겠으나 여기서 말하는 기도는 바로 회개 기도를 말씀한다. 하나님께서는 우리가 구하기 전에 있어야 할 것을 이미 아시는 분이다.(마 6:8) 쉬지 말고 기도해야 하는 것은 쉬지 않고 몸과 마음에서 흘러나오는 죄를 씻으라는 뜻이지 "이것 주세요, 저거 주세요" 를 쉬지 말고 구하라는 뜻이 아니다. 그리스도의 비밀만이 살 길이다. 어제 정과 욕심을 십자가에 못 박았어도 오늘 또 다시 정욕을 십자가에 못 박아야 하기 때문에 바울 사도는 "나는 날마다 죽노라" 고 고백했다.

고전 15:31 "형제들아 내가 그리스도 예수 우리 주 안에서 가진바 너희에게 대한 나의 자랑을 두고 단언하노니 나는 날마다 죽노라"

정욕의 죄를 해결하면 삶 기운데 형통함이 넘치며 하나님께서 성경을 통하여 약속하신 모든 축복이 내게 그대로 이루어진다. 그래서 죄를 깨닫는 묵상을 주야로 하면 복 있는 자가 되어서 형통의 축복을 받게 된다.

시 1:1-3 "1복 있는 사람은 악인의 꾀를 좇지 아니하며 죄인의 길에 서지 아니하며 오만한 자의 자리에 앉지 아니하고 2오직 여호와의 율법을 즐거워하여 그 율법을 주야로 묵상하는 자로다 3저는 시냇가에 심은 나무가 시절을 좇아 과실을 맺으며 그 잎사귀가 마르지 아니함 같으니 그 행사 가 다 형통하리로다"

복 있는 자의 삶은 하나님께서 약속하신 것이다. 하나님의 약속이 우리 삶 가운데 그대로 이루어져서 범사에 형통하며 날마다 승리하는 삶을 살아야 하지 않겠는가? 우리가 먼저 형통함을 맛보고 남에게도 나누어 줄 때 우리는 하나님께 영광을 돌리며 남에게 유익을 주는 그런 삶을 살 수 있다. 바울 사도가 자기 생명을 바쳐서 전한 '그리스도의 비밀'은 사람이 만든 이론도 아니요 성경이 증거하고 있는 참된 복음이며 죄를 이기게 하는 능력이다. 하나님께서는 죄를 자백하며 회개하는 사람들에게는 용서하시며 긍휼을 베푸신다.(요일 1:8-10) 그러나 버림받은 자가 되도록 죄를 지으면 그때는 회개할 기회조차 없다는 것이 에서를 통해서 우리에게 주신 교훈이다. 더러움이 다시 정하여지지 않는 지경에 이르면 그때 가서 에서와 같이 후회를 한들 무슨 소용이 있겠는가? 복 있는 자의 삶을 살기에도 우리 인생은 너무나도 짧다. 에서와 같이 후회의 눈물을 흘릴 것인가? 아니면 형통의 삶을 살겠는가?

제2장

고난과 축복의 갈림길

야곱의 험악한 세월

형 에서로부터 장자의 권리를 가로챈 야곱이 이번에는 아버지 이삭을 속이고 축복기도를 받는다. 이삭은 야곱에게 "만민이 야곱을 섬길 것이며 열국이 야곱에게 굴복할 것"이라는 놀라운 약속의 축복기도를 해 준다.(창 27:27-29)

장자권을 소유한 데다가 아버지의 엄청난 축복기도까지 받은 야곱은 이제부터는 모든 일이 형통하며 성공적인 삶을 살 수 있다고 생각을 하였을 것이다. 하지만 야곱에게 돌아온 것은 형통의 축복이 아니라 언제 죽을지 모르는 불안감과 두려움뿐이었다. 장자권을 빼앗기고 화가 난 형 에서가 한을 품고 자신을 죽이려고 했기 때문이었다. 장자의 권리를 포기한 에서는 고향땅에서 편안하게 살 수 있었지만 장자의 명분을 얻은 야곱은 도리어 두려움에 떨다가 외삼촌 라반의 집으로 피신을 해야 했다. 야곱은 라반의 집에서 밤과 낮을 가리지 않고 일을 해야 했다. 게다가 라반이 딸들을 이용하여 야곱을 여러 차례 속이면서 품삯도 열 번이나 바꾸고 종처럼 부려먹었다.(창 31:40-42)

마침내 야곱이 라반의 굴레에서 벗어나 다시 고향에 돌아오게 되었지만 금의환향이 아니라 자신을 죽이려고 사백 명을 거느리고 다가오는 에서 때문에 야곱은 두려움에 떨었다. 다행히 에서와 화해를 한 후에는 평탄한 삶을 살 것 같았지만 야곱의 딸 디나의 사건으로 인하여 야곱의 아들들이 히위 족속을 몰살하는 보복사건이 일어났다. 이로 인해 또다시 온 집안이 멸망당할지도 모르는 두려움에 떨어야 했다. 이렇듯 야곱의 삶은 순탄치 못했으며 자신의 말처럼 험악한 세월을 보냈다.

창 47:9 "야곱이 바로에게 고하되 내 나그네 길의 세월이 일백 삼십 년이니이다 나의 연세가 얼마 못되니 우리 조상의 나그네 길의 세월에 미치지 못하나 험악한 세월을 보내었나이다 하고"

하지만 야곱은 멸망과 저주의 고비 때마다 하나님의 얼굴을 구하며 이겨 내었다. 고향으로 돌아오는 길에 에서가 군사를 거느리고 온다는 소식을 들었을 때 가족들은 다 죽을지언정 혼자라도 살아남아야겠다는 생각으로 맨 뒤에서 오던 비겁한 야곱이었다. 하지만 얍복 나루에서 혼자 남아 천사와 씨름하며 밤새 간절히 하나님의 긍휼하심을 바란 후에는 담대한 야곱으로 바뀌었다. 이것을 호세아서는 '이기고 울며 간구'했다고 표현한다.

호 12:3-4 "3야곱은 태에서 그 형의 발뒤꿈치를 잡았고 또 장년에 하나님과 힘을 겨루되 4천사와 힘을 겨루어 이기고 울며 그에게 간구하였으며 하나님은 벧엘에서 저를 만나셨고 거기서 우리에게 말씀하셨나니"

꾀를 써서 자기 혼자 살아남으려던 야곱은 얍복 나루의 철야기도를 통해 완전히 다른 사람이 되었다. 하나님을 대면하고 담대하게 변화되니 두려움 없이 맨 앞으로 나아가 에서와 얼싸안고 울며 화해를 했다. 딸 디나의 사건으로 또다시 온 집안이 멸망당하게 되었을 때도 형 에서를 피하여 도망가던 날에 단을 쌓았던 벧엘로 올라가서 단을 쌓고 이방 신상을 버리며 하나님께 나아가므로 화를 면하게 되었다. (창 35:1-5)

딸 디나의 일은 야곱에게 아픔과 두려움의 사건이었지만 이 일로 인해 이방 신상을 버리고 다시 하나님께 나아가는 계기가 되었다. 하지만 야곱의 험악한 삶은 계속되었다. 자기가 아끼고 사랑하던 아내 라헬이 베냐민을 출산하다가 죽었으며 장자 르우벤은 서모 빌하와 통간하는 패륜을 저질렀다. 게다가 야곱이 가장 아끼는 아들인 요셉을 시기 질투한 형들은 요셉을 애굽의 종으로 팔아 버린 후 아버지를 속인다. 야곱은 요셉이 죽은 줄로만 알고 애통하며 슬픈 나날들을 보내야 했다.(창 37:35)

장자의 명분도 얻고 아비 이삭으로부터 축복도 받은 야곱의 삶은 에서보다 더 험악했으며 많은 어려움을 겪었다. 하지만 그 고난들을 통해서 우상들을 버리게 되었고 하나님을 더욱 의지하게 되어 죽은 자가 아닌 '산 자'가 되었다.

마 22:32 "나는 아브라함의 하나님이요 이삭의 하나님이요 야곱의 하나님이로라 하신 것을 읽어 보지 못하였느냐 하나님은 죽은 자의 하나님이 아니요 산 자의 하나님이시니라 하시니"

고난을 통해서 야곱은 자기 죄들을 깨달았으며 어려울 때마다 하나님께 나아가므로 문제를 해결 받을 수 있었다. 겉으로 보기에는 에서가 야곱보다 평탄한 삶을 산 것 같지만 야곱은 '산 자'가 되었고 에서는 '버림받은 자'가 되었다. 같은 시간에 믿음의 가정에서 태어나서 자랐지만 두 사람의 운명은 이처럼 극과 극이 되어 버렸다. 그 차이는 바로 어려움이 있을 때마다 하나님의 긍휼하심과 인자하심을 구하며 하나님께 나아가느냐 아니냐에 달려 있다.

우리 삶 가운데 문제가 생기면 원망을 하거나 불평하며 낙심하지 말고 문제가 하나님 나라에 합당한 자가 되라는 하나님께서 사랑의 책망으로 주신 것임을 알아야 한다.(살후 1:5) 이것을 바로 깨닫는다면 우리는 모든 일에 감사할 수 있다. 이처럼 고난도 하나님께서 우리의 유익을 위해서 주시지만 꼭 매를 맞고 나서 깨달을 필요는 없다. 징계를 당한 후에 하나님께 가서 부르짖는 것도 그나마 다행이다. 또 징계를 잘 이겨 내고 의의 열매를 맺는다면 더욱 감사한 일이다.(히 12:11) 그러나 고난을 당했을 때 하나님을 원망하다가 버림받은 자로 인생이 끝난다면 이 얼마나 안타까운 일이겠는가?

어리석은 인간들은 삶에 문제가 생겨야만 하나님께 부르짖는 죄 된 성품을 가지고 있다. 그래서 참된 하나님의 백성으로 살아가는 그 길로 가야 고난의 삶도 축복으로 바꿀 수 있다. 야곱이 자기 꾀로 축복을 누리며 살 수 있다고 믿었지만 결국 돌아온 것은 두려움에 떠는 험악한 인생뿐이었다. 그러나 야곱이 하나님의 얼굴을 구할 때에는 평탄과 형통의 삶이 주어졌다. 고난을 당한 후에 비로소 깨닫게 된 야곱의 길을 가지 않고 순간순간 하나님의 얼굴을 구하며 평탄하고 형통하게 사는 길이 그리스도의 비밀이다.

롯의 선택

여호와께서 75세인 아브람(아브라함으로 이름이 바뀌기 전 이름)에게 본토 아비 집을 떠나라고 말씀하시는 장면이 창세기 12장에 나온다. 아브람의 아버지 데라에게는 세 명의 아들이 있었는데 하란에게서 내어난 아들이 롯이다. 롯의 아버지 하란은 롯의 할아버지인 데라보다 먼저 죽었으며 당시에 아브람에게는 자식이 없었다.(창 11:27-30) 아브람이 하나님의 명령을 따라 아비 집을 떠날 때에 롯도 함께 간 것으로 보아 아브람은 아비 없는 조카 롯을 잘 돌보고 있음을 알 수 있다.(창 12:4-5) 75세쯤 되면 자기가 살던 마을을 떠나서 잘 아는 곳으로 이민을 가기도 쉽지 않을 터인데 아브람은 갈 바를 모르고 오직 여호와를 의지하고 떠났다고 히브리서는 말씀하고 있다.

히 11:8 "믿음으로 아브라함은 부르심을 받았을 때에 순종하여 장래 기업으로 받을 땅에 나갈쌔 갈 바를 알지 못하고 나갔으며"

아브람이 하란을 떠날 때 롯도 아브람을 따라서 같이 떠났다. 이때만 해도 롯의 선택은 옳았다. 처음에는 남방에 이르고 그 다음에 벧엘에 이르렀을 때 은금과 가축이 풍부하여 아브람과 롯은 같이 동거할 수 없을 지경이 되었다. 일이 잘 될수록 더욱 하나님을 의지해야 망하는 일이 없을 터인데 사람이 죄를 가지고 있으면 바른 선택을 하지 못한다. 모든 문제는 작은 욕심에서 시작된다. 잘 살아 보겠다는 마음, 자녀에게 좋은 것을 물려주겠다는 마음, 이런 것들은 잘못된 마음이 아니다. 그러나 몸과 마음에서 나오는 죄뿐 아니라 하나님을 마음에 두기 싫어하는 죄들이 쌓이면 욕심이 잉태하게 되고 이것이 점점 자라서 죄를 낳고 이 죄가 장성해서 사망에 이르게 되는 것이다.

약 1:15 “욕심이 잉태한즉 죄를 낳고 죄가 장성한즉 사망을 낳느니라”

아브람과 롯의 삶이 점점 더 풍성하여져서 같이 살 수 없을 정도로 소유물이 많아지자 아브람은 롯에게 떠날 것을 권유하면서 먼저 선택권을 준다. 롯에게 있어서 아브람은 부모와 같은 분인데도 롯은 아브람에게 양보를 하지 않고 자기가 먼저 땅을 선택한다. 잘 아는 대로 롯의 선택은 비극으로 끝났다. 롯의 아내가 소금기둥이 되었으며 전 재산이 유황 불바다 속에서 다 사라져 버렸고 몸만 간신히 살아남았다. 두 딸은 살아남았지만 딸들과 정혼한 사위들까지 모두 잃어버렸다.

창 13:9 “네 앞에 온 땅이 있지 아니하냐 나를 떠나라 네가 좌하면 나는 우하고 네가 우하면 나는 좌하리라”

롯도 처음부터 소돔으로 간 것은 아니다. 요단 뜰을 바라보니 물이 넉넉하고 여호와의 동산 같고 애굽 땅과 같았다고 했다. 자기가 잘 살아 보겠다는 작은 욕심이 처음에는 요단 뜰로 갔으며 그 다음에는 근처 평지 성읍에 거하다가 마침내 소돔에 이른 것이다. 그러다가 한 순간에 모든 것을 잃어버렸다.

창 13:10-13 “10이에 롯이 눈을 들어 요단 들을 바라본즉 소알까지 온 땅에 물이 넉넉하니 여호와께서 소돔과 고모라를 멸하시기 전이었는고로 여호와의 동산 같고 애굽 땅과 같았더라 11그러므로 롯이 요단 온 들을 택하고 동으로 옮기니 그들이 서로 떠난지라 12아브람은 가나안 땅에 거하였고 롯은 평지 성읍들에 머무르며 그 장막을 옮겨 소돔까지 이르렀더라 13소돔 사람은 악하여 여호와 앞에 큰 죄인이었더라”

롯은 늪에 빠져드는 것처럼 결국 죄악의 도시인 소돔과 고모라에 살게 되었다. 하나님께서 소돔과 고모라를 멸망시킬 것을 알았다면 롯이 그 땅을 선택했을 리가 없다. 처음부터 실패하려고 사는 사람은 없다. 하지만 죄의 유혹들은 사람을 빠져나올 수 없는 구렁텅이로 몰아간다. 성경에는 롯처럼 선택을 잘못하여 인생을 그르친 수많은 인물들이 나온다. 이런 자들의 삶을 보고 깨닫는다고 해도 마음속에 죄가 있으면 똑같이 그 길로 갈 수밖에 없다. 성경은 교훈을 주는 옛날이야기 같은 도덕 교과서가 아니라 죽음에서 생명으로 삶을 바꾸는 전능자의 말씀이다. 소돔과 고모라 성이 망하기 전에 소돔과 고모라 왕이 침략을 당한 일이 있었는데 롯 자신도 잡혀갔고 재산도 모두 노략질 당하였다. 다행이도 롯은 아브람의 도움으로 인하여 가족들을 비롯하여 사람들과 재물을 다시 찾을 수 있었다.(창 14:11-16) 롯이 문제가 생겼을 때 진작 깨닫고 소돔과 고모라를 떠났다면 멸망당하는 일은 피했을 것이다. 아브람 덕분에 살아남았고 재물도 되찾았지만 불행하게도 롯은 깨닫지 못하고 그대로 소돔과 고모라에 안주하였다.

잠 4:19 “악인의 길은 어둠 같아서 그가 거쳐 넘어져도 그것이 무엇인지 깨닫지 못하느니라”

악인의 길은 어둠 같아서 거쳐 넘어져도 깨닫지 못한다고 말씀한다. 삶에 문제가 생기면 사람들은 재수가 없어서 일이 생겼다든가 우연히 문제가 일어난 것으로 보고 가볍게 여긴다. 그러다가 원망 불평이 시작되고 근심과 염려가 생기며 남을 탓하기 시작한다.

신 28:20-22 "20네가 악을 행하여 그를 잊으므로 네 손으로 하는 모든 일에 여호와께서 저주와 공구와 견책을 내리사 망하며 속히 파멸케 하실 것이며 21여호와께서 네 몸에 염병이 들게 하사 네가 들어가 얻을 땅에서 필경 너를 멸하실 것이며 22여호와께서 폐병과 열병과 상한과 학질과 한재와 풍재와 썩는 재앙으로 너를 치시리니 이 재앙들이 너를 따라서 너를 진멸케 할 것이라"

정상적인 부모라면 자녀들이 잘못을 했을 때에 자녀가 잘 되기를 바라면서 사랑의 마음으로 반드시 꾸짖는다. 하나님께서는 우리를 사랑하시기 때문에 죄를 깨닫고 회개하여 주께 돌아오라고 문제를 주신다. 하나님을 사랑의 하나님이라고 믿으면서도 경제적인 문제나 건강에 문제가 생기면 하나님은 잊어버리고 오히려 불평만 한다.

계 3:19 "무릇 내가 사랑하는 자를 책망하여 징계하노니 그러므로 네가 열심을 내라 회개하라"

롯이 소돔과 고모라 성에서 일어나고 있는 죄악들을 보고 의로운 심령이 상하였다고 성경은 말씀한다. 심령이 상할 정도로 죄악이 만연한데도 롯은 소돔과 고모라를 떠나지 않았다. 심령이 상할 지경이면 소돔과 고모라를 떠나야 하는 상황인데도 롯은 죄 가운데서 그대로 버티고 살았다.

벧후 2:6-8 "6소돔과 고모라 성을 멸망하기로 정하여 재가 되게 하사 후세에 경건치 아니할 자들에게 본을 삼으셨으며 7무법한 자의 음란한 행실을 인하여 고통하는 의로운 롯을 건지셨으니 8(이 의인이 저희 중에 거하여 날마다 저 불법한 행실을 보고 들음으로 그 의로운 심령을 상하니라)"

이렇듯 롯에게는 소돔과 고모라를 벗어날 기회가 주어졌지만 롯은 깨닫지 못하고 끝내 사망과 저주 가운데 머물다가 멸망에서 겨우 목숨만 건진 것이다. 아브람을 통해 보듯이 여호와를 의지하는 삶은 왼쪽을 선택하든 오른쪽을 선택하든 상관없이 다 옳은 선택이다. 여호와를 의뢰하지 않고 자기 좋도록 하는 선택은 결국 재앙만 따라오게 되어 있다.

잠 19:3 "사람이 미련하므로 자기 길을 굽게 하고 마음으로 여호와를 원망하느니라"

분명한 것은 롯도 여호와를 믿었다는 사실이다. 그러나 여호와를 의뢰하는 아브라함은 믿음의 조상이 되었지만 여호와를 믿기는 믿지만 세상도 함께 붙잡은 롯은 불행의 삶으로 끝나 버리고 그의 자손은 하나님과 원수가 되었다. 여호와를 의지하며 의뢰하는 삶은 복 있는 삶이다.

중요한 선택일수록 우리에게 더욱 필요한 것이 바로 하나님의 긍휼하심과 인자하심이다. 이것이 없으면 자신도 모르게 저주와 멸망 속에 살면서 롯과 같이 후회 막심한 삶을 살 수밖에 없다.

삼손의 번뇌

사사기에 나오는 삼손은 태어날 때부터 하나님께 바쳐진 나실인이었다.(삿 13:5) 삼손의 사명은 블레셋으로부터 이스라엘을 구원하는 것이었는데 초기에는 나실인의 사명을 잘 감당하여 블레셋 사람들과 대적하여 잘 싸웠다. 그러나 그가 가진 치명적인 약점인 여자 문제를 이겨 내지 못하면서 문제가 생기기 시작한다. 잘 알려진 대로 삼손은 힘이 장사여서 대적할 자가 없었다. 그런데 '들릴라'라 이름 하는 여인을 사랑함으로써 수렁에 빠지며 온갖 수모를 다 당하게 되었다. 블레셋 사람들이 들릴라를 이용하여 삼손의 힘의 근원을 알아내려고 했을 때 삼손은 이를 알고 번민하면서도 들릴라를 뿌리치지 못하였다. 삼손은 처음에는 믿음으로 시작하였지만 자기의 약점을 이겨 내지 못하여 침륜에 빠진 대표적인 경우다.

히 10:38-39 "38오직 나의 의인은 믿음으로 말미암아 살리라 또한 뒤로 물러가면 내 마음이 저를 기뻐하지 아니하리라 하셨느니라 39 우리는 뒤로 물러가 침륜에 빠질 자가 아니요 오직 영혼을 구원함에 이르는 믿음을 가진 자니라"

삼손은 한편으로는 나실인의 사명을 잘 알고 있었지만 너무나도 큰 유혹인 정욕을 뿌리치지 못하고 번뇌하고 후회하다가 다시 죄를 반복해서 짓는 삶을 보여 준다. 베드로후서는 이런 자의 모습을 개와 돼지의 모습이라고 비유로 말씀한다. 짐승들은 몸을 깨끗하게 씻겨 놔도 더러운 구덩이로 다시 돌아간다. 구주 예수 그리스도를 알 때에는 세상의 더러움을 피해 살지만 다시 더러운 구덩이에 눕는 일을 반복한다.

벧후 2:20-22 "20만일 저희가 우리 주 되신 구주 예수 그리스도를 앎으로 세상의 더러움을 피한 후에 다시 그 중에 얽매이고 지면 그 나중 형편이 처음보다 더 심하리니 21의의 도를 안 후에 받은 거룩한 명령을 저버리는 것보다 알지 못하는 것이 도리어 저희에게 나으니라 22참 속담에 이르기를 개가 그 토하였던 것에 돌아가고 돼지가 씻었다가 더러운 구덩이에 도로 누웠다 하는 말이 저희에게 응하였도다"

죄를 이기는 법을 모르면 죄를 짓고 후회하며 '다시는 이러지 말아야지' 결심하지만 많은 사람들이 또다시 죄 짓고 후회하는 것을 수없이 반복한다. 이것을 미련한 자라고 부르며 개가 토한 것을 먹는 것과 같다고 말씀한다.

잠 26:11 "개가 그 토한 것을 도로 먹는 것 같이 미련한 자는 그 미련한 것을 거듭 행하느니라"

계속해서 번뇌하면서도 여인의 유혹을 끊지 못하던 삼손은 결국 머리털이 밀리게 되었고 힘도 없어지게 되었다. 기름 부음을 받았던 사울 왕과 마찬가지로 여호와께서 그를 떠나셨다. (삿 16:20) 하나님께 바쳐진 나실인이라 할지라도 죄의 유혹에 빠지면 믿음이 떠나는 것을 말씀하고 있으며 하나님께서 함께 하시지 않으신다. 한 번 믿으면 믿음이 안 떠난다고 하는 것은 성경의 가르침이 아니다. 삼손이 끊임없이 번뇌하였던 것과 같이 사람이 번뇌하는 것은 근심으로 인하여 생기는 것인데 사람들은 어리석게도 수면제를 먹거나 술로 이겨 보려고 한다. 오직 하나님의 선하신 말씀만이 번뇌를 없앤다. (잠 12:25) 삼손은 나실인이 되게 하신 하나님의 말씀을 잊어버리고 여인의 마음을 얻으려다가 번뇌에 빠지게 되었다.

삿 16:16 "날마다 그 말로 그를 재촉하여 조르매 삼손의 마음이 번뇌하여 죽을 지경이라"

성령으로 시작하였지만 육으로 마친 경우는 성경에 수없이 많이 나온다. 이뿐 아니라 믿음에서 떠나면 자기의 의지대로 사는 것이 아니라 죄의 종으로 미혹하는 영과 귀신의 가르침을 쫓는다고 디모데전서는 말씀한다.

딤전 4:1-2 "1그러나 성령이 밝히 말씀하시기를 후일에 어떤 사람들이 믿음에서 떠나 미혹케 하는 영과 귀신의 가르침을 좇으리라 하셨으니 2자기 양심이 화인 맞아서 외식함으로 거짓말하는 자들이라"

이미 앞에서도 보았듯이 디모데전서 6장 10절에노 논을 사랑하는 자들이 미혹을 받아 믿음에서 떠나 많은 근심으로써 자기를 찔렀다고 말씀하신다. 또 악심을 품으면 살아 계신 하나님에게서 떨어지며 죄를 범하면 하나님과의 관계가 끊어진다.(히 3:12)

하나님이 떠난 삼손은 결국 눈까지 뽑히며 옥에 갇혀서 맷돌을 돌리는 신세로 전락하였다.(삿 16:21) 삼손의 약점은 여자 문제인데 자기의 비밀을 알아내려고 하는 들릴라를 뿌리치지 못하고 번뇌를 하였다. 번뇌가 심하여 죽을 지경에 이르렀어도 삼손은 이것을 뿌리치지 못하고 점점 더 빠져 들어가 결국은 굴욕적인 결말을 맛보게 되었다. 여자의 집요한 유혹에 넘어가서 멸망과 저주에 빠졌던 삼손은 자기의 우매함을 깨닫고 여호와께 부르짖으며 전능자의 긍휼하심과 인자하심을 구하였다. 그 결과 수많은 블레셋 방백들과 적들을 죽이면서 자신도 함께 죽었다.

삿 16:28 "삼손이 여호와께 부르짖어 가로되 주 여호와여 구하옵나니 나를 생각하옵소서 하나님이여 구하옵나니 이번만 나로 강하게 하사 블레셋 사람이 나의 두 눈을 뺀 원수를 단번에 갚게 하옵소서 하고”

히브리서 11장은 삼손이 믿음의 삶을 산 것으로 기록하였다. 버림받은 자로 끝나지 않고 마지막 순간이라도 여호와께 돌아왔으니 얼마나 다행한 일인가!(히 11:32-34)

다윗의 추악한 죄와 용서

다윗이 저지른 죄는 팥죽 한 그릇으로 장자권을 판 에서나 시기와 질투로 사위를 죽이려 했던 사울왕과 비교할 수 없을 정도로 더럽고 추악한 죄일지 모른다. 양을 치던 이름 없는 소년이었던 다윗은 골리앗을 죽인 후 유명하게 되어 일약 사울왕의 사위가 된다. 그러나 사울왕의 시기와 질투로 인해 쫓김을 당하게 되고 여러 차례 죽을 고비를 넘기지만 하나님의 도움으로 잘 이겨 내면서 마침내 왕의 자리에까지 오른다. 여러 전쟁에서 승리를 쟁취하며 나라가 점점 강성해지고 있는 동안 다윗은 우리아의 아내인 밧세바와 동침하게 된다. 그는 자기의 간음죄를 덮기 위해서 충성스러운 부하인 우리아를 전쟁에서 죽게 하는 큰 범죄를 저질렀다. 왕이란 지위를 이용해서 결국은 밧세바를 차지하지만 이것은 여호와 보시기에 아주 악한 일이라 결국은 둘 사이에서 낳은 아들이 죽게 된다.(삼하 11:27) 여호와는 나단 선지자를 통해서 다윗의 죄를 지적하는데 다윗은 부인하지 않고 자기의 죄를 시인한다.

> 삼하 12:13-14 "13다윗이 나단에게 이르되 내가 여호와께 죄를 범하였노라 하매 나단이 다윗에게 대답하되 여호와께서도 당신의 죄를 사하셨나니 당신이 죽지 아니하려니와 14이 일로 인하여 여호와의 원수로 크게 훼방할 거리를 얻게 하였으니 당신의 낳은 아이가 정녕 죽으리이다 하고"

사실 사울도 사무엘에게 "내가 범죄하였나이다"(삼상 15:24)라고 자기 죄를 시인했다. 다윗도 "여호와께 죄를 범하였노라"고 자기 죄를 시인했는데 이것을 비교해 보면 '여호와'라는 단어의 차이밖에 없어 보인다. 그런데 어떻게 사울은 버림받은 왕이 되었고 다윗은 아브라함과 함께 이름이 남아 예수 그리스도가 다윗의 후손이라고 기록되었을까? 마태복음은 아브라함과 다윗이라는 두 사람의 이름으로 시작된다.

마 1:1 "아브라함과 다윗의 자손 예수 그리스도의 세계라"

사울왕의 경우에는 사무엘에게 "내가 범죄하였나이다"라고 자백은 했지만 뒤에는 왜 그렇게 행동했는지 변명만 늘어놓았다. 사무엘로부터 "여호와께서도 왕을 버려 왕이 되지 못하게 하셨나이다"(삼상 15:23)라는 책망을 받은 후에도 사울왕은 회개하지 않았다. 하나님께서는 사울왕의 자리를 즉시 빼앗거나 그 자리에서 죽이지 않고 회개할 시간을 주셨는데도 불구하고 끝까지 다윗을 죽이려고 쫓아다니다가 비참한 최후를 맞이한 것이다. 에서도 야곱을 용서하지 못하고 죽이려고까지 하였다. 한편 다윗도 자기가 저지른 죄의 값을 혹독하게 치러야 했다. 사무엘하 12장에 나단을 통해서 말씀하신 죄의 값들은 그대로 다 이루어졌으며 그것도 자기가 아끼는 아들인 압살롬을 통해서 다 되돌려 받았다. 이처럼 죄의 삯은 사망이다.

롬 6:23 "죄의 삯은 사망이요 하나님의 은사는 그리스도 예수 우리 주 안에 있는 영생이니라"

복된 삶을 사는 것은 죄 문제를 해결해야 가능하다. 그럼에도 불구하고 '믿음으로 이미 의롭게 되었다'라는 말로 인하여 회개의 필요성을 전혀 느끼지 않으며 죄를 지으면서도 심각성을 깨닫지 못하고 있다. 죄를 짓고 그대로 있으면 재앙이 따른다고 성경은 말씀한다.

잠 13:21 "재앙은 죄인을 따르고 선한 보응은 의인에게 이르느니라"

사람은 연약하기 때문에 죄를 지을 수밖에 없다는 변명은 바로 사울왕이 취한 태도이다. 죄를 지은 후 그 대가를 치르며 고통 속에서 신음하며 살기를 원하는 사람은 없다. 그러나 다윗이 저지른 추악한 간음죄로 인하여 태어난 아기는 죽었고 이 죄의 대가로 받은 재앙은 칼이 집안을 떠나지 않았다. 사람이 무엇을 심든지 그대로 거둔다고 성경은 말씀한다.

갈 6:7 "스스로 속이지 말라 하나님은 만홀히 여김을 받지 아니하시나니 사람이 무엇으로 심든지 그대로 거두리라"

다윗은 간음죄와 살인죄를 심은 그대로 거두었다. 다윗의 아들 암논이 누이 다말과 억지로 동침을 하고 이로 인하여 형제인 압살롬이 암논을 죽였다. 그 후 압살롬이 도망을 친 후에 반역을 꿈꾸게 되었고 결국 다윗은 압살롬에게 쫓기는 신세가 되었다. 다윗이 은밀히 행한 죄가 자신의 친아들 압살롬을 통해서 백주대낮에 모든 사람이 알도록 인륜에 어긋난 일이 벌어지게 된 것이다.

삼하 12:10-12 "10이제 네가 나를 업신여기고 헷 사람 우리아의 처를 빼앗아 네 처를 삼았은즉 칼이 네 집에 영영히 떠나지 아니하리라 하셨고 11여호와께서 또 이처럼 이르시기를 내가 네 집에 재화를 일으키고 내가 네 처들을 가져 네 눈앞에서 다른 사람에게 주리니 그 사람이 네 처들로 더불어 백주에 동침하리라 12너는 은밀히 행하였으나 나는 이스라엘 무리 앞 백주에 이 일을 행하리라 하셨나이다"

사무엘하 16장에 보면 다윗이 자기 아들 압살롬에게 쫓겨서 피난을 가던 중에 시므이가 길에서 왕을 저주하는 장면이 나온다. 왕을 호위하고 가던 자들도 분개하면서 시므이의 목을 베어 가지고 오겠다고 말한다. 피난

중이라 하더라도 시므이 목 하나 베는 것은 그리 어려운 일이 아니다. 하지만 다윗은 이 일도 여호와께서 허락하신 일이라고 말하며 시므이를 죽이지 않고 저주를 선으로 바꾸는 기회로 삼았다. 시므이는 산비탈로 따라가면서 저주하고 돌까지 던진다. 하지만 다윗은 "이제 더 이상은 못 참겠다. 저놈을 죽여라"하지 않고 묵묵히 갈 길을 갔다.(삼하 16:11-13)

다윗은 시므이의 저주를 통해서 자기 죄를 더욱더 회개하는 기회로 삼았다. 더 이상 왕의 지위를 통해서 남을 죽이지 않고 선을 이루는 길을 택한 것이다. 나중에 압살롬이 죽고 왕궁으로 돌아오는 길에 시므이는 다윗 앞에 나와 무릎을 꿇고 자기의 죄를 자백하였다. 다윗이 저지른 추악하고 더러운 죄는 결국 가족 관계를 무너뜨리고 서로 미워하여 도망을 다니며 죽여야 하는 멸망과 저주를 가져왔다. 에서와 사울 왕에 비해 다윗의 죄는 더 중대하였고 그래서 더 처절한 죄값을 치렀지만 여호와 하나님께 죄를 자복하며 주의 긍휼하심과 인자하심을 구하였기 때문에 살아남은 것이다. '다윗이 잘 참아 이겨 냈으니 우리도 이렇게 잘 참아 내자'라고 말하는 것은 자기의 노력으로 해 내려는 전형적인 율법주의요 인본주의 신앙이다. 다윗이 저지른 죄의 값이 중대하니 '우리는 죄짓지 말자'라고 결심을 해 봤자 우리에게는 죄를 이길 수 있는 능력이 없다. 다윗에 관한 말씀은 우리에게 많은 교훈을 주지만 교훈에만 그쳐서는 안 된다. 절대로 넘어지지 않고 후회 없는 삶을 살기 위해서는 반드시 그리스도 비밀이 우리 삶 가운데서 이루어져야 한다.

욥의 고난

욥기서에 나오는 욥은 순전하고 정직하였으며 하나님을 경외하고 악에서 떠난 자라고 말씀한다.(욥 1:1) 축복도 많이 받아서 동방 사람 중에 가장 큰 자라 일컬음을 받았다. 이런 욥에게 사단이 와서 시험을 하게 되고 큰 고난을 받게 된다. 아들딸 열 명과 전 재산을 다 잃었으며 아내까지도 욥을 비난하면서 떠나 버렸다. 욥기는 이런 욥을 찾아온 친구들이 '네게 죄가 많아서 고난을 당한 것'이라고 정죄할 때 욥이 항변하는 대화로 채워져 있다. 그런데 의인인 욥이 어째서 고난을 받으며 '하나님께서는 왜 그런 고난을 허락하셨을까?'라는 많은 의문들이 생긴다. 그것도 '전능자이신 하나님께서 하필 사단의 말을 듣고서 그런 시험을 허락하셨는가'는 성경의 난제 중의 난제로 알려져 왔다.

어떤 신학자들은 욥기는 하나님의 절대적인 주권을 말씀하고 있다고 주장하고 있다. 다른 한편에서는 의인인 욥이 고난을 통해서 배우는 것이며 그래서 인내가 중요하다고 설명한다. 교인들이 사업에 실패하거나 삶에 문제가 생기면 이러한 욥기의 해석들을 인용하면서 스스로 위안을 받으며 고통 가운데 있는 이들을 위로한다. 이러한 해석들의 특징은 한 번 의인이면 영원한 의인이요. 한 번 믿으면 구원을 잃지 않는다는 전제 속에서 이루어지는 것이다. 그러나 문제는 우리가 욥처럼 하나님을 잘 믿고 축복을 받으면 사탄이 와서 시험을 할 것이고 고통을 받게 된다는 것처럼 들린다. 그렇다면 우리는 하나님을 잘 믿을 필요가 없지 않는가? 그러니 성공해서 사탄의 눈에 띄게 되면 사탄으로부터 시험이 오니까 적당히 성공을 해서 조용히 사는 것이 차라리 낫다는 엉뚱하면서도 이상한 해석들이 나오는 것이다.

욥기서를 비롯해서 구약 성경의 모든 말씀이 신약 성경과 마찬가지로 우리의 영의 양식인 살아 있는 말씀인데도 옛날이야기처럼 느껴지는 이유는 고린도후서에서 말씀하신 것과 같이 수건으로 덮여 있기 때문이다. 말씀이 수건으로 덮여 있는 이유는 우리의 완고함이라고 성경은 말씀한다.

> 고후 3:14-16 "14그러나 저희 마음이 완고하여 오늘까지라도 구약을 읽을 때에 그 수건이 오히려 그냥 벗어지지 아니하고 있으니 그 수건은 그리스도 안에서 없어질 것이라 15오늘까지 모세의 글을 읽을 때에 수건이 오히려 그 마음을 덮었도다 16그러나 언제든지 주께로 돌아가면 그 수건이 벗어지리라"

수건으로 덮여 있는 음식을 그냥 먹을 수 있는 사람은 없다. 마찬가지로 수건으로 덮여 있는 구약의 말씀은 수건을 벗기기 전에는 정확한 뜻을 알 수가 없다. 참으로 감사하게도 그 수건은 그리스도 안에서 없어진다. 즉 그리스도의 비밀로만 수건이 벗겨져서 구약 성경의 뜻을 정확히 깨달을 수 있다는 것이다.

욥은 잔칫날이 지나면 아들들이 죄를 범하여 하나님을 배반하였을까 걱정되어 그들을 불러다가 성결케 하도록 명수대로 번제를 드렸다. 욥은 참으로 훌륭한 아버지의 삶을 살았지만 마음 한 구석에는 자기 자식에 대해서 늘 염려하는 마음이 있었다.

> 욥 1:5 "그 잔치 날이 지나면 욥이 그들을 불러다가 성결케 하되 아침에 일어나서 그들의 명수대로 번제를 드렸으니 이는 욥이 말하기를 혹시 내 아들들이 죄를 범하여 마음으로 하나님을 배반하였을까 함이라 욥의 행사가 항상 이러하였더라"

욥은 동방의 의인이었지만 전적으로 하나님을 신뢰하지 않고 늘 염려하며 살았다. 특별히 자식에 대한 걱정 속에 살았다. 그랬더니 염려한 그대로 재앙이 닥쳐서 자식들이 다 죽어야 했다. 동방의 의인으로서 잘 믿는데 자식이 죽은 것이 아니다. 만일 잘 믿는데 자식들이 다 죽는다면 우리는 하나님을 믿을 필요가 없다.

욥 3:25-26 "25나의 두려워하는 그것이 내게 임하고 나의 무서워하는 그것이 내 몸에 미쳤구나 26평강도 없고 안온도 없고 안식도 없고 고난만 임하였구나"

이 말씀을 보면 욥은 하나님을 믿으면서도 항상 염려했고 두려워했다. 염려의 내면에는 불신이라는 것이 숨어 있다. 욥기의 교훈은 '잘 믿으면 시험에 드는 것'이 아니라 '하나님을 전적으로 신뢰하지 않고 염려하면서 살면 그 염려가 그대로 임한다' 는 것이다. 염려하는 그 자체가 믿음이 없다는 뜻이며 믿음이 없을 때는 화가 닥친다. 염려와 근심은 믿음을 무너뜨린다. 욥이 믿음을 잃어버렸다는 증거가 욥기 3장 26절이다. 욥이 고백한 "평강도 없고 안온도 안식도 없다"고 한 바로 그것이다. 믿음이 있다는 증거는 바로 기쁨과 평강이기 때문이다.

롬 15:13 "소망의 하나님이 모든 기쁨과 평강을 믿음 안에서 너희에게 충만케 하사 성령의 능력으로 소망이 넘치게 하시기를 원하노라"

믿음 안의 삶은 기쁨과 평강의 삶이다. 전에 의인이었을지라도 두려움이 있으면 악인이며 그래서 두려워했던 그대로 재앙이 임한다.

잠 10:24 "악인에게는 그의 두려워하는 것이 임하거니와 의인은 그 원하는 것이 이루어지느니라"

하나님을 진정으로 믿고 사랑하는 자에게는 두려움이 없다. 하나님은 전능자이시며 우리를 지켜 보호해 주신다는 믿음이 있기 때문에 두려움이 있을 수가 없는 것이다.

요일 4:18 "사랑 안에 두려움이 없고 온전한 사랑이 두려움을 내어 쫓나니 두려움에는 형벌이 있음이라 두려워하는 자는 사랑 안에서 온전히 이루지 못하였느니라"

상황에 따라 변하는 것은 참 믿음이 아니다. 그래서 믿음의 선조들은 죽음을 두려워하지 않았고 바울 사도는 감옥에 갇혀 있는 몸인데도 기뻐하고 감사하라는 말씀을 전할 수 있었다. 아무 것도 염려하지 않는 비결은 모든 일에 기도와 간구를 하는 것이라고 성경은 말씀한다.

빌 4:4-7 "4주 안에서 항상 기뻐하라 내가 다시 말하노니 기뻐하라 5너희 관용을 모든 사람에게 알게 하라 주께서 가까우시니라 6아무 것도 염려하지 말고 오직 모든 일에 기도와 간구로, 너희 구할 것을 감사함으로 하나님께 아뢰라 7그리하면 모든 지각에 뛰어난 하나님의 평강이 그리스도 예수 안에서 너희 마음과 생각을 지키시리라"

성경에서는 바로 직전까지 의인일지라도 지금 죄를 범하면 악인이라고 말씀하는데도 불구하고 '한 번 의인이면 계속해서 의인'이라는 공식을 만들다 보니 욥에 대한 해석이 불가능해진 것이다. 앞에서 본 바와 같이 기름부음 받은 사울왕이 버림을 받았으며 역시 기름부음을 받은 다윗왕도 간통죄와 끔직한 살인죄를 저질렀다. 그러나 더 흉악한 죄를 지은 다윗왕은 회개하고 하나님께 돌아왔기 때문에 다시 의인이 된 것이다. 엄마 품에서 젖을 먹는 아기는 걱정이 없다. 젖을 다 먹은 후 만족해하며 엄마 품에

안겨 있는 아기처럼 아름다운 모습은 없다. 우리는 하나님을 아버지라 부르며 사랑의 하나님이라고 부르면서도 걱정과 근심을 한다. 목회자 자신부터 근심과 염려 속에서 살면서 교인들에게는 '아무 것도 염려하지 말고 다 맡기세요'라고 말한다면 그것이 바로 위선이요 겉과 속이 다른 바리새인이 되는 것이다. 그래서 교인들도 한 시름의 걱정과 염려를 다 짊어지고 살면서 겉으로는 안 그런 척 하며 위선을 부린다. 사람 사는 것 자체가 염려의 연속이라고 철학적인 답변을 내 놓아도 염려가 없어지지 않는다. '아무 것도 염려하지 말라'는 성경구절은 단지 우리를 격려하기 위해서 주신 것이 아니다. 사는 길은 그리스도의 비밀뿐이다.

> 시 131:2 "실로 내가 내 심령으로 고요하고 평온케 하기를 젖 뗀 아이가 그 어미 품에 있음 같게 하였나니 내 중심이 젖 뗀 아이와 같도다"

욥은 친구들이 자기 죄를 지적하며 공격할 때에도 자신은 나름대로 하나님을 철저히 믿었기 때문에 스스로 의롭다 함을 버리지 않았다.(욥 32:1) 그런데 이러한 욥이 옳았다면 왜 하나님 앞에서 회개를 하였는가? 하나님을 믿는다고 하면서도 다른 한 편으로 자식들에 대해 염려하고 걱정하던 것이 죄인 것을 나중에야 깨달았기 때문이다.

> 욥 42:5-6 "5내가 주께 대하여 귀로 듣기만 하였삽더니 이제는 눈으로 주를 뵈옵나이다 6그러므로 내가 스스로 한하고 티끌과 재 가운데서 회개하나이다"

욥은 멸망과 저주를 택하지 않고 나중에라도 깨닫고 가장 자비하시고 긍휼하신 하나님을 찾았기 때문에 불행과 저주의 삶에서 다시 복된 삶을 살 수 있었다. 욥기는 욥의 인내를 말씀하시는 것이 아니다. 끝까지 참고 기다리시며 우리에게 복 주시기를 원하시는 주님이 가장 자비하시고 긍휼히 여기시는 분이라는 것을 말씀한다.

약 5:11 "보라 인내하는 자를 우리가 복되다 하나니 너희가 욥의 인내를 들었고 주께서 주신 결말을 보았거니와 주는 가장 자비하시고 긍휼히 여기는 자시니라"

내가 참고 인내하는 것은 도를 닦는 것과 같다. 내가 참아서 될 것 같으면 복음이 필요 없다. 인내도 내 스스로 하는 것이 아니라 바로 그리스도를 통해서만 가능하다.

살후 3:5 "주께서 너희 마음을 인도하여 하나님의 사랑과 그리스도의 인내에 들어가게 하시기를 원하노라"

대부분의 부모들은 자식을 자기의 것으로 착각한다. 자식은 부모의 소유가 아니라 하나님의 기업이기 때문에 자기 방식대로 자식을 잘 키워 보려고 해도 뜻대로 되지 않는다.

시 127:3 "자식은 여호와의 주신 기업이요 태의 열매는 그의 상급이로다"

욥은 모든 생명의 주관자가 하나님이고 자식도 여호와께서 주신 기업이라는 것을 확신하지 못했다. 그래서 어떻게 해서든지 자식들을 자기 힘으로 길러보고 지키려 하다가 많은 걱정과 두려움에 빠지게 된 것이다. 욥이 자기 노력으로 자식들을 성결케 하려고 했지만 마음 깊은 곳에서는 자식에 대한 염려가 항상 있어서 가장 자비하시고 인자하신 하나님을 신뢰하지 못하고 걱정과 두려움 속에서 산 것을 성경은 말씀하고 있다.

오늘날 교회에 다니는 수많은 교인들도 욥과 다를 바가 없다. 겉으로는 하나님을 믿고 입으로는 시인하지만 깊은 내면에서는 하나님을 의지하지 못하고 여러 가지 문제로 염려하고 근심하면서 해결 방법은 모른 채 힘들게 살아가고 있다. 욥기는 이런 사람들에 대한 경고이다. 이런 경고를 깨닫지 못하므로 많은 교회들이 '고난이 오게 되면 참고 기다리며 욥의 인내를 배우라'고 가르치고 있다. 이렇게 말씀이 아닌 교훈으로만 들으면 문제가 해결되지 않기 때문에 교인들은 하나님과 교회에 대해서 실망하고 떠나는 것이다. 고난이 오면 참는 것도 중요하지만 고난이 닥치지 않게 막는 것이 더 중요하지 않겠는가? 염려와 근심은 하나님을 불신하는 행위이며 참고 기다리는 것이 아니라 회개하여 두려움을 이겨 내야 하는 것을 욥기를 통해서 말씀하신다.

욥은 회개를 통해서 이제껏 남에게서 배우고 귀로 들어서 알 던 막연한 하나님이 아니라 자신이 직접 하나님을 만나는 체험을 한다. 우리가 잘 아는 산상수훈 중에 나오는 팔복 중에 하나가 바로 하나님을 보는 것이다.

마 5:8 "마음이 청결한 자는 복이 있나니 저희가 하나님을 볼 것임이요"

마음이 청결하면 욥처럼 하나님을 대면하여 보게 된다. 마음의 청결은 그리스도의 비밀로만 된다. '내가 하나님을 믿으며 내가 나의 삶을 의롭게 살면 된다'는 것은 인본주의적인 가르침이지 참다운 신앙이 아니다. 회개하여 마음이 깨끗하게 되면 하나님께서 은혜를 베푸셔서 전적인 주의 은혜로 직접 하나님을 대면하여 보는 축복을 허락하신다. 하나님은 오늘도 우리가 회개하여 돌아오기를 참고 기다리시는 가장 자비하시며 긍휼하신 분이시다. 우리는 하나님께서 인자하심으로 길이 참으시는 분임을 멸시하지 말아야 한다.

롬 2:4-5 "4혹 네가 하나님의 인자하심이 너를 인도하여 회개케 하심을 알지 못하여 그의 인자하심과 용납하심과 길이 참으심의 풍성함을 멸시하느뇨 5다만 네 고집과 회개치 아니한 마음을 따라 진노의 날 곧 하나님의 의로우신 판단이 나타나는 그날에 임할 진노를 네게 쌓는도다"

욥이 불행을 당하고도 하나님을 부인하거나 배신하지 않았기 때문에 복되다고 한 것이지 욥처럼 고난을 받아야 복된 사람이 되는 것이 아니다. 하나님을 잘 믿으면 사단이 시험을 하고 온갖 고난을 받는다면 누가 하나님을 믿겠는가? 이런 잘못된 가르침 때문에 수많은 사람들이 하나님께 실망을 하고 또는 실족하고 교회를 떠나는 것이다. 오늘날 교인들에게 꼭 필요한 것은 마음에 끊이지 않는 근심, 걱정과 두려움을 이겨 내어 기쁨과 감사 속에서 승리하는 삶을 사는 것이다. 결론부터 말하자면 길은 그리스도의 비밀이다. 욥이 회개하고 하나님을 대면한 후에 친구들의 죄를 대신하여 기도하니 이것을 기쁘게 받으셨다. 가로막혔던 죄가 없어지니 하나님께서 그의 기도를 기쁘게 받으신 것이다. 죄가 없는 자가 기도해야 그 기도가 상달되며 남을 위한 기도도 그때 하나님께서 들으신다.(욥 42:8-9)

여호와 하나님께서 기뻐 받지 아니하는 제사나 기도는 아무 소용이 없다. 욥이 자기 아들들을 위하여 번제를 드렸지만 하나님께서 기쁘게 받으셨다는 대목이 없음을 주목해야 한다. 남을 위한 기도는 참으로 귀하고 중요하지만 하나님께서 기쁘게 받지 아니하시면 무슨 소용이 있겠는가? 마음이 청결하여 하나님께서 기쁘게 받으시는 기도를 드리는 성도의 삶으로 인도해야 할 교회들이 욥의 인내와 고난을 말하면서 성경의 본질을 왜곡하고 있는 것은 참으로 안타까운 일이다. 걱정과 근심은 교인들의 삶을 황폐하게 하며 망하게 한다. 그러나 하나님께서는 기도가 응답되며 남을 위해서 기도를 할 때에 하나님께서 기쁘게 받으시는 축복된 삶을 우리가 살기를 원하신다. 오늘 기쁘고 좋은 일이 있다고 해도 당장 내일이면 염려와 근심이 또 생긴다. 그래서 우리는 쉬지 말고 기도를 해야 하는 것이다. (살전 5:17)

제3장

재앙을 막는 길

총격과 눈물, 그러나 그 뒤에는...

2007년 4월 16일 아침.

많은 사람을 엄청난 충격에 빠뜨린 사건이 발생했다. 32명의 사람들이 아무런 영문도 모른 채 총에 맞아 사망한 것이다. 버지니아 공대에서 일어났던 이 사건은 그 당시 '미국 역사상 가장 치명적인 총기 난사 사건'이라는 말을 할 정도로 엄청난 충격이었다. 학문을 탐구하며 미래의 꿈을 준비하는 배움의 터가 되어야 할 대학교가 한 젊은이에 의해 순식간에 공포와 고통과 피의 장소로 바뀌었다. 꿈도 펼쳐 보기 전에 삶을 접어야 했던 꽃다운 나이...스무 살도 채 되지 않은 열아홉 학생에서부터 학생들을 살리려고 문을 막고 있다가 총에 맞아 죽어 갔던 연세 지긋한 교수에 이르기까지, 이들은 가장 안전하고 자유로워야 할 대학 내에서 어처구니없는 죽음을 맞이했다. 사랑하는 자식이나 형제, 자매 혹은 부모나 남편을 잃어버린 사람들의 충격을 표현할 길이 있을까? 가족의 슬픔과 고통에는 비할 수 없지만 뉴스를 접한 사람들에게도 너무나 마음이 아프고 잔혹하며 충격적인 날이었다. 모든 사건, 사고가 그러하듯이 세월은 흘러 어느덧 사람들에게 거의 잊힌 사건이 되고 말았다.

이런 비극적인 사건이 일어나면 사람들 마음속에는 '왜?'라는 의문이 생긴다. 왜 이런 일이 대학 내에서 일어났으며, 범인은 왜 그렇게 많은 사람들을 총으로 쏴서 잔인하게 죽였나? 왜 나의 친한 친구가 교실 내에서 총에 맞아 죽어야 하나? 학교 당국은 왜 빨리 적절한 조치를 취하지 못했는가? 끊임없이 왜? 라는 질문을 하지만 시원한 대답은 없다. 게다가 '하나님께서는 왜 이런 일을 허락하셨는가?'라는 질문에 다다르면 아예 입을 굳게 다물게 된다. 범인이 교실에 들어오지 못하도록 문을 막아서 다행히 살아난 사람도 있지만 왜 어떤 학생들은 처형당하듯이 죽어 가야 했는가? 이렇게 안타까운 '왜'라는 질문만 계속될 뿐이다. 이런 불행들을 막을 수는 없는 것일까?

한국인이었던 범인은 부모와 함께 미국에 이민 와서 약 15년을 살았다고 한다. 범인의 부모는 내성적이고 소심한 자녀의 성격을 고쳐보려고 교회에도 나가고 기도도 했다. 하지만 미국 역사상 최악의 살인마가 되어 스스로 인생을 마감하는 비극적인 결과를 가져왔다. 왜 교회를 다니는데 이런 비극뿐인가? 왜 부모가 기도를 하는데 자식이 이렇게 허망한 죽음으로 인생을 끝내야 하는가? 왜 전능하신 하나님을 믿는다고 하면서 이런 문제들에 대한 해결책이 없단 말인가? 도대체 무엇이 문제인가? 안타깝게도 문제의 해결방법을 찾기도 전에 이런 비극은 곧 사람들의 뇌리에서 사라진다.

마가복음 9장은 예수님께서 베드로와 야고보와 요한을 따로 데리고 높은 산에 오르셔서 영광스러운 모습으로 변화되시는 모습으로 시작된다. 산 아래에 남아 있던 제자들에게 벙어리 귀신들린 자기 아들을 고쳐보려는 안타까운 심정의 아비가 찾아왔다. 제자들은 능히 해결하지 못하고 있는데 다행히 예수님께서 오셔서 아이를 고쳐 주신다. 그러자 제자들이 "우리는 어찌하여 능히 그 귀신을 쫓아 내지 못하였나이까"라고 예수님께 조용히 물었다.

> 막 9:28-29 "28집에 들어가시매 제자들이 종용히 묻자오되 우리는 어찌하여 능히 그 귀신을 쫓아 내지 못하였나이까 29이르시되 기도 외에 다른 것으로는 이런 유가 나갈 수 없느니라 하시니라"

같은 내용의 말씀이 마태복음 17장과 누가복음 9장에도 기록되어 있다. 마태복음에서는 "믿음이 적은 연고라"(마 17:19-20) 귀신을 쫓아내지 못하였으며, 누가복음에는 다만 "믿음이 없고 패역한 세대"(눅 9:41)라고 책망하시는 말씀만 기록되어 있다. 문제 해결을 위해 교회를 찾아온 교인의 안타까움을 해결하지 못한 무능력한 교회는 지역사회에 큰 충격과 슬픔을 가져왔다. 버지니아 공대 사건이 거의 잊혀진 사건이 되어 버린 것처럼 지금의 교회들에게 남아 있는 것은 귀신들인 아이를 고쳐보려고 애쓰고 있는 제자들의 모습뿐이다. 예수님께서 문제 해결의 열쇠는 "기도"라고 말씀해 주셨지만 기도 응답이 없는 교인들은 하나님 말씀도 잘 믿지를 못한다. 교회 다니면서 한 번이라도 기도를 안 해 본 사람이 있을까? 아마도 없을 것이다. 기도 응답이 없기 때문에 사람들은 막연한 기도만 하고 있으며 남은 것은 기도하는 형식뿐이다. 무엇이 잘못된 것일까? 이것을 바로 깨닫는다면 이 책을 읽는 우리들의 삶은 완전히 달라질 것이다. 자녀가 잘 되는 것도, 가정의 화평도, 경제 문제의 해결도, 나아가서 나라가 잘 되는 것도 결국은 기도가 회복되어야 가능하다.

예수님께서 '기도 외에는'이라고 말씀하신 것과 '믿음이 적은 것'과 '패역한 세대'라고 말씀하신 것은 다 같은 뜻이다. 마태복음에 보면 17장 훨씬 전인 10장에서 제자들은 이미 더러운 귀신을 쫓아내며 모든 병과 모든 약한 것을 고치는 권능을 받았다.(마 10:1) 마가복음에서도 9장 훨씬 전에 제자들에게 귀신을 제어하는 권세를 주셨다.(막 6:7) 누가복음에도 9장 1절에 이미 모든 귀신을 제어하는 권세를 받아 제자들이 병을 고치는 기록이 나온다.(눅 9:1-6) 이미 귀신을 쫓아내며 제어할 수 있는 권능과 권세를 받았음에도 제자들은 처절한 실패를 맛보았다. 왜일까? 예수님께서 제자들에게 알려 주신 것은 "기도 외에는" 다른 방법이 없다는 것이다. 여기서 말씀하는 '기도'는 '죄 사함을 얻는 회개'를 말씀하는 것이다. '패역한 죄'를 회개하고 '믿음이 적은 것'을 회개하고 '귀신들린 아이의 죄를 대신 지고' 회개기도 하라고 말씀하신 것이다. 그런데 죄 문제는 해결하지 않고 병을 고쳐 보려고 하고 문제 해결은 원하면서 중언부언하는 기도만 하니 응답이 없는 것이다.

시 103:3 "저가 네 모든 죄악을 사하시며 네 모든 병을 고치시며"

제자들은 지난번에도 귀신을 쫓아냈으니 내가 가진 능력으로 언제든지 귀신을 쫓아낼 수 있다고 착각했을 것이다. 말씀은 따르지 않고 '나는 항상 믿음을 지키며 스스로 가지고 있다'고 착각한다면 기도 없이 아이를 고쳐보려고 씨름하는 무능력한 제자들의 모습에서 벗어나지 못한다.

16분 30초

미국 역사상 가장 충격적인 대참사가 2001년 9월 11일에 일어났다. 이슬람 테러조직에 의해 납치된 비행기가 뉴욕에 있는 세계무역센터(World Trade Center) 쌍둥이빌딩에 충돌할 때 두 개의 빌딩이 다 무너져 내리면서 엄청난 희생자를 낸 것이었다. 그들은 맨 처음 비행기를 납치하여 아침 8시 46분에 북쪽건물 93층과 99층 사이에 충돌했다. 두 번째 비행기는 16분 30초 후에 남쪽건물에 강한 충돌을 일으키며 자폭했다. 북쪽 타워의 92층 이상에 있던 사람들은 네 명 빼고 1,434명이 모두 사망한 것에 비해 남쪽 타워에 있던 사람들은 첫 번째 충돌과 두 번째 충돌이 있기까지 천 명 이상의 사람들이 바로 16분 30초 동안에 대피해서 살아남았다. 나중에 두 건물이 다 무너져 내리는 바람에 많은 소방관들과 경찰들의 희생이 컸지만 남쪽 타워에 있던 사람들에게 주어진 16분 30초 동안 천 명 이상이 대피한 것에 대해서 많은 신문들은 기적이라고 했다.

사람들은 너무나도 큰 충격에 할 말을 잃었고 술집들은 자진해서 문을 닫았으며 평소에 교회에 다니지 않던 사람들조차 교회에 모여서 기도하며 희생자들을 추모하였다. 이런 비극적인 일이 생기면 사람들은 왜 이런 일들이 일어났는지를 묻는다. 테러가 일어난 장소에서 왜 어떤 사람들은 죽고 어떤 사람들은 기적적으로 살아남을 수 있었을까? 16분 30초라는 시간이 수천 명의 운명을 갈라놓았는데 이것은 운명의 문제인가 아니면 단순히 운이 좋았던 것일까? 사랑의 하나님께서는 왜 이런 일을 허락하셔서 가족을 잃는 슬픔과 고통을 가져오게 하셨는가?

예배 시간마다 교회는 사람들로 가득 찼다. "왜 이런 일이 일어났는가?"

라는 계속되는 질문에 목회자들도 설교를 통해서 답을 제시하며 위로의 메시지를 전했다. 미국의 대형교회 목회자들은 유가족들을 위로는 해야 하는데 달리 할 말이 없으니까 "비행기가 충돌하면서 건물이 무너지고 사람들이 죽어 갈 때 하나님은 거기도 계셨으며 함께 하셨다"고 메시지를 선포했다. 유명한 대형 교회의 담임 목사는 이렇게 외쳤다. "9월 11일 화요일 아침에 하나님께서는 거기 계셨습니다. 죽어 가는 그들을 바라보시며 위로하셨습니다. 하나님께서 이런 재앙을 일으키신 것이 아니라 그냥 일어난 것입니다..." 재앙으로 죽어 가는 사람들을 하나님은 그냥 바라보고만 계셨다고? 재앙이 아무런 이유 없이 그냥 일어난 것이라고? 이런 무능한 하나님이라면 우리는 믿을 필요가 없다. 사무엘상에는 죽이고 살리시며 음부에 내리게도 하시고 올리기도 하시는 분이 여호와 하나님이시며 부하게도, 가난하게도, 높여 주는 것도, 낮추는 것도 다 여호와 하나님께서 하신다고 말씀한다.

삼상 2:6-7 "6여호와는 죽이기도 하시고 살리기도 하시며 음부에 내리게도 하시고 올리기도 하시는도다 7여호와는 가난하게도 하시고 부하게도 하시며 낮추기도 하시고 높이기도 하시는도다"

그러면 성경은 재앙에 대해서 무엇이라고 말씀하는가? 잠언 13장에서는 재앙이 죄인을 따른다고 말씀한다. (잠 13:21)

잠언 12장에서도 악인에게는 앙화가 가득하지만 의인에게는 아무 재앙도 임하지 않는다고 말씀한다.

잠 12:21 "의인에게는 아무 재앙도 임하지 아니하려니와 악인에게는 앙화가 가득하리라"

그렇다고 해서 재앙을 당한 사람들은 모두가 죄인이며 악인이라고 판단할 권리는 우리에게 없다. 로마가 유대를 지배할 당시에 유대 땅에 로마군이 주둔하였는데 빌라도가 그때 총독이었다. 누가복음에는 빌라도가 갈릴리 사람들의 피를 가지고 자기들이 드리는 제물에 섞은 일이 나온다. 예수님께서는 이때 잡혀서 억울하게 죽은 갈릴리 사람들 죄가 더 많아 죽은 것이 아니고 우리도 회개치 아니하면 다 이와 같이 망한다고 경고하신다. 또 실로암에 있는 망대가 무너져 죽은 열여덟 명에 대해서도 우리도 회개치 않으면 이와 같이 재앙으로 망한다고 말씀하셨다.

> 눅 13:1-5 "1그 때 마침 두어 사람이 와서 빌라도가 어떤 갈릴리 사람들의 피를 저희의 제물에 섞은 일로 예수께 고하니 2대답하여 가라사대 너희는 이 갈릴리 사람들이 이 같이 해 받음으로써 모든 갈릴리 사람보다 죄가 더 있는줄 아느냐 3너희에게 이르노니 아니라 너희도 만일 회개치 아니하면 다 이와 같이 망하리라 4또 실로암에서 망대가 무너져 치어 죽은 열 여덟 사람이 예루살렘에 거한 모든 사람보다 죄가 더 있는줄 아느냐 5너희에게 이르노니 아니라 너희도 만일 회개치 아니하면 다 이와 같이 망하리라"

재앙의 소식은 오늘도 끊임없이 들린다. 이런 소식을 들으면서 교회들은 무엇을 하고 있으며 교인들의 마음가짐은 어떠한가? 재앙의 소식이 들릴 때마다 교회들은 똑같이 망하는 길에 서지 않기 위해서 통회 자복하며 회개하는가? 아니면 사정은 안타깝지만 우리도 어쩔 수 없다는 태도로 그냥 넘어가는가? 바로 얼마 전(2024년 3월 29일) 남아공에서 부활절 예배를 드리기 위해 교회로 가던 버스가 언덕 아래로 추락하는 바람에 불이 나서 여덟 살 난 여자 아이만 살아남고 45명 모두가 사망하는 안타까운 일이 있었다. 아니 전능하신 하나님께서 자기에게 부활절 예배를 드리러 가는 사람들을 왜 보호해 주지 않으셨는가? 교회들이 예수님께서 말씀하신 가르침을 철저히 무시하고 사는 동안 세상 사람들과 마찬가지로 교인들에게도 재앙은 피할 수 없는 비극으로 다가왔다.

신앙은 비극을 당한 다음에야 싸매주고 위로하기 위해서 있는 것이 아니다. 교회들이 재앙을 막는 길을 모르기 때문에 사고가 발생한 후 장례를 치러 주는 장례식장으로 변한지 오래다.

내가 고등부 시절에 담임 목사의 아들이 중학생의 어린 나이로 죽었다. 사업을 크게 하던 장로는 사업이 망해서 교회도 못나오고 피해 다니는 신세가 되었다. 어느 집사의 공장은 불이 나서 공장을 모두 태웠다. 어느 장로는 새벽 기도를 다녀오다가 자동차 사고로 죽었다. 이렇듯 교인들에게 문제가 끊이지 않았는데도 뒤로 쉬쉬만 할 뿐 아무도 이게 하나님의 뜻이라고 말하지 못했다. 주변에서 수많은 사고와 재앙의 소식들이 들린다면 “회개치 아니하면 다 이와 같이 망한다.”는 주님의 음성을 바로 들어야 한다. 하지만 사람들은 의인에게도 재앙은 일어난다고 위로하거나 아니면 사고를 당한 자들은 악인임에 틀림없다는 논리로 사람들을 정죄한다. 재앙을 막을 수 있으며 또한 망하지 않는 길을 성경에서 말씀하는데도 교회들은 이 말씀을 무시한다. 그 결과 교인들은 사고와 재앙에 그대로 노출되어서 고통 가운데서 신음하고 있다. 성경이 말씀하는 재앙을 막는 길은 경외다. 하나님을 경외해야 하는데 교인들과 목회자들조차 경외가 무엇인지 모르니 어떻게 재앙을 막을 수 있겠는가?

재앙을 막는 길은 경외다

재앙을 막는 길을 성경에서는 경외라고 말씀한다. 하나님을 경외하는 자는 생명에 이르며 만족한 삶을 살면서 재앙을 당하지 않는다고 말씀한다.

잠 19:23 "여호와를 경외하는 것은 사람으로 생명에 이르게 하는 것이라 경외하는 자는 족하게 지내고 재앙을 만나지 아니하느니라"

성경에는 두 종류의 경외가 나오는데 하나는 전능하신 하나님께서 말씀하신 경외이고 다른 하나는 사람에게서 배운 잘못된 경외다. 예수님께서는 이사야서 말씀을 인용하시면서 사람들이 '마음은 멀리 떠나 있으면서 입으로만 하나님을 존경하고 경외한다'고 하는 외식에 대해서 말씀하신다. (마 15:7-9)

사 29:13 "주께서 가라사대 이 백성이 입으로는 나를 가까이하며 입술로는 나를 존경하나 그 마음은 내게서 멀리 떠났나니 그들이 나를 경외함은 사람의 계명으로 가르침을 받았을 뿐이라"

주일에 예배드리는 모습을 보면 모두가 하나님을 경외하는 것처럼 보인다. 그러나 교회 문을 나서는 순간 더 악한 옛 모습으로 돌아가게 되는 것은 참된 경외를 모르기 때문이다. 디도서 1장 16절 말씀에도 입으로는 하나님을 시인하지만 행위로 부인하는 자를 '가증한 자'라고 말씀한다. 이렇듯 교회들이 참된 경외를 모르기 때문에 외식하는 현대판 바리새인들을 양산해 낼 뿐 아니라 교인들이 재앙을 수시로 당하고 있는데도 해결책은 모른다. 기껏 하는 말이 우리는 어차피 연약한 인간이라서 죄를 이길 수 없다고 자신을 합리화한다. 경외를 '공경하여 두려워하며 존경하는 마음을 갖는 것'이라고 사전적 정의를 잘 내린다고 하나님을 경외하는 것이 아니다. 또는 히브리어로 경외가 무슨 뜻인지 안다고 해도 경외가 이루어지지도 않는다. 성경에서 말씀하는 하나님을 경외하는 것은 악을 미워하는 것이다.

> 잠 8:13 "여호와를 경외하는 것은 악을 미워하는 것이라 나는 교만과 거만과 악한 행실과 패역한 입을 미워하느니라"

악을 미워하는 것은 악에 빠지지 않고 악을 멀리하는 것인데 문자를 해석한다고 경외가 이루어 질 리가 없다. 경외는 그리스도의 비밀로만 가능하다. 하나님께서 미워하시는 죄들을 서슴없이 저지르면서도 교회에 가서는 하나님을 경배한다고 하니 이것이 바로 가증한 행위이며 재앙을 부르는 일이다. 그러니 삶 가운데 늘 걱정과 근심, 염려로 가득 차 있으며 만족함도 없다. '한 번 믿으면 구원 받는다'는 사람의 계명을 따르면서 '그래도 하나님을 믿었으니 죽을 때는 봐 주시겠지'라는 막연한 기대감으로 살고 있으니 참으로 안타까운 일이다. 사람에게서 배운 경외는 말씀 자체를 부인하는 것인데도 교인들은 이것을 모르고 있다.

> 잠 28:14 "항상 경외하는 자는 복되거니와 마음을 강퍅하게 하는 자는 재앙에 빠지리라"

예수님께서 말씀하신 대로 회개하지 않으면 재앙을 당하거나 망한다. 그래서 우리는 하나님께서 미워하시는 죄들인 '교만과 거만과 악한 행실과 패역한 입'(잠 8:13)을 회개하여 악에서 떠나야 한다. 또한 재앙에 빠지지 않으려면 항상 경외해야 하는데 마음의 강퍅함에서 벗어나는 길은 앞서 언급했던 것과 같이 '마음에서 나오는 죄들(마 15:19)'과 '마음에 하나님 두기를 싫어하는 죄들(롬 1:28-32)'을 회개해야 한다. 그러나 이러한 죄들을 회개해 본 적이 없기 때문에 죄악들이 그대로 있으며 하나님을 경외하지 않는 것이다. 믿음도 선물(엡 2:8)이며 성령도 선물(행 2:38)이고 은혜와 진리(요 1:17)는 물론 생명(요 20:31)도 회개할 때 하나님께로부터 주어지는 선물이다. 그래서 우리가 이 세상 살 동안에 배울 것은 경외이며 자녀들에게도 가르칠 것도 바로 경외라고 말씀한다.

> 신 4:10 "네가 호렙산에서 네 하나님 여호와 앞에 섰던 날에 여호와께서 내게 이르시기를 나를 위하여 백성을 모으라 내가 그들에게 내 말을 들려서 그들로 세상에 사는 날 동안 나 경외함을 배우게 하며 그 자녀에게 가르치게 하려 하노라 하시매"

믿음에서 경외로

앞에서 이미 본 롯이 잘못된 선택을 해서 겨우 몸만 살아났지만 믿음의 조상이라고 하는 아브라함의 삶도 결코 평탄한 삶은 아니었다. 하나님께서 75세가 된 아브라함에게 본토 아비 집을 떠나는 것으로 인하여 약속하신 것은 '복의 근원'이 되는 것이고 아브라함의 이름을 창대케 하여 주신다는 것이었다.

창 12:1-3 "1여호와께서 아브람에게 이르시되 너는 너의 본토 친척 아비 집을 떠나 내가 네게 지시할 땅으로 가라 2내가 너로 큰 민족을 이루고 네게 복을 주어 네 이름을 창대케 하리니 너는 복의 근원이 될찌라 3너를 축복하는 자에게는 내가 복을 내리고 너를 저주하는 자에게는 내가 저주하리니 땅의 모든 족속이 너를 인하여 복을 얻을 것이니라 하신지라"

하나님께서는 아브라함에게 그의 자손만 복을 받는 정도가 아니고 이 땅의 모든 족속이 아브라함을 인하여 복을 얻을 것이라고 약속하셨다. 히브리서는 증거하기를 아브라함이 믿음으로 부르심에 순종을 했다고 말씀한다.

히 11:8 "믿음으로 아브라함은 부르심을 받았을 때에 순종하여 장래 기업으로 받을 땅에 나갈쌔 갈 바를 알지 못하고 나갔으며"

어려운 여정이었지만 하나님을 믿는 믿음을 가지고 아비 집을 떠난 아브람은 수많은 문제에 직면했다. 아브람은 기근으로 인해 애굽으로 여정을 바꾸었으나 거기서 아내인 사래를 바로왕에게 빼앗기는 사건이 일어났다. 다행히 하나님께서 직접 간섭하셨기 때문에 모든 것이 잘 해결되었지만 자신의 노력으로 살아남기 위해서 애굽으로 내려간 것부터 아내를 누이라고 말한 것등 아브람은 하나님을 온전히 신뢰하지 못한 행동을 하였다. 사람들은 아브람을 믿음의 조상이라고 부르며 형통한 복을 받고 살았던 좋은 것들만 기억하지만 아브람은 사래를 아내라고 하지 못하고 누이라고 부르다가 바로왕에게 빼앗긴 것은 순전히 두려움 때문이었다. 하나님을 진정으로 믿고 사랑하는 자에게 두려움은 없다. 하나님은 전능자이시며 항상 우리를 지키고 보호해 주시기 때문이다.(요일 4:18)

연약한 인간이기에 어려움을 당할 때는 두려워 할 수도 있다. 하지만 믿음의 선조들은 죽은 자도 살리시며 없는 것도 있게 하시는 전능하신 하나님을 믿었기 때문에 죽음 앞에서도 두려워하지 않았다. 자식이 없던 아브람은 자기의 상속자는 자기 집에서 자란 다메섹 엘리에셀이라고 생각했다.(창 15:2-3) 그러나 하나님께서 아브람의 몸에서 날 아이가 후사가 되리라는 약속을 주실 때 아브람이 믿었기 때문에 이를 의로 여기셨다.(롬 4:17-18)

이처럼 아브람이 바랄 수 없는 중에 바라고 믿었기 때문에 믿음의 조상이 된 것이지 처음부터 하나님을 온전히 신뢰한 것은 아니었다. 아브람의 몸에서 날 자가 후손이라는 하나님의 약속을 받았지만(창 15:4) 이때에도 전적으로 하나님을 신뢰하지 못했다. 그래서 86세 때에 아브람은 아내 사래의 말대로 하녀인 하갈을 취하여서 이스마엘을 얻었으나 하갈이 도리어 사래를 멸시하여 분란을 겪어야 했다. 이후에도 그랄왕 아비멜렉에게 아내인 사라를 내어 주어야 했다. 그 후에 하갈의 소생인 이스마엘이 이삭을 희롱함으로 또다시 분란을 겪으면서 고민하다가 결국 사라의 요구대로 하갈과 이스마엘을 집에서 내어 보낸다. 즉 믿음의 조상 아브라함도 많은 어려움을 겪으며 순탄치 못한 삶을 살았던 것을 성경은 기록하고 있다. 아브람이 99세 되던 해에 하나님께서 아브람은 '아브라함'으로 사래는 '사라'로 이름을 바꿔 주시며 이삭을 주시겠다고 약속하셨는데 아브라함은 하나님의 약속을 의심하고 속으로 웃기까지 하였다. 하지만 로마서는 아브라함의 믿음이 견고해져서 약속된 자녀 이삭을 얻었다고 기록하고 있다.

> 롬 4:19-22 "19그가 백세나 되어 자기 몸의 죽은 것 같음과 사라의 태의 죽은 것 같음을 알고도 믿음이 약하여지지 아니하고 20믿음이 없어 하나님의 약속을 의심치 않고 믿음에 견고 하여져서 하나님께 영광을 돌리며 21약속하신 그것을 또한 능히 이루실 줄을 확신하였으니 22그러므로 이것을 저에게 의로 여기셨느니라"

로마서는 하나님을 믿으므로 아비집을 떠났던 아브람의 출발의 믿음에서부터 하나님의 약속을 의심 없이 받는 견고한 믿음의 아브라함까지 믿음에서 믿음까지 나아가야 함을 가르쳐 준다.

> 롬 1:17 "복음에는 하나님의 의가 나타나서 믿음으로 믿음에 이르게 하나니 기록된바 오직 의인은 믿음으로 말미암아 살리라 함과 같으니라"

처음부터 아브라함이 하나님을 잘 믿은 것 같지만 그렇지 않다. '믿음에서 믿음으로'가 무슨 뜻인지를 깨달아야 하나님의 약속이 이루어지기까지 왜 25년이라는 세월이 걸렸는지 바로 알 수 있다. 교인들의 삶 속에서 진리이신 하나님의 약속이 이루어지지 않는 가장 큰 원인은 바로 출발의 믿음에서 견고한 믿음의 자리까지 가지 못하기 때문이다. 전능하신 하나님의 약속대로 아브라함은 100세에 아들 이삭을 얻었다. 그런데 하나님께서는 이렇게 귀하게 얻은 아들을 번제로 바치라고 말씀하셨고 하나님의 명령을 받은 아브라함은 이삭을 드리려고 하나님께서 지시하시는 땅으로 갔다. 손을 내밀어 칼로 이삭을 잡으려 하는 순간에 하나님의 사자의 지시가 있어 이삭은 살아나게 되었다. 이때 아브라함은 비로소 '하나님을 경외함'을 인정받았다.

창 22:11-12 "11여호와의 사자가 하늘에서부터 그를 불러 가라사대 아브라함아 아브라함아 하시는지라 아브라함이 가로되 내가 여기 있나이다 하매 12사자가 가라사대 그 아이에게 네 손을 대지 말라 아무 일도 그에게 하지 말라 네가 네 아들 네 독자라도 내게 아끼지 아니하였으니 내가 이제야 네가 하나님을 경외하는 줄을 아노라"

사람의 이론이나 상식에서 벗어난다고 해도 의심 없이 전능하신 하나님을 전적으로 신뢰하며 말씀에 순종하는 삶이 바로 경외이다. 아브라함도 하나님 경외함을 인정받은 그때서야 눈이 열려 하나님께서 친히 준비하신 여호와 이레의 복을 보았다.

창 22:13-14 "13아브라함이 눈을 들어 살펴본즉 한 수양이 뒤에 있는데 뿔이 수풀에 걸렸는지라 아브라함이 가서 그 수양을 가져다가 아들을 대신하여 번제로 드렸더라 14아브라함이 그 땅 이름을 여호와 이레라 하였으므로 오늘까지 사람들이 이르기를 여호와의 산에서 준비되리라 하더라"

성경은 아브라함이 받은 복을 우리도 그대로 받는 길을 알려 준다. 하나님을 경외하는 자에게는 '여호와 이레'의 축복이 준비되어 있다. 하나님을 경외하는 것을 모르면 믿기는 믿지만 아브람처럼 삶이 평탄치 못하며 여러 가지 문제에 직면하게 된다. 하지만 하나님을 경외하면 모든 문제들이 해결되며 하나님께서 성경에 약속하신 형통의 복이 임한다. 경외를 모르거나 무시하는 교인들은 하나님을 믿어도 고생할 것 다하고 골치 아픈 문제들이 산적해 있다. 그래서 믿음으로 시작을 해도 삶 가운데 달라지는 것이 없으면 결국은 하나님을 원망하거나 신앙에 대한 회의가 생기는 것이다. 무엇보다도 경외를 모르면 재앙에 그대로 노출되어 있기 때문에 언제 닥칠지 모르는 사고와 재난에 대한 두려움으로 살 수밖에 없다.

아브라함의 이야기는 우리에게 듣기 좋으라고 들려주는 옛날이야기가 아니다. 아브라함이 하나님을 경외함으로써 받은 '여호와 이레의 복'뿐만 아니라 재앙까지 다 막아 주는 약속을 우리에게도 그대로 이루어지도록 주셨는데 이것이 바로 '그리스도에게 속한 자'라고 갈라디아서는 말씀한다.

갈 3:29 "너희가 그리스도께 속한 자면 곧 아브라함의 자손이요 약속대로 유업을 이을 자니라"

그리스도의 비밀로만 그리스도에게 속한 자가 되기 때문에 말로만 우리는 아브라함의 자손이라고 하는 것은 아무런 소용이 없으며 하나님의 약속이 이루어지지 않는다. 출발의 믿음도 소중하지만 두려움이 없이 전적으로 하나님을 신뢰하며 따르는 경외까지 가야 우리의 믿음은 온전함에 이르게 된다. 어디를 가나 전능하신 하나님께서 함께 하시며 지켜 보호해 주신다는 담대함이 있어야 두려움이 없다.

잠 28:1 "악인은 쫓아 오는 자가 없어도 도망하나 의인은 사자 같이 담대하니라"

한국의 교회들이 아브라함에게 주셨던 복의 근원이 되는 약속을 다 받아서 착한 일들을 넘치게 행한다면 세상 사람들로부터 칭찬받는 교회들로 거듭날 것이다.

고후 9:8 "하나님이 능히 모든 은혜를 너희에게 넘치게 하시나니 이는 너희로 모든 일에 항상 모든 것이 넉넉하여 모든 착한 일을 넘치게 하게 하려 하심이라"

이미 재앙에 빠져 있어도 길은 있다

성경은 이미 재앙에 빠져 있어도 다시 살아나는 길이 있다고 말씀한다. 결론부터 말하자면 바로 그리스도의 비밀로만 가능하다. 이스라엘 백성들이 하나님을 배신하고 악을 행하며 하나님의 분노를 일으킴으로 하나님께서는 그들에게 재앙을 내리셨다. 칼과 기근과 염병으로 인하여 바벨론왕의 포로가 되게 하신 것은 이스라엘 백성들이 깨닫기를 원하셨기 때문이다. 그래서 자기들이 살던 이스라엘 땅에서 다시 하나님의 백성이 될 수 있는 길을 예레미아를 통해 약속하셨다. 그 길은 이스라엘 백성에게 한 마음(one heart)과 한 도(one way)를 주어서 하나님을 경외하게 하신 것이다.

렘 32:38-40 "38그들은 내 백성이 되겠고 나는 그들의 하나님이 될 것이며 39내가 그들에게 한 마음과 한 도를 주어 자기들과 자기 후손의 복을 위하여 항상 나를 경외하게 하고 40내가 그들에게 복을 주기 위하여 그들을 떠나지 아니하리라 하는 영영한 언약을 그들에게 세우고 나를 경외함을 그들의 마음에 두어 나를 떠나지 않게 하고"

하나님을 경외한다는 것은 한 마음과 한 도(일심일도)를 지키는 것이다. 사람들은 여러 가지 마음으로 인하여 결정을 잘 내리지 못하고 근심과 염려를 한다. 한편으로는 하나님을 믿기도 하지만 또 한편으로는 세상의 있는 것들도 놓치기 싫은 두 마음을 가지고 있어서 혼란스러운 것이다. 일심일도는 내가 아니라 하나님이 우리에게 주시는 한마음이라 걱정이 없을 뿐 아니라 온전히 하나님을 사랑하며 신뢰하게 되는 마음이다. 하나님께서는 우리에게 일심일도를 주셔서 복을 받게 하시는데 예레미아서는 이것을 경외라고 말씀한다. 그러니 항상 경외하는 사람이 복을 받게 되며 항상 경외한다는 것은 항상 일심일도로 사는 것을 말씀한다.

잠 28:14 "항상 경외하는 자는 복되거니와 마음을 강퍅하게 하는 자는 재앙에 빠지리라"

항상 일심일도로 예수 그리스도를 따르는 이 길이 바로 경외이며 하나님께 나아가는 바른 길이다. 사람의 본분은 하나님을 경외하며 명령을 지키는 것인데(전 12:13) 내가 그리스도 안에 들어가서 하나님의 백성이 되면 하나님이 나의 하나님이 되셔서 일심일도를 주심으로 항상 복을 받으며 살게 하신다. 이것이 경외이며 사람답게 사는 길이다.

요 14:6 "예수께서 가라사대 내가 곧 길이요 진리요 생명이니 나로 말미암지 않고는 아버지께로 올 자가 없느니라"

그러면 일심일도는 어디서 얻어지는가? 롬15:5-6절 말씀에서와 같이 오직 그리스도 안에서만 일심이 된다. 한 마음은 그리스도 안에서 주어지기 때문에 그리스도의 비밀로만 일심일도를 지킬 수 있다. 앞에서 이미 본 바와 같이 경외란 악을 미워하는 것이다.(잠 8:13) 그리고 그리스도 안에 들어가는 길도 그리스도의 피로 죄 사함을 받을 때이니 일심일도가 바로 경외이며 죄를 용서 받은 하나님의 백성이 되어 하나님께 영광을 돌리는 삶을 살 수 있게 한다.

롬 15:5-6 "5이제 인내와 안위의 하나님이 너희로 그리스도 예수를 본받아 서로 뜻이 같게 하여 주사 6한 마음과 한 입으로 하나님 곧 우리 주 예수 그리스도의 아버지께 영광을 돌리게 하려 하노라"

하나 된 마음인 일심이 없으면 주를 경외할 수 없으며 일심은 그리스도의 피로만(엡 1:7) 가능하다. 그래서 그리스도께서 우리를 위하여 죽으신 것이다. 일심일도가 경외이며 주를 경외하는 자가 진리에 순종하며 진리를 따를 수 있다. 항상 경외하는 사람은 자신만 복을 받는 것이 아니라 하나님께서 약속하신 말씀대로 자자손손 복을 받는다. 우리는 반드시 나도 잘 되고 자손 대대로 복을 받는 이 길을 가야 하지 않겠는가? 우리는 더 이상 자손들에게 피눈물 나게 하는 저주와 가난과 불행을 물려주어서는 안 된다. 하나님께서 성경을 통해서 약속하신 강하고 힘이 있는 나라를 꼭 물려주어야 한다.(잠 24:3-5)

이와 반대로 하나님과 세상을 동시에 붙잡고 사는 두 마음은 저주의 길이며 재앙의 길이다. 하나님을 믿는다면서도 세상과 벗되어 사는 것이 바로 하나님과 원수 된 삶인데도 교인들에게 경고는커녕 그냥 믿고 살면 된다고 가르치고 있으니 이 얼마나 안타까운 일인가?

약 4:4 "간음하는 여자들이여 세상과 벗된 것이 하나님의 원수임을 알지 못하느뇨 그런즉 누구든지 세상과 벗이 되고자 하는 자는 스스로 하나님과 원수되게 하는 것이니라"

우리는 하나님과 재물을 겸하여 섬기지 못한다. 어떤 사람들은 자기는 하나님을 섬기지 재물을 섬기지 않는다고 말할지 모르지만 돈에 묶여서 사는 것이 바로 재물을 섬기는 것이다. 사람의 마음은 두 주인을 섬길 수 없다.

마 6:24 "한 사람이 두 주인을 섬기지 못할 것이니 혹 이를 미워하며 저를 사랑하거나 혹 이를 중히 여기며 저를 경히 여김이라 너희가 하나님과 재물을 겸하여 섬기지 못하느니라"

이스라엘 백성들도 입으로는 하나님을 믿는다고 말했지만 다른 한편으로는 우상을 섬겼기에 하나님의 노를 촉발한 것이다. 하나님의 백성이 되었다면 하나님을 경외하는 삶을 살아야 한다. 그러기 위해서는 두 마음이 한 마음으로 되어 주의 도를 따라야 진정한 경외가 회복된다.

소금기둥이 된 롯의 아내처럼(창 19:26) 한편으로는 하나님을 믿지만 다른 한편으로 세상 것을 붙들고 싶은 것이 사람의 마음이다. 두 마음을 가지고 살면 선택의 어려움에 직면하게 된다. 일을 할 때도 이것을 먼저 해야 되나 저것을 먼저 해야 되나 많은 고민을 하게 된다. 야고보서는 두 마음을 가진 사람은 '정함이 없는 자'라서 무엇을 구하면서도 의심하기 때문에 받지 못한다고 말씀한다.

약 1:6-8 "6오직 믿음으로 구하고 조금도 의심하지 말라 의심하는 자는 마치 바람에 밀려 요동하는 바다 물결 같으니 7이런 사람은 무엇이든지 주께 얻기를 생각하지 말라 8두 마음을 품어 모든 일에 정함이 없는 자로다"

두 마음을 한 마음으로 바꾸는 길은 사람의 노력으로 되는 것이 아니라 그리스도의 비밀로 된다. 에베소서에서는 그리스도의 피로 말미암아 구속 곧 죄 사함을 받고(엡 1:7) 그리스도 안에 있으면 모든 것이 하나가 되는 것을 말씀하신다. 그리스도 안에서 이중인 우리 마음이 먼저 하나가 되고 그래야만 다른 성도들과도 하나가 되어 결국은 하늘에 속한 것들과도 다 하나가 된다고 말씀하셨다.

엡 1:9-10 "9그 뜻의 비밀을 우리에게 알리셨으니 곧 그 기쁘심을 따라 그리스도 안에서 때가 찬 경륜을 위하여 예정하신 것이니 10하늘에 있는 것이나 땅에 있는 것이 다 그리스도 안에서 통일되게 하려 하심이라”

하나님께서는 자기를 경외하는 자들을 기뻐하시고 부족함이 없는 만족한 복을 주시며(시 34:9), 여호와 이레의 복을 예비해 주신다. 하나님을 경외해야 재앙을 만나지 않으며(잠 19:23) 여호와를 경외하는 도는 정결하기 때문에 우리를 천국 백성에 합당한 자로 만들어서 영원함에 이르게 하신다.

시 19:9 “여호와를 경외하는 도는 정결하여 영원까지 이르고 여호와의 규례는 확실하여 다 의로우니”

제4장

철저히 무너진 삶에도 길은 있었다

누가 더 사랑 하겠느냐?

신앙생활을 하면서 '무엇을 해야 하나님을 사랑하는 것인가'라는 질문을 한 번 쯤은 해 보았을 것이다. 많은 기독교인들이 성경을 매일 읽으며 예배에 빠지지 않고 봉사활동을 열심히 하면 하나님을 사랑하는 것으로 착각한다. 누가복음 7장에는 예수님께서 바리새인의 청함으로 같이 식사하시려고 그의 집에 들어가는 장면이 나온다. 예수님께서 바리새인의 집에 들어가심을 알고 동네에 살던 죄인인 한 여자가 향유 담은 옥합을 가지고 와서 눈물로 예수님의 발을 적시고 자기 머리털로 씻으며 발에 입을 맞추고 향유를 부었다. 이에 예수님께서 시몬에게 '누가 더 사랑하느냐'라고 질문을 하신다. 시몬이 '탕감을 많이 받은 자'라고 쉽게 답을 하자 예수님께서는 시몬의 판단이 옳다고 말씀하시면서 "죄를 많이 사함 받을수록 사랑함이 많은 것"이라고 가르치신다.

> 눅 7:47 "이러므로 내가 네게 말하노니 저의 많은 죄가 사하여졌도다 이는 저의 사랑함이 많음이라 사함을 받은 일이 적은 자는 적게 사랑하느니라"

참으로 안타깝고도 놀라운 것은 예수님께서 친히 하나님을 사랑하는 법을 가르쳐 주셨지만 교회들은 이런 말씀들을 철저히 무시하고 있다는 사실이다. 하나님을 많이 사랑하기 위해서는 죄 사함을 많이 받아야 함을 성경은 분명히 기록하고 있다. 죄 사함을 많이 받기 위해서는 그리스도의 피로 죄를 씻는 회개를 통해서인데(엡 1:7) 교회들이 예배는 중시하면서 하나님을 사랑하는 길인 회개는 거의 무시한다. 죄 사함을 많이 받기 위해서 죄를 더 많이 지으라는 것이 아니고 우리에게 숨겨져 있는 엄청난 죄들을 많이 내놓을수록 하나님을 바로 사랑할 수 있다는 말씀이다. 숨겨진 죄를 알 수 있는 길은 율법을 통해서인데 율법은 죄를 깨닫고 회개하라고 우리에게 주신 것이다.

롬 3:20 "그러므로 율법의 행위로 그의 앞에 의롭다 하심을 얻을 육체가 없나니 율법으로는 죄를 깨달음이니라"

로마서는 말씀하시기를 율법은 죄를 깨달으라고 주신 것이지 우리의 노력이나 행위로 지키라고 주신 것이 아니다. 이스라엘 백성들은 율법을 자신들의 노력으로 율법을 지키려고 하다가 하나님께로부터 더 멀어지고 결국은 광야에서 멸망을 당하였다. 바리새인들도 율법을 주신 뜻을 알지 못하고 열심히 지켰지만 결국은 사람에게 인정을 받고 잘 보이려는 외식에 빠졌다. 율법은 사람이 죄를 지었기 때문에 주신 것이다.

갈 3:19 "그런즉 율법은 무엇이냐 범법함을 인하여 더한 것이라 천사들로 말미암아 중보의 손을 빌어 베푸신 것인데 약속하신 자손이 오시기까지 있을 것이라"

우리에게 주어진 성경은 죄를 깨닫는 율법으로 읽어야 함에도 불구하고 교인들은 성경을 이야기책처럼 읽거나 암송하기 때문에 말씀에 대한 깨달음이 없으며 죄에 대해서 무감각하다. 율법을 읽으면서 죄를 깨달으면 율법은 몽학선생이 되어 우리를 그리스도 앞으로 인도한다.(갈 3:24-25) 그런즉 머리로 말씀을 이해하는 성경공부로는 그리스도께로 갈 수가 없다. 율법으로 죄를 깨달았다면 죄를 씻어야 하는데 구약에서 짐승의 피를 가지고 속죄했던 제사는 이미 폐하셨고 오직 그리스도의 피로 죄 사함을 받는 새 길을 우리에게 주셨다.

히 10:8-9 “8위에 말씀하시기를 제사와 예물과 전체로 번제함과 속죄제는 원치도 아니하고 기뻐하지도 아니하신다 하셨고(이는 다 율법을 따라 드리는 것이라) 9그 후에 말씀하시기를 보시옵소서 내가 하나님의 뜻을 행하러 왔나이다 하셨으니 그 첫 것을 폐하심은 둘째 것을 세우려 하심이니라”

성경은 그리스도의 피로 죄를 씻어야 의롭다 함을 얻으며 믿음도 선물 받고 구원을 얻는다고 말씀하지만 교회들은 ‘믿으면 천국’이라는 공식을 만들어서 진리인양 가르치고 있다. 그리스도의 피와 상관없는 신앙생활은 아무리 열심히 믿어도 살아 계신 하나님의 역사나 기도 응답도 없으며 하나님의 진노하심 가운데 있다.

하나님께서는 율법을 주야로 묵상하는 자에게 형통의 복을 약속하셨다. 그러나 교회들은 주야로 율법을 묵상한다는 뜻을 알지 못하고 율법 묵상을 하루에 15분이나 30분 동안 하는 명상으로 바꾸어 가르치고 있기 때문에 교인들의 삶에서 형통함이 사라지게 되었다.

수 1:8 “이 율법책을 네 입에서 떠나지 말게 하며 주야로 그것을 묵상하여 그 가운데 기록한 대로 다 지켜 행하라 그리하면 네 길이 평탄하게 될 것이라 네가 형통하리라”

성경을 읽으면서 죄를 많이 깨달아 회개하는 만큼 하나님께서는 우리에게 큰 은혜를 베푸신다. 죄를 깨닫고 그리스도의 피로 씻으면 씻을수록 은혜가 넘치며 죄에게 종노릇 하던 것에서 벗어나 대신 은혜가 우리 삶 속에서 왕 노릇하며 영생에 이르게 된다. (롬 5:20-21)

옥합을 깨뜨려 예수님께 향유를 부은 여인은 모두에게 죄인이라고 손가락질 받던 실패한 인생이었다. 하지만 예수님을 만나서 죄 사함을 얻었을 뿐 아니라 구원받은 인생으로 바뀌었다. 당시에 부유하며 도덕적으로도 깨끗한 삶을 산 것 같이 보였던 자들은 예수님을 정죄하고 주님을 인정하지 않고 오히려 '화 받는' 인생으로 끝나 버렸다. 과연 누가 더 성공한 삶을 산 것인가?

눅 7:48-50 "48이에 여자에게 이르시되 네 죄 사함을 얻었느니라 하시니 49함께 앉은 자들 이 속으로 말하되 이가 누구이기에 죄도 사하는가 하더라 50예수께서 여자에게 이르시되 네 믿음이 너를 구원하였으니 평안히 가라 하시니라"

다 망쳐진 인생이라도 다시 회복될 수 있는 길은 바로 죄 사함을 받고 하나님을 사랑하는 것이다.

하나님을 사랑하면 운명도 바뀐다

성경에 나오는 인물 가운데서 가장 기구한 삶을 살다가 성공으로 전화위복을 이룬 사람이 있다면 바로 요셉일 것이다. 부모에게 가장 사랑받던 아들이 자기의 친 형들에게 팔려서 하루아침에 종이 된 요셉이 애굽의 총리가 되고 형제들이 요셉 앞에 무릎을 꿇는 장면은 읽는 사람들의 마음에 시원함을 선물한다. 하지만 요셉의 이야기는 읽는 사람들에게 흥미를 전해 주는 설화가 아니라 어떠한 상황에서도 하나님을 사랑하면 누구나 다 요셉 같은 삶을 살 수 있으며 누구든지 된다고 말씀하시는 전능자의 메시지다. 애굽의 총리가 된 요셉이 자기 가족은 물론 애굽과 이웃나라까지 다 살리면서 하나님께 영광을 돌렸다. 하나님께서는 우리가 무엇을 하든지 다 하나님의 영광을 위하여 살기를 원하시는데 그것은 바로 남의 유익을 구하는 삶이다.

고전 10:31-33 "31그런즉 너희가 먹든지 마시든지 무엇을 하든지 다 하나님의 영광을 위하여 하라 32유대인에게나 헬라인에게나 하나님의 교회에나 거치는 자가 되지 말고 33나와 같이 모든 일에 모든 사람을 기쁘게 하여 나의 유익을 구치 아니하고 많은 사람의 유익을 구하여 저희로 구원을 얻게 하라"

하나님을 믿는 사람들은 누구나 다 하나님께 영광을 돌리며 살기를 원할 것이다. 문제는 어떻게 하는 것이 하나님께 영광을 돌리며 사는 것인가에 대해서는 시원한 답이 별로 없다. 입으로만 '영광, 영광'하는 것은 하나님께 영광을 돌려 드리지 못한다. 하나님께 영광을 돌리며 사는 것은 고린도 전서에서 말씀하심과 같이 남에게 기쁨과 유익을 주면서 그들도 구원을 받게 하는 것이다. 우리가 어떻게 해야 요셉 같은 삶을 살 수 있는지 알지 못한다면 요셉의 이야기는 동화나 소설에서 나오는 이야기와 다를 바가 없다.

"여러분 모두 요셉 같은 삶을 사시기를 주님의 이름으로 축원 합니다" 이렇게 외친다고 해서 요셉이 되는 것이 아니다. 우리가 잘 아는 대로 요셉은 하나님을 믿었는데도 하루아침에 친형제들에게 팔려 애굽의 종으로 끌려갔다. 이런 일을 당한다면 보통 사람들은 신세 한탄을 하다가 복수를 하기 위해 이를 갈거나 아니면 절망 가운데 스스로 목숨을 끊을 수 있을 정도로 원통한 일인데도 요셉은 여호와께서 함께하시는 삶으로 이겨 내었다.

> 창 39:2-3 "2여호와께서 요셉과 함께하시므로 그가 형통한 자가 되어 그 주인 애굽 사람의 집에 있으니 3그 주인이 여호와께서 그와 함께하심을 보며 또 여호와께서 그의 범사에 형통케 하심을 보았더라"

보디발이 여호와 하나님께서 요셉과 함께 하시는 것을 알 수 있을 정도로 하나님께서는 요셉을 범사에 형통케 하셨다. 요셉은 '하나님께서 특별히 선택하셨기 때문에 형통했다'라는 해석은 우리에게 아무런 도움이 되지 않는다. 아니면 요셉이 '특별한 인물이기 때문에 어려움을 극복할 수 있었다'라는 것도 성경이 말씀하는 바가 아니다. 남녀노소 불문하고 많이 배운 자나 못 배운 자나 부자나 가난한 자를 구별하지 않으시고 하나님께서는 우리 모두를 차별 없이 부르신다. 성경은 그리스도의 은혜로 우리를 부르신다고 말씀한다.

> 갈 1:6 "그리스도의 은혜로 너희를 부르신 이를 이같이 속히 떠나 다른 복음 좇는 것을 내가 이상히 여기노라"

누구든지 다 부르셨지만 새로운 삶을 사는 길은 그리스도 안에 들어가는 것이며 오직 그리스도의 비밀로만 가능하다.

고후 5:17 "그런즉 누구든지 그리스도 안에 있으면 새로운 피조물이라 이전 것은 지나갔으니 보라 새것이 되었도다"

성경은 분명하게 그리스도 안과 밖에 대해서 구분하고 있는데 교회들은 교리라는 명목으로 성경 말씀을 왜곡한다. 그리스도 밖의 삶을 이방인이라고 성경은 말씀한다.(엡 2:12) 그리스도 밖의 삶은 성경의 약속과 아무 상관이 없기 때문에 놀라운 축복과 형통의 복을 받을 수가 없다. 그리스도 밖의 삶은 하나님께서 같이 계시지 않기 때문에 하나님의 도움을 받지 못한다. 요셉은 여호와께서 함께 하시므로 형통한 삶을 살았다. 보디발뿐 아니라 요셉이 갇혔던 감옥의 우두머리와 나중에는 바로 왕까지도 여호와께서 요셉을 형통케 하심을 보았다. 우리의 삶이 형통해야 남을 잘 도울 수 있으며 세상 사람들이 우리의 삶을 보고 살아 계신 하나님께서 함께 하시는 증거를 보게 된다.

요셉의 고통은 주인인 보디발에게 인정받는 것으로 끝나지 않았다. 여기서 끝났다면 요셉은 한 가정의 충성스런 청지기에 불과했을 것이다. 요셉은 이번에는 억울한 누명 그것도 참으로 더러운 죄를 뒤집어쓰고 감옥에 가게 되었다. 웬만한 사람 같으면 자기 신세를 한탄하며 좌절했을 수도 있는 막다른 길에서도 요셉은 하나님을 경외하며 잘 이겨 냈다. 결국 애굽의 총리가 되었고 자기 가족은 물론 나라 전체와 인근의 모든 사람들을 기근에서 구하였다. 요셉이 모든 고난을 이겨 내고 하나님께 영광을 돌릴 수 있게 된 것을 시편에서는 여호와의 말씀이 요셉을 단련시켰다고 말씀한다.

시 105:16-19 “16그가 또 기근을 불러 그 땅에 임하게 하여 그 의뢰하는 양식을 다 끊으셨도다 17한 사람을 앞서 보내셨음이여 요셉이 종으로 팔렸도다 18그 발이 착고에 상하며 그 몸이 쇠사슬에 매였으니 19곧 여호와의 말씀이 응할 때까지라 그 말씀이 저를 단련하였도다”

여호와의 말씀으로 인하여 요셉이 억울한 사정을 이겨 내고 말씀으로 잘 단련 받아서 주변 모두에게 유익을 주는 복된 삶을 살게 된 것이지 요셉 자신이 훌륭해서가 아니다. 원수를 악으로 갚지 않고 하나님께 의의 병기로 쓰임 받는 큰 그릇이 되기 위해서는 더럽고 추한 죄악들이 제거되어야 하는데 요셉은 여호와의 말씀을 가지고 이겨낸 것이다. 그렇다면 ‘요셉같이 성공하기 위해서는 종으로 팔리고 억울한 누명을 써서 고통 받는 과정을 꼭 거쳐야 하는가?’라는 의문이 생길 것이다. 요셉같이 고난 받지 않고 잘 되는 길이 바로 그리스도의 비밀이요 복음이다. 우리가 성경에서 말씀하는 바를 잘 깨닫는다면 반드시 요셉 같은 삶을 살 수 있다. 잠언은 우리가 하나님과 사람 앞에서 은총과 귀중히 여김을 받는 길을 말씀하고 있는데 이것은 인자와 진리를 떠나지 않으며 목에 매며 마음 판에 새기는 것이다.

잠 3:3-4 “3인자와 진리로 네게서 떠나지 않게 하고 그것을 네 목에 매며 네 마음판에 새기라 4그리하면 네가 하나님과 사람 앞에서 은총과 귀중히 여김을 받으리라”

요셉이 하나님께 은총을 받았을 뿐 아니라 사람에게도 귀중히 여김을 받은 이유는 잠언 말씀대로 인자와 진리를 마음 판에 새겼기 때문이다. 친형제에게 팔려서 말도 안 통하는 나라에서 종살이를 하면서 고난을 이겨낼 수 있었던 것은 요셉이 가진 특별한 성품 때문이 아니고 인자한 마음과 진리를 마음에 지녔기 때문이다. 성경은 어떠한 형편에 있는 사람이라도 '누구든지' 되게 하는데 그것은 인자와 진리라고 말씀한다. 나중에 형들을 용서하는 모습에서 요셉은 인자함을 늘 간직했음을 알 수 있다. 인자는 우리가 노력을 하거나 수련을 쌓아서 얻어지는 것이 아니라 경외를 통해서만 얻어진다.

> 시 103:17-18 "17여호와의 인자하심은 자기를 경외하는 자에게 영원부터 영원까지 이르며 그의 의는 자손의 자손에게 미치리니 18곧 그 언약을 지키고 그 법도를 기억하여 행하는 자에게로다"

앞에서 이미 설명했다시피 경외는 악을 미워하며 일심일도로 하나님을 섬기는 것을 말한다. 요셉이 종으로 팔려왔을 때나 억울한 누명을 쓰고도 이를 잘 이겨 내며 하나님과 사람에게 귀중히 여김을 받은 것은 바로 경외, 즉 끊임없이 죄를 회개하며 전적으로 하나님을 의뢰했기 때문이다. 진리는 하나님 말씀이 진리인데 전능자의 말씀은 머리로 암기하는 것이 아니라 마음 판에 새겨져야 한다. 앞에서도 언급하였는데 하나님 말씀은 명상하는 것이 아니라 죄를 깨닫고 회개하는 묵상이어야 한다.

> 요 17:17 "저희를 진리로 거룩하게 하옵소서 아버지의 말씀은 진리니이다"

마태복음 2장에 동방에서 온 박사들이 별을 보고 유대인의 왕에게 경배하러 오는 장면이 나온다. 헤롯은 자기가 왕인데 유대인의 왕에게 경배하러 왔다고 하니 놀라며 이로 인해 온 성이 소동한다.(마 2:3-6) 동방의 별이 그리스도의 탄생을 알리는 것이란 사실을 깨달은 헤롯은 모든 대제사장과 백성의 서기관들을 모아 그리스도가 어디서 탄생 하는지를 묻자 대제사장과 서기관들은 미가서 5장 2절 말씀에 나오는 유대 땅 베들레헴이라고 정확히 대답한다.

미 5:2 "베들레헴 에브라다야 너는 유다 족속 중에 작을찌라도 이스라엘을 다스릴 자가 네게서 내게로 나올 것이라 그의 근본은 상고에, 태초에니라"

대제사장과 서기관들은 성경에 대해서 잘 알고 있었기 때문에 정확한 구절은 맞출 수 있었지만 정작 동방의 별도 알지 못했으며 그리스도도 만나지도 못하였다. 헤롯은 그리스도의 탄생을 듣고도 찾아가 경배하기는커녕 도리어 무고한 어린 생명들을 죽였다. 이렇듯 머릿속으로만 아는 성경 지식은 아무런 유익을 주지 못할 뿐 아니라 남까지 해치는 무서운 독인데도 교인들은 머리로 깨닫는 성경공부를 하거나 심지어 암송까지 한다. 세례 요한이 잡힌 후에 하나님의 복음을 전파하면서 전한 메시지도 바로 "회개하고 복음을 믿으라" 였다.

막 1:15 "가라사대 때가 찼고 하나님 나라가 가까왔으니 회개하고 복음을 믿으라 하시더라"

회개하고 복음을 믿으면 하나님의 인자하심과 진리의 말씀이 마음속에 새겨지게 되어 하나님뿐 아니라 사람들로부터 은총과 귀중히 여김을 받는다. 죄의 종으로 살다가 죄를 이기는 능력의 삶을 사는 것은 주의 말씀이 머리가 아닌 마음에 있을 때만 가능하다.

시 119:11 "내가 주께 범죄치 아니하려 하여 주의 말씀을 내 마음에 두었나이다"

누구나 다 잘 될 수 있는 그리스도의 비밀을 부정하는 자들이 있다면 우리는 경계해야 한다. 오늘도 하나님은 우리가 요셉같이 남의 유익을 구하며 전 세계를 살리는 귀중한 인물이 되기를 원하시기 때문에 우리에게 그리스도의 비밀을 주신 것이다.

여호수아 6장에는 하나님의 권능에 의해 여리고성이 무너지고 이스라엘 백성들이 큰 승리를 거두는 장면이 나온다. 이에 앞서 여호수아 2장에서는 여호수아가 여리고성을 점령하기 위해 두 사람의 정탐꾼을 보냈는데 그들이 머문 곳이 기생 라합의 집이었다. 정탐꾼들이 라합의 집에 들어간 것이 발각되어서 군사들이 잡으러 왔지만 라합은 두 사람을 내어 주지 않고 숨겨 주었다. 라합이 하나님을 믿기로 작정한 것은 하나님께서 애굽에서 이스라엘 백성을 인도하시며 행하신 크신 일들과 홍해를 가르며 역사하셨던 하나님에 대한 소문을 들었기 때문이라고 정탐꾼들에게 말한다.(수 2:9-11) 만일 정탐꾼을 숨겨준 일이 발각된다면 죽음을 면치 못할 것을 잘 알면서도 라합은 하나님을 믿고 따르기로 작정하였다. 마태복음 1장은 목숨을 걸고 하나님을 사랑한 라합의 운명이 어떻게 바뀌었는지 잘 말씀하고 있다. 라합은 '기생 라합'에서 예수님을 탄생케 한 가장 복된 계보에 그 이름을 올린 것이다.

마 1:3-6 "3유다는 다말에게서 베레스와 세라를 낳고 베레스는 헤스론을 낳고 헤스론은 람을 낳고 4람은 아미나답을 낳고 아미나답은 나손을 낳고 나손은 살몬을 낳고 5살몬은 라합에게서 보아스를 낳고 보아스는 룻에게서 오벳을 낳고 오벳은 이새를 낳고 6이새는 다윗왕을 낳으니라 다윗은 우리야의 아내에게서 솔로몬을 낳고"

라합은 기생의 몸으로 남에게 천대받는 노리개 감으로 살아야 하는 기구한 인생이었지만 목숨을 아끼지 않고 하나님을 믿고 따르기로 작정하니 다윗왕의 선조가 되었으며 온 인류의 구주이신 예수님이 후손으로 탄생하였다. 목숨을 다하여 하나님을 사랑하면 어떠한 천한 인생이라도 고귀한 삶을 살 수 있으며 복음이 전파되는 곳곳마다 그 이름이 영원히 기억되는 가장 복된 인생이 될 수 있다. 성경에는 가룟 유다나 빌라도처럼 영원히 저주받을 이름으로 남는 자들도 있고 권력과 부와 명예를 가지고 성공적으로 잘 산 것 같이 보였으나 이름도 없고 흔적도 없이 사라진 수많은 사람들이 있다. 기생처럼 천한 인생이라고 한탄해 본 적이 있는가? 불우한 인생이라고 탄식하며 고뇌해 본 적이 있는가? 앞날이 캄캄하고 낙심되어 좌절하고 있는가? 길은 있다. 하나님을 사랑하면 된다. 하나님을 사랑하는 것은 죄를 많이 사함 받는 것이다.

하나님을 사랑해서 인생이 완전히 바뀐 또 한명의 여인이 있는데 바로 룻이다. 룻기에는 하나님께 저주를 받았다고 스스로 자책하는 나오미라는 여인이 나온다. 나오미는 유다 베들레헴 사람인데 기근이 심해지자 모압땅으로 가서 살았다. 그러다가 남편인 엘리멜렉이 죽고 모압땅에 거한지 십년 즈음에 두 아들이 다 죽는 비극을 당했다. 유다 땅으로 돌아가려고 결심한 나오미는 며느리들에게 남편을 얻어줄 소망이 없으니 고향으로 돌아갈 것을 권고하지만 룻은 시어머니를 떠나지 않을 것이며 하나님을 따르고 섬기겠다고 하였다.(룻 1:16-17) 동서인 오르바가 나오미의 권고대로 자기가 믿던 신과 백성이 있는 고향으로 돌아간데 비해서 이방 여인인 룻은 끝까지 시어머니를 돌보며 하나님을 믿고 따르기를 선택하였다. 오르바는 성경에서 그 이름이 사라졌지만 룻은 보아스를 만나서 다윗왕의 선조가 되고 예수님의 가문에 이름을 남기는 여인이 되었다. 하나님을 사랑하면 하나님께서는 어떠한 상황과 조건에서도 반드시 좋게 해 주신다고 로마서는 말씀한다.

롬 8:28 "우리가 알거니와 하나님을 사랑하는 자 곧 그 뜻대로 부르심을 입은 자들에게는 모든 것이 합력하여 선을 이루느니라"

하나님을 사랑하면 기생인 라합도 가장 성공적인 삶을 살 수 있으며 모든 소망이 끊긴 이방 여인인 룻도 값진 삶을 살 수 있음을 성경은 말씀한다. 벼랑 끝에 매달려 최악에 다다른 인생이라도 앞이 보이지 않는 캄캄한 어둠 속에 갇힌 자들도 새 길을 걷게 하는 것이 복음이다.

괴로운 질병도 낫는다

그리스도의 비밀은 내가 스스로 깨달은 것도 아니고 학문을 통해서 얻은 것도 아니다. 오직 하나님의 뜻을 전하기 위해서 자기 몸을 아끼지 아니하시며 말씀에 순종하시던 박 목사님이란 분으로부터 그리스도의 비밀을 전해 받았다. 나는 물리학으로 박사 학위를 받기 위해 미국에 유학을 왔다. 목회자가 되려고 생각해 본 적이 거의 없었는데 교회 청년부와 성가대에서 봉사하며 선교 단체에도 열심을 내는 것을 본 사람들은 나에게 신학을 해 보라고 권해서 미국에 오기 전에 교단 신학교를 잠시 다녔다. 미국에 와서 공부를 하던 중 어느 교단 모임에 초대를 받아서 그 당시 서투른 영어로 짧게 간증을 하고 찬양을 한 곡 불렀다. 모임이 끝나자 교단 사람들이 모두 나에게 다가와서 악수를 청하며 신학을 하면 자기들이 적극적으로 돕겠다고 했다. 이런 일로 인하여 교단에서 운영하는 공동체에 들어가 살면서 신학공부도 학비가 들지 않았기 때문에 영어 공부를 한다는 마음으로 신학교도 다녔다. 처음에는 물리와 신학 박사의 두 개의 학위를 다 따려는 욕심으로 공부를 했는데 가뜩이나 부족한 영어 실력에다가 헬라어와 히브리어 그리고 라틴어까지 공부해야 하는 부담이 너무 커서 일단 신학 공부에만 매진하기로 했다. 그러다가 결혼을 위해 다른 주로 이사를 가면서 새로 지원한 신학교에서도 학비 전액을 장학금으로 받게 되었다. 이런 혜택이 외국인에게는 거의 불가능한 일이었기 때문에 신학을 하는 것이 하나님의 뜻이라고 생각했으며 신학교를 졸업한 후에 목사 안수를 받고 삼십대 초반에 담임 목사가 되었다.

처음에는 환영 받으며 시작한 목회였지만 곧 많은 시련이 닥쳤는데 젊은 집사의 남편이 암에 걸렸다. 나를 비롯해서 주변에 사는 장로, 권사, 그리고 교인들이 수시로 가서 환자의 병이 낫도록 열심히 기도하며 철야 기도도 했지만 기도한 보람도 없이 슬하에 자식 하나 없이 세상을 떠나고 말았다. 얼마 뒤에는 권사 아들이 역시 암으로 세상을 떠났다. 이 아들은 사십 대 초반의 나이였는데 노부모와 젊은 부인, 어린 딸 하나를 옆에 두고 죽어 가는 모습이 너무나도 가슴 아팠다. 권사의 아들이 병원에서 투병하는 동안 치유를 위해 결사적으로 기도했지만 소용이 없었다. 슬피 우는 나이 드신 권사에게 뭐라고 위로해 줄 말이 없었다. 다만 천국 가서 만날 것이라는 확신 없는 말만 되풀이 하는 나 자신이 한심하기만 했다.

그러다가 짧은 목회생활에 가장 충격적인 일이 발생했다. 교인 중에 젊은 집사가 있었는데 한국에서 직장 생활을 할 때 직무상 남을 대접하느라늘 술을 먹을 수밖에 없었고 결국 부인과 이혼을 했다고 한다. 그러나 미국에 와서는 교회에 다니며 술도 끊고 새 삶을 살기 시작했다. 나를 만난 이후로는 성경공부와 교회봉사도 아주 열심히 하니 누가 보아도 모범 청년이요 목회자를 잘 돕는 충실한 제직이었다. 혼자 사는 모습이 안쓰러워 보여서 중매를 서겠다고 하였더니 이 집사는 기뻐하며 선뜻 그렇게 해 달라고 말했다. 나의 중매를 통해서 이 집사는 한국에 나가서 결혼식을 올렸다. 하지만 부인이 미국에 오기 위해 한국에서 영주권 수속을 하고 있는 동안에 이 집사는 교회 내의 다른 여 집사와 딴 살림을 차렸고 이 일이 들통 나자 부인을 버리고 다른 주로 달아나 버렸다. 이 사실을 안 나는 큰 충격에 빠졌다. 한 여자의 일생을 망쳤다는 죄책감부터 시작해서 믿었던 도끼에 발등이 찍힌 배신감과 절망감이 나의 삶과 온 교회를 뒤덮었다. 사람을 분별하지 못한 눈 먼 소경이었고 사람을 변화시킬 능력이 없는 공허한 말씀을 전하던 나의 전적인 잘못이었지만 충격에서 벗어나는 데는 꽤 오랜 시간이 필요했다.

교인에게 실망을 하면서 열정 없는 목회 생활을 간신히 유지하고 있던 중에 LA에서 '그리스도의 비밀'이란 주제로 목회자 영성훈련이 열린다는 소식을 들었다. 광고에 있던 '교회와 가정이 변화 되었다'는 내용을 보자 집회에 한 번 참석해 보았으면 하는 마음이 들었다. 하지만 비행기 값을 알아보니 $1,200이 훨씬 넘는 것을 보고 크게 낙담이 되었다. 지금도 국내선 비행기를 타는 데 천불이 넘는 비행기 표를 사려면 망설여지는데 그 당시에 $1,200이면 현재의 시가로 약 칠천 달러 정도가 되니 집회에 가는 것은 거의 불가능해 보였다. 하지만 그 다음날 신문을 보는데 깜작 놀랄만한 광고가 있었다. Leisure Airline이란 항공사가 새로 LA로 취항하는데 가격은 편도에 단지 99불이라는 것이었다. 더욱 놀라운 것은 이 항공사는 내가 집회를 다녀온 후에 취항을 중지하였다. 집회에 참석을 하고 나의 간증을 들은 모든 사람들은 하나님께서 비행기회사 하나를 차려서 나를 그 집회에 인도하였다고 모두들 놀라워했다.

집회는 LA에서 두 시간 정도 떨어진 CCC 회관에서 열렸다. 첫날 저녁에 말씀을 듣는 동안 갑자기 어머니 돌아가실 때 모습이 떠올랐다. 그 당시 나는 효자노릇 한다고 어머니 시신 앞에서 2박3일 동안 한 잠도 안자고 영정을 지켰다. 그런데 갑자기 '너는 죽은 어미를 위해서는 잠을 포기할 수 있지만 살아 있는 전능자를 위해서 철야는 할 수 없느냐'는 그런 마음이 떠올랐다. 그래서 그날 밤은 철야를 해야겠다고 마음을 먹었다. 저녁 집회가 끝나고 목욕을 하고는 집회장소 왼쪽 구석 앞자리에서 무릎을 꿇었다. 처음에는 들은 설교 말씀을 기억하면서 죄들을 하나씩 자백하였다. 일단 기도가 시작되니 너무나도 많은 죄가 떠오르면서 회개가 되는데 걷잡을 수가 없었다. 눈물과 콧물이 범벅이 되면서 터진 회개는 끝날 줄을 몰랐다. 눈을 떴을 때는 새벽 네 시가 되었다. 약 세 시간 동안 무릎을 꿇고 쉬지 않고 회개를 한 셈인데 신기하게도 무릎이 하나도 아프지 않았고 몸은 날아갈 것 같이 가벼웠으며 마음에는 기쁨이 넘쳤다. 아침이 지나고 저녁이 될 때까지 잠을 조금도 안 잤는데도 몸이 전혀 피곤하지 않았다.

영성훈련은 새벽예배를 시작으로 아침과 오후에 두 시간씩 해서 집회가 계속 되었다. 둘째 날 저녁집회 말씀을 듣는 중에 어젯밤과 같은 마음이 다시 떠올라서 오늘 밤도 철야를 해야겠다고 마음먹었지만 한편으로는 '어제부터 한 숨도 못 잤는데 철야를 할 수 있을까'하는 염려도 있었다. 하지만 그날 밤 무릎을 꿇는 순간 또 한 번 걷잡을 수 없이 회개가 터졌다. 어제 밤새도록 회개를 하였으면 웬만큼 회개가 된 줄로 알았는데 죄가 끊임없이 떠오르면서 다시 계속 회개가 되었다. 눈을 떴을 때는 새벽 네 시 반이었다. 이틀 동안 딱딱한 바닥에 앉아서 세 시간을 계속 기도했는데도 무릎에는 조금의 고통도 없었다. 밀려오는 기쁨은 전에 한 번도 맛보지 못한 것이었고 몸도 조금도 피곤하지 않았을 뿐 아니라 신기하게 하루 종일 눈꺼풀이 무겁지 않았다.

그날 이후로 그동안 끊임없이 나를 괴롭혔던 알레르기 천식이 나았다. LA로 가는 비행기 안에서도 계속 기침을 하며 갔었는데 깨끗이 고침을 받은 것이다. 미국에 온지 약 4년 만에 심한 천식에 걸렸다. 처음에는 꽃가루 알레르기로 봄마다 기침이 나다가 이것이 심해져서 천식이 되었다. 천식이 얼마지 심한지 밤에 눕지를 못할 정도로 기침을 해서 자다가 깨고 자다가 깨는 것을 반복하면서 잠을 잘 수가 없을 정도였다. 미국은 가정의를 먼저 만나서 전문의를 소개받아야 하는데 그것도 예약이 밀리면 한 달 이상을 기다려야 한다. 가정의는 나에게 좋다는 약은 다 써 보며 기침을 줄여 보려고 했지만 듣지를 않아서 이 약 저 약을 준 것만 해도 열 가지가 훨씬 넘었다. 마침내 약 한 달 후에 전문의를 만났지만 어떤 처방도 효과가 없었다. 그래서 미국에서 소위 유명하다는 치유 집회를 다니기 시작했다. 지금도 이름만 대면 다 아는 부흥사들의 집회를 찾아 다녔다. 집회에서는 치유를 경험한 많은 사람들이 나와서 간증을 했지만 나에게는 치유가 일어나지 않았다. 그렇게 고질적으로 앓던 천식이 나은 것이다.

밑바닥 인생들도 된다

그리스도의 비밀은 나의 삶을 완전히 바꿔 놓았다. 그 중의 하나가 남의 유익을 구하라는 말씀에 순종하고자 동네 도서실에서 십대 미혼모들을 위해서 자원봉사로 수학을 가르쳤다. 십대 미혼모들은 어린 나이에 임신을 하게 되어 학교를 자퇴할 수밖에 없었다. 그러다 보니 마땅한 직업을 구할 수 없어서 가난에 시달리다가 검정고시로 고등학교 졸업장을 얻으려고 하였는데 수학이 항상 문제였다. 미혼모들은 감사하게도 나의 말을 잘 따르며 열심히 공부를 해서 모두 고등학교 졸업장을 얻었다. 그러다가 연방정부에서 지원을 하고 운영하는 전역 군인을 위한 프로그램을 알게 되었다. 미국은 군대를 의무적으로 가지 않는 대신에 군대를 가면 여러 가지 경제 혜택을 주는 방법으로 직업 군인을 유치한다. 그 중의 하나가 바로 대학 등록금을 4년간 지급하는 것이다. 하지만 이들이 대학에 다녀도 기초적인 수학 실력이 없어서 낙제를 거듭하다가 학업을 포기하는 일이 많다. 그 당시 주립대학은 어떤 전공을 선택하더라도 수학 세 과목을 이수하여야 하는데 필수 과목인 수학에서 낙제를 거듭하다가 결국은 허송세월만 보내고 대학 등록금 혜택을 잃게 되자 이들을 위한 VUB(Veterans Upward Bound) 프로그램을 만들었다. 하지만 전역군인들에게 가장 취약한 과목인 수학을 가르칠 사람을 아무리 찾아봐도 지원자가 없었다. 보수가 거의 무료봉사 수준이고 수업도 일주일에 6시간만 가르치게 되어 있기 때문에 가르칠 사람이 없었다. 강사가 없으니 학생들도 자연히 오지를 않아서 프로그램도 저절로 폐쇄 일보 직전이었다.

내가 그 프로그램에 갔을 때에는 단 두 명의 학생만 있었는데 이들도 가르칠 사람이 없었으니 놀다가 그냥 가는 형편이었다. 내가 그들을 막상 가르치려고 하니 너무나도 기초 실력이 부족하였는데 심지어 분수나 소수는 물론 홀수 짝수도 모르는 처참한 상황 그 자체였다. 그러고도 대학에 가겠다는 열망은 참으로 가상했지만 이들을 효과적으로 도울 수 있는 방법이 없어서 막막했다. 등록금 혜택은 대학을 등록한 시간부터 4년 동안만 유효하기 때문에 기초 산수부터 다시 가르치기에는 너무나도 시간이 없고 수강 신청 중인 과목에서 과락을 넘기기에는 너무나도 실력이 부족하였다. 나는 이들을 효과적으로 가르칠 수 있는 방법을 알려달라고 주님께 매달렸다. 만일 다음 학기에 학생이 없으면 문을 닫아야 하는 막다른 상황에서 하나님께서는 여섯 명을 보내 주셨다. 그 후 학생들의 실력이 향상되자 소문을 듣고 많은 학생들이 찾아오면서 학생 수가 매학기 마다 사오십 명이 넘게 되었고 미국 전역에서 최고의 프로그램이 되었으며 가장 장수한 프로그램이 되었다.

데이비드는 목사의 아들인데 아버지가 엄마와 자식들을 버리고 다른 여자와 결혼했다. 당시에 그는 고등학교 2학년이었는데 하루아침에 먹고 사는 것을 걱정해야 하는 처지가 되어 버렸다. 취업을 하려고 해도 그 흔한 고등학교 졸업장이 없어서 마땅한 직장을 구하지 못하고 주유소에서 급유를 하고 차를 닦는 일을 하면서 근근이 살아갔다. 마음속에는 아버지에 대한 증오로 가득 찼으며 보복하는 길은 자기가 성공해서 보란 듯이 사는 것인데 돈도 없고 실력도 없어서 군대를 가기로 마음을 먹었다. 군대를 제대한 후에 대학에 등록했는데 기초 수학 실력이 없어서 고민 끝에 소문을 듣고 나를 찾아왔다. 데이비드도 수학은커녕 가장 기초적인 산수 실력도 없는 너무나도 형편없는 상태였다. 지면상으로 상세히 기술하기에는 한계가 있어서 결과적으로 말하자면 사람의 지혜로는 거의 불가능한 상황이었지만 그리스도의 비밀은 모든 것을 가능케 하였다. 중학생 수학 실력도 안 되었던 데이비드는 수학 실력이 날로 향상되어서 우수한 실력으로 대학을 졸업하였고 미국의 최상위인 아이비리그(Ivy league) 대학에서 MBA 학위를 마치고 유수 재벌 회사에 취업을 하여 억대 연봉을 받으며 살고 있다. 목사인 아버지는 가정을 버리고 떠나기 전에도 데이비드를 미련한 자식이라고 항상 무시했으며 '너는 머리가 나빠서 대학에 절대로 가지 못할 것'이라고 늘 멸시하며 미워했다고 말했다. 불가능했던 꿈을 이룬 데이비드가 나와 가까워지자 그의 슬픈 가정사를 털어 놓은 것이다. 미워할 수밖에 없는 그의 아버지, 그래서 몇 년째 전화 통화조차 하지 않았던 데이비드에게 내가 전한 것이 바로 그리스도의 비밀과 용서였다. 데이비드는 하나도 거부하지 않고 다 받아 들였다. 대학 졸업이 결정되던 날 데이비드는 자기 아버지에게 직접 전화를 걸어 용서와 화해를 하였다. 그의 아버지는 비행기로 몇 시간이나 걸리는 먼 거리였지만 아들의 졸업식에 참석했다. 데이비드를 비롯해서 180여명 되는 전역 군인들이 자기들의 꿈인 대학 졸업장을 받고 성공적인 취업을 하였다. 수학 실력이 없어서 공대는 꿈도 꾸지 못했던 학생들이 공대로 진학한 것도 수십 명에 이른다. 겉으로 드러난 실력과 환경만 가지고는 불가능했던 일들을 그것도 대학 안에서 그리스도의 비밀은 꿈들을 이루게 하였다.

전역 지원 프로그램이 크게 성공을 거두자 연방 정부는 대학에 재학 중인 학생들 외에도 재활 중인 전역 군인들도 돕도록 프로그램을 확장하였다. 재활 프로그램은 군대에서 전역한 후에 술이나 마약 아니면 건강상의 문제로 인해 오갈 데 없는 사람들을 수용하는 곳이다. 재활 프로그램을 성공적으로 마치고 나와도 거의 대부분은 술과 마약으로 인하여 다시 수용시설로 되돌아온다. 더욱이 이들에게 주어지는 대학 학비 보조 혜택도 오래 전에 끝나 버렸기 때문에 대학 진학 자체가 불가능하였다. 미국 정부는 전역 군인들이 나라에 봉사한 대가로 재활 프로그램을 만들어서 취업을 돕고 자립생활을 하도록 하는 것이었지만 취업은커녕 안타깝게도 술과 마약으로 인하여 길거리를 배회하는 거지가 되어 버렸다.

재활 프로그램에서 만난 사람들은 거의 대부분 40대 이상 60대까지 있었다. 이들은 오랫동안 마약을 복용하고 알코올 중독에 걸려서 인생을 포기하다시피 하고 인생의 밑바닥을 사는 사람들이라 공부나 취업에 도무지 관심이 없었다. 취업을 도우라고 해서 갔지만 공부에 관심이 없으니 거기에 내가 할 수 있는 것이라고는 그들에게 용기와 희망을 주는 것뿐이었다. 그들과 대화를 나누면 거의 모두 다 '나 같은 사람은 될 수 없다'는 것이었다. 이곳에서의 수업은 강의가 아니라 간단한 취업 준비용 책자를 주고 그들이 스스로 공부하다가 나에게 묻는 그런 식이었다. 하지만 이들은 10분 이상 책을 보면 머리가 아프다고 하며 커피나 마시고 잡담을 하거나 잡지책을 보면서 시간을 보냈다. 공부를 하지 않으니 나한테 묻지도 않았기 때문에 재활 센터에 가면 나는 말씀을 묵상하거나 그들의 모든 문제를 내가 대신 회개기도를 하면서 시간을 보냈다. 성경을 보고 있는 나에게 그들은 산수 대신 성경에 관해 물었다. 그러다 보니 자연스럽게 신앙에 대한 이야기를 하면서 시간을 보냈다. 두 달쯤 지나자 이들은 잡담을 멈추고 공부를 하였는데 어떤 때에는 한 시간 이상 쉬지 않고 공부를 하는 것이었다. 그리고는 이구동성으로 하는 말이 공부가 이렇게 재미있는 줄 몰랐고 자신들이 그것도 제일 어려운 산수를 한 시간 이상 혼자 공부한다는 것을 신기해하며 스스로 대견해했다.

이렇게 반 학기가 지났을 때 두 명이 대학에 도전해 볼 터이니 나에게 도와 달라고 했다. 형편없는 실력에다 아무것도 없는 무일푼의 상황에서 대학에 도전해 보겠다고 하니 어이가 없었지만 크게 변한 모습에 말이라도 고맙게 느껴졌다. 그 중의 한 명이 바로 사무엘이다. 사무엘은 배를 타고 전 세계를 다니는 해군 출신으로 술을 많이 마셔서 알코올중독에 걸렸다. 군대를 전역한 후 대학 진학을 못한 것도 술 때문이고 직장을 얻어도 술을 많이 마셔서 직장에 붙어 있을 수가 없어서 결국은 거지가 되었다. 나는 사무엘을 도울 수 있는 길을 수소문 하던 끝에 전역 군인에게 장학금을 주는 단체를 알게 되었다. 이 장학재단은 시험을 쳐서 대학갈 실력이 된다고 인정이 되면 대학 등록금을 일 년간 지급하지만 지원자들의 실력이 너무 없어서 수혜자가 거의 없다는 것이다. 이 사실을 사무엘에게 알려 주니 사무엘은 기뻐하면서 자기가 도전해 보겠다고 했다. 하지만 사무엘이 정신을 차리고 열심히 공부를 한다고 해도 거의 삼십 년 동안에 공부라고는 해 본 적도 없는데다가 술 중독이 될 정도로 술을 먹어 굳은 머리로 시험을 통과한다는 것은 거의 불가능한 일이었다. 그런데도 사무엘은 포기하지 않고 열심히 공부를 하면서 학기가 끝날 무렵 시험을 쳤지만 현실은 냉혹했다. 시험을 치렀는데 아닌 게 아니라 백점 만점에 20점을 맞고 떨어졌다. 혹시나 했지만 역시나 꿈은 멀었다. 사무엘은 크게 낙심했다. 그러나 이제는 내가 포기 하지 않고 사무엘을 몰아붙였다. 삼 개월 후에 다시 시험을 치면 통과할 수 있다고 하니 사무엘이 농담으로 받아들였다. 하지만 그는 열심히 공부를 다시 시작하였고 내가 시키는 것을 열심히 하며 결석도 한 번도 안 했다. 대부분의 경우는 삼 개월 내에 수학 실력이 크게 변동이 없기 때문에 재시험을 잘 허락하지 않지만 사무엘은 자기의 실력이 크게 향상되었으니 재시험을 치게 해 달라고 청원했다. 삼 개월이 채 안 되었지만 사무엘은 특별 허가를 받아 재시험을 치렀고 성적은 놀랍게도 합격선인 80점을 넘었다. 그랬더니 카운슬러와 이 프로그램의 담당자가 지난번 시험 채점을 잘못한 것인지 아니면 사무엘이 부정을 저지른 것인지 확인하는 작은 소동이 벌어졌다. 이렇게 해서 사무엘은 장학금을 받으며 2년제 전문대학에 입학을 했고 그 전공을 살려 안정된 직장에도 취직을 하게 되었다.

또 한명 잊히지 않는 한 사람이 윌리다. 고등학교 중퇴인 윌리는 어느

날 술을 먹고 남을 때린 죄를 짓고 교도소에 갔다. 출옥 후 바르게 살아 보려고 발버둥을 쳤지만 범죄자에다가 학력이 없이 막노동만 하는 자기 신세가 너무나 원망스러워 마약에 손을 댔다. 그러다 붙잡혀 또 교도소에 갔다가 풀려나기를 몇 번이나 반복하다가 이 재활 기관에 수용되었다. 윌리는 그 흔한 고등학교 졸업장도 없어서 잘 살아 보겠다는 꿈은 포기한지 오래 되었다. 재활 기관에서 주는 밥이나 얻어먹고 잠시 편하게 지내는 것으로 만족한다고 말했다. 그 동안 공부한 적이 없어서 읽기 수준은 초등학교 4학년 정도 되며 산수는 그야말로 곱셈 나눗셈도 몰랐다. 이런 수준에서 고등학교 졸업장이라도 받으라고 말하는 것 자체가 그에게는 농담으로 들렸다. 나를 처음 만난 후 윌리는 나를 만나는 게 즐겁다고 하면서 교실에 꾸준히 왔다. 올 때마다 '너, 반드시 잘 될 수 있다'고 내가 하는 말이 그에게 큰 소망을 된다고 하며 나름대로 열심히 공부를 했다. 한 학기가 다 지나도 윌리의 성적은 겨우 초등학교 6학년 정도의 실력이 될까 말까였다. 그래서 윌리를 따로 불러서 회개기도를 가르쳤다. 윌리는 잘 될 수 있다는 말을 진지하게 들으며 따라 했다. 한 달이 지나자 윌리의 입에서는 불평이 사라졌다. 늘 입버릇처럼 하던 사회에 대한 원망과 비판도 사라졌다. 수험생같이 책을 파고든 윌리는 학기를 마치기 전에 마침내 고등학교 수준으로 올라섰으며 6개월이 거의 끝나갈 무렵에는 처음으로 막노동에서 벗어나 안정된 직장을 구할 수 있었다.

이 밖에도 수많은 학생들이 나와 만났고 또 떠나갔다. 물론 학교를 다니다 중도에 포기하고 떠난 사람들도 있었다. 또 종교가 다르다고 회개기도를 받아들이지 않던 사람들도 있었다. 그러나 별의별 방법을 다 동원해도 가망이 없던 밑바닥 인생을 살던 사람들이 이 그리스도의 비밀로 삶이 바뀌어서 나의 손을 잡고 감사를 연발하던 모습은 지금도 잊을 수가 없다. 정신과 의사의 치료나 아니면 심리학자와의 상담을 통해서 여러 가지 방법으로 잘못된 삶을 고쳐 보려고 하다가 실패의 쓴 맛만 보았던 사람들이었는데 그리스도의 비밀이 그들의 삶을 바꾸어 놓았다. 이 모든 것이 전적인 하나님의 은혜로 된 것이지 나의 힘으로 된 것이 아님을 분명히 말하고 싶다. 다른 사람들의 죄 짐을 나의 십자가에 대신 지는 그리스도의 비밀로 인하여 하나님께서 역사 하신 것이다.

> 눅 14:27 "누구든지 자기 십자가를 지고 나를 좇지 않는 자도 능히 나의 제자가 되지 못하리라"

주니어는 흑인으로 오십이 넘은 아저씨였다. 대학 가는 것이 자기의 일생의 꿈이라고 말하며 자기를 도와 달라고 나에게 부탁을 하였다. 주니어는 열심히 공부를 하여 한 학기가 끝나갈 무렵에는 실력이 놀랍게 향상되었다. 하지만 학비가 없어서 대학 진학은 포기하고 직장을 구하기로 하였다. 그런데 주니어가 여러 직장에 이력서를 내고 아무리 기다려도 인터뷰 오라는 통지를 한 번도 못 받는 것이었다. 그럴 때마다 주니어는 자기가 나이가 많아서 안 뽑힌다느니 흑인이라 차별한다느니 하면서 불평을 했다. 그러나 다른 흑인들이 직장에 쉽게 들어가는 것을 봐서는 차별 때문인 것은 아닌 것 같고 그 당시 경기도 상당히 호황이라 사람이 모자라는 판인데 나이가 문제되는 것 같지도 않았다. 어느 날 수업이 끝나고 주니어가 나에게 상담을 요청했다. 그 전에도 그는 내가 목회자라는 것에 많은 관심을 가지고 교회에 대해서 가끔 물어왔었다. 마주 앉자마자 주니어가 대뜸 하는 말이 자기도 교회를 다니며 하나님을 믿는데 하나님이 자기를 버린 것 같다고 푸념을 하였다. 그러면서 지금까지 자기가 살아온 인생을 털어놓았다. 주니어는 결혼한 지 얼마 안 되어 부인이 자기와 두 딸을 버리고 떠나서 자기 혼자 어린 두 딸을 키워야 했다. 어느 날 중학교에 다니는 둘째 딸이 남자 친구와 놀아난 것을 알고는 너무나 화가 나서 딸을 마구 때렸다는 것이다. 미국에서는 부모라도 자녀를 때리면 아동을 학대한 죄로 범죄자가 된다. 주니어는 교도소에 가야 했고 비록 중범죄는 아닐지라도 전과자라는 기록이 따라다니기 때문에 자기는 당분간 직업을 얻을 수 없다고 슬프게 말했다. 아직도 자기 두 딸을 사랑하며 잘되기를 바라는데 딸들이 이제는 자기 말도 안 들으며 학교도 포기했다고 말했다. 자기도 하나님께 매달려 보았고 선하게 살아 보려고 그렇게 애썼지만 이제 거지 수용소에나 가게 되었으니 두 딸의 낯을 볼 면목이 없다고 탄식했다. 나는 주니어에게 성경 몇 구절을 찾게 했다. 그리고는 딸을 나무란다고 딸의 성격이나 행동이 고쳐지지 않으며, 성경의 가르침에 의하면 자녀들의 죄는 부모에게서 내려간 것이니 자녀를 나무라기 전에 딸들의 죄를 먼저 자신의 죄라고 인정하며 회개기도를 하라고 가르쳐 주었다. 주니어는 교회를 오래 다녔지만 이런 소리는 처음 듣는다고 의아해했고 또 그런다고 자식이 바뀔 수 있겠느냐고 의심했다. 하지만 다른 길이 없던 주니어는 결국 믿고 회개기도를 시작하였다. 한 달쯤 후에 주니어는 소식도 없이 기숙사를 떠났다. 나는 주니어 소식이 궁금해 여러 방면으로 찾아보았지만 실패했다. 그로부터 6개월 후 일 년에 한 번씩 열리는 전역군인을 위한 연말 파티에 주니어가 나타났다. 멀리서 나를 발견하고는 달려와서 나의 손을 꼭 붙잡고 한참을 반가워했다. 자기 딸과 다시 사이가 좋아졌으며 장사를 할 수 있는 길이 열려서 바쁘지만 잘 지내고 있다는 소식을 전했다. 그리스도의 비밀은 이론이 아니라 사람을 변하게 하는 능력의 복음이다. 인생의 밑바닥까지 내려간 사람들이 이 복음으로 새 삶을 찾게 된 것이다. 그리스도의 비밀은 누구든지 되게 한다.

제5장

그리스도의 은혜

잃어버린 형상을 찾아서

창세기에는 하나님께서 천지와 만물을 지으시고 사람을 창조하신 것이 자세히 기록되어 있다. 여호와 하나님께서 흙으로 사람을 지으시고 그 코에 생기를 불어 넣으시니 사람이 생령이 되었다고 창세기 2장 7절은 말씀한다. 하나님께서 사람을 창조하실 때에 자기의 형상대로 사람을 만드셨으며 사람에게 복을 주사 생육하고 번성하여 땅에 충만하고 땅을 정복하며 모든 생물을 다스리라고 말씀하셨다. (창 1:27-28)

하지만 아담과 하와는 뱀의 꼬임을 받아 하나님의 명령을 어기고 선악과를 따 먹음으로 인하여 죄를 지었다. 죄를 지은 대가로 인하여 하와는 잉태하는 고통을 크게 더하게 되었고 수고하여 자식을 낳고 남편을 사모하며 남편의 다스림을 받게 되었다. (창 3:16-17) 아담이 받은 죄 값으로 인하여 땅이 저주를 받았으며 아담은 종신토록 수고하여야 그 소산을 먹게 되었다. 아담과 하와는 결국 흙으로 돌아가는 신세가 되었고 모든 생물을 다스리는 권한도 잃어버렸다. (창 3:19) 고린도전서는 죄를 지은 인간이 하나님의 형상을 잃어버리고 흙에 속한 자의 형상을 입었다고 말씀한다. 땅에 속한 혈과 육으로는 하나님 나라를 유업으로 받을 수 없으며 하늘에 속한 자의 형상을 입어야지만 썩지 아니한 것을 유업으로 받을 수 있다. (고전 15:49-50)

그렇다면 어떻게 하여야 하늘에 속한 형상을 입을 수 있는가? 고린도후서는 하나님의 형상은 그리스도이시며 이 그리스도가 영광의 복음의 광채라고 말씀한다. 예수의 복음이라고 아니하고 그리스도의 복음이라고 말씀하심을 주목하기 바란다. 다음 장에서 상세히 살펴보겠지만 우리에게 필요한 분은 바로 그리스도이시며 그래서 우리가 전해야 할 것도 바로 그리스도의 비밀이어야 한다. 마귀 사탄은 오늘도 그리스도의 영광의 복음의 광채가 비취지 못하게 하려고 사람들의 마음을 혼미케 하며 복음이 전파되지 못하게 막고 있다.

> 고후 4:3-4 "3만일 우리 복음이 가리웠으면 망하는 자들에게 가리운 것이라 4그 중에 이 세상 신이 믿지 아니하는 자들의 마음을 혼미케 하여 그리스도의 영광의 복음의 광채가 비취지 못하게 함이니 그리스도는 하나님의 형상이니라"

그리스도의 영광의 복음은 하늘에 속한 하나님의 형상을 되찾게 하며 하나님께서 인간을 창조하시며 주셨던 복을 다시 받을 수 있게 한다. 그리스도의 영광의 복음은 저주 받았던 땅도 회복하며 사람다운 삶 즉 아브라함에게 약속하신 복의 근원이 되는(창 12:1-3) 삶을 살게 하기 때문에 그리스도의 비밀이 영광의 복음인 것이다. 하지만 오늘날 수많은 사람들은 자기들의 행위가 악하기 때문에 빛보다 어둠을 더 사랑하여 사람다운 삶을 버리고 세상 신을 따르며 어둠의 길을 가고 있다.

> 요 3:19-20 "19그 정죄는 이것이니 곧 빛이 세상에 왔으되 사람들이 자기 행위가 악하므로 빛보다 어두움을 더 사랑한 것이니라 20악을 행하는 자마다 빛을 미워하여 빛으로 오지 아니하나니 이는 그 행위가 드러날까 함이요"

요한복음 1장에 보면 주님을 영접하는 자들에게 하나님의 자녀가 되는 권세를 주신다고 말씀한다. 그래서 많은 선교단체를 비롯하여 교회들은 이 말씀을 근거로 처음 믿는 자들에게 소위 '영접 기도'를 시키고 나서 하나님의 자녀가 되었다고 선포하며 확신을 가지라고 한다. 너무나도 쉽게 하나님의 자녀가 되었다고 하니까 믿기 어려워하는 사람들을 향해 의심은 사탄이 주는 것이니 흔들리지 말라고 권면한다.

> 요 1:12 "영접하는 자 곧 그 이름을 믿는 자들에게는 하나님의 자녀가 되는 권세를 주셨으니"

이 말씀을 보면 영접하는 것은 곧 그 이름을 믿는 것이라고 말씀한다. 문제는 '내가 믿느냐' 아니면 '하나님께서 믿음을 선물로 주시느냐'이다. 성경은 분명히 기록하기를 믿음은 내가 믿는 게 아니고 하나님께서 주시는 선물이라고 말씀한다.

> 엡 2:8-9 "8너희가 그 은혜를 인하여 믿음으로 말미암아 구원을 얻었나니 이것이 너희에게서 난 것이 아니요 하나님의 선물이라 9행위에서 난 것이 아니니 이는 누구든지 자랑치 못하게 함이니라"

교회들이 하나님께서 선물로 주시는 믿음을 알지 못한 채 입으로만 영접한 하나님의 자녀 아닌 자녀들을 양산해 내면 낼수록 세상 사람들은 교회를 계속 욕하고 비난할 것이다. 성경은 분명히 증거하기를 입으로 영접 기도를 하여 소위 '믿는 자'가 되었다고 선포를 해도 세상 사람들에게 비춰 줄 빛이 없으면 계속해서 어둠에 속하며 하나님께 영광을 돌리지 못한다고 말씀한다.(마 5:16)

빛은 내가 스스로 만들어 내는 것도 아니고 입으로 영접한다고 저절로 빛을 발하는 것도 아니다. 그리스도의 영광의 복음의 빛이 먼저 내게 비춰어야 우리도 빛을 발할 수 있다. 교회들은 영접한다는 뜻을 잘못 해석하여 수많은 사람들이 자신들이 믿음이 있는 것으로 착각하게 만들었다. 교회들은 지금도 자기들이 믿는 방식으로 복음을 단순화하여 다른 성경 구절들을 부인하는 크나큰 오류를 범했다. 성경을 좀 더 구체적으로 살펴보면 모든 것이 분명해진다.

그러면 여기서 '영접하라'는 뜻은 무엇을 말씀하는 것인가? '영접하라'는 뜻은 '죄를 자백하라'는 소리다. 죄를 자백하고 그리스도의 피로 씻으면 반드시 주님이 우리 마음에 오신다. 바로 이때 영접이 되는 것이지 죄를 그대로 놔두고 "주님 나의 마음속에 들어오세요" 해도 주님은 죄와 함께 하시는 분이 아니기 때문에 우리 안에 들어오실 수가 없다. 우리에게는 먼저 죄를 씻는 그리스도의 보혈이 필요하며 그리스도 안에 먼저 들어가야 한다. 우리가 그리스도의 피로 깨끗해졌을 때 주님을 영접할 수 있고 하늘에 속한 형상을 되찾아 하나님 자녀가 된다. 그리스도의 영광의 복음의 광채가 없으면 우리를 뒤덮고 있던 어두움에서 벗어날 수가 없다.

예수님을 영접해도 삶의 변화가 없자 교회들은 오래 믿으면 성화된다는 교리를 하나 더 만들었다. 그래서 교회를 오래 다니면 성화되고 하나님을 더욱 더 잘 믿게 된다고 가르치지만 정작 교회내의 다툼이나 문제들은 목사를 비롯해서 장로나 집사 등 교회를 오래 다닌 자들이 일으키지 처음 믿은 자들이 문제를 일으키는 경우는 거의 없다. 교회를 오래 다녀도 믿는 자의 모습을 찾아보기 어려운 것은 입으로는 "주여 믿습니다" 해도 빛이 없기 때문에 성경에서 말씀하는 믿음과는 다른 삶을 살고 있는 것이다. 그래서 신앙생활을 오래 할수록 교인들이 성화되기보다는 도리어 바리새인들처럼 점점 외식하는 자가 되어서 세상 사람들에게 오히려 비난을 받는 교회들이 많아지게 된 것이다.

분명한 것은 사람이 만든 교리도 다 성경 구절로 시작은 한다. 그러나 교회들은 단지 몇 구절을 가지고 자기들의 교리가 맞는다고 주장을 하면서 해석이 조금이라도 다르면 정죄를 하거나 판단을 하며 교파가 나뉘는 분열을 계속해 왔다. 모든 성경 구절은 다 같은 전능자의 말씀인데도 단편적이고 편협한 사고로 인해 자기들도 모르게 하나님을 부인하는 과오를 저질렀다. 오늘날 타락한 교회와 비난받는 교인들은 일부에 지나지 않는다고 항변을 하겠지만 진짜 심각한 문제는 자기들의 교리가 맞는다고 주장하는 그들 스스로 하나님 말씀을 무시하고 있는데도 깨닫지 못하고 있다는 것이다. 우리가 예수를 영접함으로써 믿음이 생기는 것이 아니고 우리가 먼저 그리스도 안에 있으면 그 분이 우리 안에 오신다고 성경은 말씀한다. 에베소서 2장은 우리가 그리스도 예수 안에 있어도 하나님께 가까이 가는 길은 그리스도의 피라고 말씀한다.

> 엡 2:12-13 "12그 때에 너희는 그리스도 밖에 있었고 이스라엘 나라 밖의 사람이라 약속의 언약들에 대하여 외인이요 세상에서 소망이 없고 하나님도 없는 자이더니 13이제는 전에 멀리 있던 너희가 그리스도 예수 안에서 그리스도의 피로 가까워졌느니라"

참된 신앙은 우리가 그리스도 안에 있을 때 이루어지며 그래야 천국에 가는 것인데도 입으로 "믿습니다" 하면 의인이며 하나님의 자녀'라는 공식을 가지고 교인들을 가르친다. 간편하게 먹는 인스탄드(Instant) 식품처럼 교회생활에 말씀을 간편하게 적용하다 보니 결국 하나님의 자녀다운 성도들 대신에 온갖 문제와 잡음을 일으켜 지탄받는 교인들만 양산하게 되었다. 누구든지 그리스도 안에 있어야 새로운 피조물이 된다. 새로운 피조물은 더 이상 어둠에 속하지 않으며 빛 된 하나님 자녀의 삶을 살 수 있다.(고후 5:17)

세상 사람들이 교회나 교인들을 신뢰하지 못하고 믿던 자들도 교회를 등지는 이유는 교인들이 아직 어둠 가운데에 있기 때문이다. 우리가 빛 가운데에 있으면 반드시 빛의 열매를 맺게 되지만 어둠 속에는 열매가 없다.(엡 5:8-11) 빛의 열매는 모든 착함과 의로움과 진실함에 있다. 진실하지 못하며 착하지 않은 삶을 살면서 오늘날도 예수를 영접하면 하나님의 자녀이며 자칭 의로운 자라고 여기는 교리에 붙잡혀 있는 한 교회들의 쇠퇴는 피할 수 없으며 안타깝게도 벌써 진행 중에 있다.

예정론과 행위구원론

어떤 교단이나 선교 단체에서는 '구원받는 법'이라고 하면서 로마서 10장 말씀을 인용한다. 즉 입으로 예수를 주라고 시인하면 구원에 이른다고 강조를 한다.

롬 10:9-10 "9네가 만일 네 입으로 예수를 주로 시인하며 또 하나님께서 그를 죽은 자 가운데서 살리신 것을 네 마음에 믿으면 구원을 얻으리니 10사람이 마음으로 믿어 의에 이르고 입으로 시인하여 구원에 이르느니라"

만일 단 두 구절로 구원을 받는 것이라면 나머지 삼만 구절이 넘는 성경 구절들은 어떻게 되는 것인가? 마음으로 믿어 의에 이른다는 말씀은 바로 앞에서 본바와 같이 하나님께서 마음에 선물로 주시는 믿음을 말하는 것이다. 자기가 믿는 믿음은 머리로 믿는 지식의 믿음이기 때문에 구원과는 아무 상관이 없다. 입에서 나오는 것은 마음에서 나온다.

마 15:18 "입에서 나오는 것들은 마음에서 나오나니 이것이야말로 사람을 더럽게 하느니라"

사람을 더럽게 만드는 온갖 죄악들을 마음에 놔두고 입으로만 예수님을 주라고 시인한다고 구원에 이르지 못한다. 예를 들어 마음으로는 옆 사람을 미워하면서도 입으로는 좋아한다고 얼마든지 가식적으로 말할 수 있는 것과 같다. 입으로 시인하여 구원에 이른다는 말씀은 마음에 있는 것이 입으로 나오기 때문에(마 15:18) 마음을 먼저 깨끗하게 씻어야 한다는 것이다. 이는 행위까지 온전히 바뀐 것을 뜻한다. 야고보서는 혀가 쉬지 아니하는 악이요 독이 가득한 것이라 말씀한다.

약 3:8 "혀는 능히 길들일 사람이 없나니 쉬지 아니하는 악이요 죽이는 독이 가득한 것이라"

우리가 알다시피 사람들은 비교적 자주 혀로 남을 정죄하고 욕하며 심지어 저주까지 한다. 그것은 마음속에 온갖 악독과 불의가 가득하기 때문이다. 그래서 마음부터 먼저 깨끗하게 만들어야 바른 말을 하게 되고 하나님께도 바른 찬송을 할 수 있다. 마태복음 7장에서는 "주여, 주여" 한다고 다 천국에 들어가는 것이 아니라 하늘에 계신 아버지의 뜻대로 행하는 자라야 들어갈 수 있다고 예수님께서 친히 가르쳐 주셨다. 그런데도 많은 교단들이 이 말씀을 소위 '행위 구원론'이라며 정죄하고 배척했다.

마 7:21 "나더러 주여 주여 하는 자마다 천국에 다 들어갈 것이 아니요 다만 하늘에 계신 내 아버지의 뜻대로 행하는 자라야 들어가리라"

신학이론들과 교단의 교리에 따라 성경에 대한 해석을 다르게 하여 수많은 교단과 교파로 나뉜 이유는 단 한가지인데 그것은 성경말씀을 성경말씀 전체로 풀어야 함에도 불구하고 한 두 구절을 기초로 하여 교리를 만들었기 때문이다. 우리가 잘 알다시피 개신교 신앙의 근간이 된 이신칭의(以信稱義) 즉 '오직 의인은 믿음으로만 살고 믿음으로써 의롭다 칭함을 얻는다'는 말씀은 로마서 1장 17절 전체 구절의 반에 해당되는 구절이다.

롬 1:17 "복음에는 하나님의 의가 나타나서 믿음으로 믿음에 이르게 하나니 기록된바 오직 의인은 믿음으로 말미암아 살리라 함과 같으니라"

로마서 1장 17절의 말씀은 하박국에서 인용한 말씀으로 '의인은 믿음으로 말미암아 산다'는 구절 앞에 마음의 교만과 정직이라는 단어가 나온다. 교만한 자는 정직하지 못한 자이며 구원과 상관이 없으며 의인이 아니라는 말씀이다.

합 2:4 "보라 그의 마음은 교만하며 그의 속에서 정직하지 못하니라 그러나 의인은 그 믿음으로 말미암아 살리라"

교만한 자는 하나님이 대적하는 자이고(벧전 5:5) 은혜와 상관이 없는 자이다. 믿는다고 하면서도 거짓말을 자연스럽게 하는 이유는 마음이 교만하고 정직하지 못하기 때문이다. 정직하지 못하면 구원이 없다. 그런데도 '의인은 믿음으로 산다'는 반 구절도 안 되는 성경 구절로 구원을 정의하며 나머지 하나님 말씀은 멸시하니 참으로 안타까운 일이다.

시 7:10 "나의 방패는 마음이 정직한 자를 구원하시는 하나님께 있도다"

의인의 길은 정직함이며 정직하신 주께서 평탄케 하신다.(사 26:7) 정직한 사람은 악을 떠나며 정직의 길을 지켜야 자기의 영혼이 보전된다. 이처럼 신구약 어디를 보더라도 죄악을 가지고는 구원을 받지 못한다고 성경은 일관되게 말씀하고 있다. 그런데도 교단과 교파들은 '구약'을 하나님의 말씀이 아닌 '오래된 책'처럼 취급하였으며 '신약'은 신약대로 '신학의 해석'이라는 이름으로 하나님의 말씀을 부인해 왔다.

잠 16:17 “악을 떠나는 것은 정직한 사람의 대로니 그 길을 지키는 자는 자기의 영혼을 보전하느니라”

‘의인은 믿음으로 산다’는 말씀만을 신봉하며 추종하는 자들은 ‘행함이 없는 믿음은 죽은 믿음’이라는 야고보서의 말씀과 배치되기 때문에 야고보서를 지푸라기 복음이라고 폄훼하였고 행함을 강조하는 자들을 이단으로 공격하였다. 야고보서도 분명히 하나님의 말씀인데 어떤 구절을 강조하느냐에 따라서 교단이 나뉘었고 또 다른 교파가 생겨났으며 정죄와 단죄가 계속되었다. 교회사를 보면 단지 교리가 다르다고 해서 박해를 하거나 교파가 다른 신도들을 서슴없이 죽이는 일들을 하였다. 이런 오해들이 교회사와 현대 교회들을 지배하고 있는 이유는 오직 믿음으로 구원받는다는 구원론이나 행위가 있어야 구원받는다는 행위구원론이 단지 몇몇 구절을 근거로 출발했기 때문이다. 성경이 두 가지 다른 것을 말씀하는 것이 아니라 이 두 말씀은 정확히 다 맞는 말씀이며 서로 상반되는 의미가 아니다. 이 두 말씀을 알기 위해서는 다른 모든 성경 구절들이 필요하기 때문에 우리에게 66권이라는 성경을 주신 것이다.

믿음과 행위는 하나이지 다른 개념이 아니며 이것은 오직 그리스도의 비밀로만 풀린다. 요한복음 3장 말씀에 아들을 믿는 자는 영생이 있지만 동시에 순종치 않는 자는 영생을 보지 못한다고 하셨다. 즉 믿는 자는 순종하는 자이며 믿음과 순종은 하나임을 말씀하고 있다.

요 3:36 “아들을 믿는 자는 영생이 있고 아들을 순종치 아니하는 자는 영생을 보지 못하고 도리어 하나님의 진노가 그 위에 머물러 있느니라”

행함이 없는 믿음은 죽은 믿음이다. 귀신들도 하나님이 한 분이신 줄을 믿고 떤다고 야고보서는 말씀하는데 이런 논리라면 귀신들도 하나님이 한 분이신 줄 믿기 때문에 모두 구원을 받아야 마땅하다.(약 2:19-20) 그러나 행함이 없는 믿음은 헛것이라고 성경은 분명히 말씀한다. 우리가 속지 말아야 할 것은 성경을 부인하는 자들은 결코 하나님의 자녀가 될 수 없다는 것이다.

약 2:17 "이와 같이 행함이 없는 믿음은 그 자체가 죽은 것이라"

교인들을 가장 많이 타락시킨 논리 중의 하나가 바로 예정론이다. 예정론을 신봉하는 자들은 인간의 행위나 노력으로 구원이 이루어지는 것이 아니라 하나님의 섭리에 의해서 자신들은 만세 전에 이미 선택을 받았기 때문에 예수를 믿게 되었고 구원도 받을 것이라고 주장한다. 또한 세상에는 예수도 모르고 하나님을 부인하는 수많은 사람들이 있는 반면에 자기들은 아무런 공로 없이 예수를 믿고 구원받게 되었는데 이것은 이미 예정되어 있었기 때문이라는 논리를 내세우는 것이다. 이들의 문제는 이미 구원받았다고 믿기 때문에 죄나 불법한 행위에 대해서 점점 더 감각이 없어지고 무뎌진다는 것이다. 구원받은 자녀들은 타락한 삶을 살지 않으며 성화된 삶을 산다고 자기들 좋도록 해석하여 매주 교회에 다닐 필요성도 느끼지 못하므로 교인들이 자연스럽게 교회를 떠나게 되는 결과로 나타났다. 또한 인간은 죄의 성품을 가지고 있는 죄인이기 때문에 당연히 죄를 지을 수밖에 없다고 합리화하면서 어차피 구원은 약속받은 것이므로 결국은 천국에 갈 것이라고 믿는다. 하지만 앞서 여러 차례 언급한 것처럼 구원은 교단의 교리나 신조에 의해서 결정되는 것이 아니다. 따라서 성경 말씀과 맞지 않는 구원은 결코 존재할 수 없다.

신학자들과 예정론 교리를 따르는 자들의 가장 결정적인 오류는 바로 그리스도 안과 밖의 차이를 모른다는 것이다. 하나님께서 우리를 택하심은 바로 그리스도 안에 있을 때이다. 즉 그리스도 안에 들어온 자들을 택하셔서 예수 그리스도로 말미암아 자기의 자녀로 삼으신다. 그런데 예정론자들은 그리스도 안에 들어가는 것은 빼놓고 창세전에 예정으로 택함을 받았다고 자의적인 해석을 하고 있다. 그러나 하나님께서는 '그리스도 안'에서만 우리를 택하신다.

엡 1:4-5 "4곧 창세 전에 그리스도 안에서 우리를 택하사 우리로 사랑 안에서 그 앞에 거룩하고 흠이 없게 하시려고 5그 기쁘신 뜻대로 우리를 예정하사 예수 그리스도로 말미암아 자기의 아들들이 되게 하셨으니"

말씀을 좀 더 살펴보면 예정은 아들의 형상을 본받도록 하나님께서 미리 정해 놓은 것이지 창세전부터 이미 예정되어 택함을 받은 자가 있다고 말씀하지 않는다.

롬 8:29 "하나님이 미리 아신 자들로 또한 그 아들의 형상을 본받게 하기 위하여 미리 정하셨으니 이는 그로 많은 형제 중에서 맏아들이 되게 하려 하심이니라"

하나님께서는 하나뿐인 아들의 형상을 본받게 하셨으며 죄인인 인간들이 어떻게 하나님의 아들을 본받을 수 있는지 그 길을 예정하셨다고 말씀한다. 성경은 이렇게 예정에 대해서 분명히 말씀하셨는데도 불구하고 교회들이 신학자의 편견에 치우친 신학이론을 따르거나 교단의 교리를 따르다 보니 예정을 잘못 해석해서 수많은 자들을 실족하게 하였다.

하나님께서는 하나뿐인 아들을 본받게 하셨는데 그러면 아들이 과연 누구인가? 갈3:16절에는 아들이 '그리스도'라고 말씀한다. 아들이 왜 예수가 아닌 '그리스도'일까? 이렇게 말씀한 뜻은 죄인인 인간들이 죄 사함을 받을 수 있는 길은 오직 '그리스도의 피'이기 때문이다. 그래서 그리스도 안에 있는 자들을 택하신다고 예정하신 것이다. 우리가 입으로 "주여, 주여" 하거나 "믿습니다" 한다고 의롭게 되는 것이 아니라 오직 그리스도의 피로만 의롭게 된다.(롬 5:8-9) 그래서 하나님의 아들인 그리스도를 본받도록 정한 것이 예정이다.

여러 가지 시련과 문제 속에 살던 교인들이 '이제부터는 하나님 한번 잘 믿고 하나님 자녀답게 살아봐야지' 하며 노력도 해 본다. 하지만 형통의 길을 알지 못하고 재앙을 막는 길도 모르기 때문에 다시금 어려운 문제가 생기면 하나님과 교회를 원망하면서 신앙을 버리는 것이다. 하나님 말씀에 순종하는 자들만이 옳은 행실로 인하여 빛나고 깨끗한 세마포를 입게 되며 어린 양의 혼인 잔치에 참여할 수 있다.

> 계 19:7-8 "7우리가 즐거워하고 크게 기뻐하여 그에게 영광을 돌리세 어린 양의 혼인 기약이 이르렀고 그 아내가 예비하였으니 8그에게 허락하사 빛나고 깨끗한 세마포를 입게 하셨은 즉 이 세마포는 성도들의 옳은 행실이로다 하더라"

믿는 자에게는 올바른 행위가 반드시 따르게 되어 있는데 올바른 행위는 사람이 열심히 노력해서 되는 것이 아니다. 온전한 행위로 바뀌게 되는 것도 전적인 하나님의 은혜로 되는 것인데 그것은 오직 그리스도 안에 있을 때에만 가능하다. 그리스도의 영광의 복음은 우리를 그리스도 안에 들어가게 하며 우리를 친히 온전케 해 주신다. 도를 닦거나 수양을 해서 온전케 되는 것이 아니고 그리스도 안에서 하나님의 전적인 은혜로 우리를 친히 온전케 해 주시기 때문에 말과 행동이 일치하며 살아 계신 하나님을 기쁘게 섬길 수 있게 된다.

벧전 5:10 "모든 은혜의 하나님 곧 그리스도 안에서 너희를 부르사 자기의 영원한 영광에 들어가게 하신 이가 잠간 고난을 받은 너희를 친히 온전케 하시며 굳게 하시며 강하게 하시며 터를 견고케 하시리라"

죄인인 우리에게 꼭 필요한 것이 그리스도의 보혈이며 그래서 주님께서 우리를 위해 십자가에서 보혈을 흘리신 것이다. 참으로 감격스럽고 감사의 눈물을 흘릴 수밖에 없지 않은가? 그래서 빛 된 삶도 '전적인 은혜로', 살아 계신 하나님을 섬기는 것도 '그리스도의 피'로 인한 은혜인 것이다.

제6장

가장 성공적인 삶을 위하여

돈과 명예는 꽃과 같다

성경의 인물 중에서 가장 많은 부와 명예를 누리며 화려하게 살았던 사람은 단연코 솔로몬 왕일 것이다. 솔로몬이 왕이 되고 초반에는 자기 자신을 작은 아이라며 낮추었고(왕상 3:7) 하나님께 일천 번제를 드리며 지혜를 구하였다. 이것이 주의 마음에 맞으니 하나님께서 솔로몬에게 지혜뿐 아니라 구하지 않았던 부와 영광도 함께 주셨다.(왕상 3:10-13) 솔로몬이 하루 동안 먹는데 들어가는 식재료 양은 어마어마했다. 가는 밀가루는 삼십 석, 굵은 밀가루가 육십 석, 살찐 소가 열 마리, 초장의 소가 이십 마리고 양이 백 마리였으며 그 외에도 수사슴과 노루와 암사슴과 살찐 새들이었다고 성경은 기록하고 있다.(왕상 4:22-23) 거기다가 금으로 만든 그릇들을 사용하였으며 궁궐에서 쓰는 그릇들도 다 정금이었다. 솔로몬의 재산과 지혜는 그 당시 모든 왕들과 비교할 수도 없을 정도로 넘쳐났다.(대하 9:22) 하지만 세상에서 가장 성공했고 모든 영화와 부를 누리며 화려하게 살았던 솔로몬의 삶은 들에 핀 꽃 하나만도 못한 것이라고 성경은 말씀한다.

마 6:29 "그러나 내가 너희에게 말하노니 솔로몬의 모든 영광으로도 입은 것이 이 꽃 하나만 갈지 못하였느니라"

사람은 누구나 잘 되고 싶고 성공한 삶을 원하지 실패하고 싶은 사람은 아무도 없을 것이다. 하지만 어떻게 해야 성공하는 것인지 모르기 때문에 세상 사람들의 기준에 맞추어 자기가 그냥 열심히 노력하면 된다고 생각한다. 유명한 학교를 졸업하거나 연봉이 높은 직업을 가지면 성공한 것이라고 말하지만 그 자리에 올라가도 만족함이 없기 때문에 사람들은 명예를 추구하게 된다. 명예를 얻으면 이제 나름 성공했다고 착각하지만 성경은 인생이 풀과 같고 모든 영광이 풀의 꽃과 같다고 말씀한다. 꽃이 활짝 피었을 때에는 아름답고 화려해 보이지만 피어 있는 기간이 길지 않아서 꽃은 곧 시들어 떨어지고 만다. 떨어진 꽃은 곧 쓰레기가 되어서 사람들에게 버려지거나 밟히게 된다. 꽃이 쉽게 지는 것과 같이 명예는 곧 사라지기 때문에 인생은 허무한 것이라고 탄식들을 하면서도 사람들은 또다시 명예를 가져 보려고 시간을 허비한다.

> 벧전 1:24-25 "24그러므로 모든 육체는 풀과 같고 그 모든 영광이 풀의 꽃과 같으니 풀은 마르고 꽃은 떨어지되 25오직 주의 말씀은 세세토록 있도다 하였으니 너희에게 전한 복음이 곧 이 말씀이니라"

대부분의 사람들이 나는 명예까지는 바라지도 않는다며 그저 돈 걱정이라도 없이 살았으면 좋겠다고 말한다. 하지만 그들도 결국에는 돈 때문에 근심 걱정하고 돈에 얽매여서 살다가 귀중한 인생을 허비한다. 교회를 오래 다닌 교인들도 세상 사람들과 별로 다르지 않다. 곧 시들어 버리는 풀이나 꽃 같은 돈과 명예를 따라서 사는 이유는 가장 귀한 것이 무엇인지를 모르기 때문이다. 세상 사람들이 추구하는 것과 다르게 하나님의 자녀답게 사는 길은 먼저 그의 나라와 그의 의를 구하는 것이며 그러면 모든 것을 우리에게 더하여 주신다고 성경은 말씀한다.(마 6:33)

이 세상을 떠날 때 우리는 육에 속한 것은 아무것도 가져갈 수 없고 손에 쥔 것은 다 놓아야 한다. 그런데도 사람들은 더 많은 것을 얻기 위해 욕심을 내고 미워하고 다투며 심지어 살인까지도 한다. 출애굽기 16장에 보면 이스라엘 백성들이 애굽에 있었던 때를 그리워하며 떡과 고기를 배부르게 먹지 못한다고 모세와 여호와를 향하여 원망을 한다. 이 때 여호와께서 내려 주신 것이 만나와 메추라기였다. 백성들이 나가서 만나를 거두었는데 많이 거둔 자도 남음이 없고 적게 거둔 자도 부족함이 없었다. 그런데 아무든지 아침까지 남겨두지 말라는 모세의 경고를 무시하고 남겨두었다가 벌레가 생기고 냄새가 나게 되었다.(출 16:16-20)

여호와께서 모세를 통해서 만나를 주실 때에 부족함이 없도록 공급해 주셨는데도 불구하고 이스라엘 백성들은 명령을 따르지 않고 다음날 아침까지 만나를 남겨두었다. '다음날에도 과연 만나가 있을까' 라는 걱정이 되었거나 먹다 남은 음식이 아까워서 그럴 수도 있지만 사실은 마음으로 여호와 하나님을 신뢰하지 못했기 때문에 명령을 거역한 것이다. 마태복음에서 우리에게 말씀하시는 바는 아무것도 염려하지 말라는 것이다. '무엇을 먹을까 무엇을 마실까 무엇을 입을까' 하는 것은 이방인들이 구하는 것이며 우리는 먼저 그의 나라와 그의 의를 구하라는 것이다.

마 6:31-33 "31그러므로 염려하여 이르기를 무엇을 먹을까 무엇을 마실까 무엇을 입을까 하지 말라 32이는 다 이방인들이 구하는 것이라 너희 천부께서 이 모든 것이 너희에게 있어야 할 줄을 아시느니라 33너희는 먼저 그의 나라와 그의 의를 구하라 그리하면 이 모든 것을 너희에게 더하시리라"

만나를 통해서 성경이 우리에게 말씀하시는 것은 하루 벌어서 하루를 살라는 것이 아니며 하나님께 자기 재산을 다 드리고 한 푼도 없이 빈궁하게 살라는 뜻도 아니다. 참으로 안타까운 것은 교인들이 어떻게 하는 것이 먼저 그의 나라와 그의 의를 구하는 것인지를 모르고 오늘날도 이방인들처럼 염려하며 살고 있다는 것이다. 심지어는 교회에 출석하는 것이 먼저 그의 나라와 의를 구하는 것으로 착각하기도 한다. 하나님께서 이스라엘 백성들에게 만나를 주신 것은 먹고 사는 문제가 아니라 사람답게 사는 것에 대한 가르침이다. 짐승들은 먹이를 먹어야 살 수 있는데 우리가 양식만을 위해서 산다면 짐승과 다를 바가 없다. 사람은 육의 양식으로만 사는 것이 아니라 여호와의 입에서 나오는 모든 말씀으로 살아야 비로소 사람답게 살 수 있다.

> 신 8:3 "너를 낮추시며 너로 주리게 하시며 또 너도 알지 못하며 네 열조도 알지 못하던 만나를 네게 먹이신 것은 사람이 떡으로만 사는 것이 아니요 여호와의 입에서 나오는 모든 말씀으로 사는 줄을 너로 알게 하려 하심이니라"

이 말씀을 깨닫지 못하는 자들은 무조건 성경을 통독하라고 가르친다. 아니면 성경에 없는 15분 큐티나 30분 큐티(QT: Quiet Time)라는 것을 가르치면서 주야로 묵상하라고 하신 하나님의 말씀을 무시한다. 율법을 주야로 묵상하면 형통함을 주신다고(시 1:1-6, 수 1:8) 성경은 말씀하지만 30분 큐티에 대한 약속은 없다.

누가복음 12장에는 어리석은 부자의 비유가 나온다. 어리석은 부자는 자기를 위하여 많은 재물을 쌓아 두면 잘 먹고 잘 살줄 알았지만 아무것도 누리지 못하였다. 많은 교회와 교인들은 어리석은 부자의 비유를 잘못 해석하여 자신들의 전 재산을 교회에 다 바치든지 아니면 성공 대신에 가난하게 사는 것이 마치 하나님을 위한 삶이라고 오해를 한다. 주님께서는 "삼가 모든 탐심을 물리치라"고 말씀하시며 하나님께 대해 부요한 삶을 살라고 말씀한다.(눅 12:16-21)

많은 교인들은 사람이 만든 돌상에게 절하거나 다른 신을 섬기는 것만 우상숭배인 줄 아는데 골로새서는 탐심이 바로 우상 숭배라고 말씀한

다. (골 3:5-6)

탐심이 우상숭배라고 하면 어떤 사람들은 '나는 별로 욕심이 없는데' 라고 말할 수도 있지만 누구라도 땅에 있는 지체를 죽이지 않으면 악한 정욕과 탐심에 사로잡힌다. 자기 지체를 죽이는 법을 모르면 당연히 탐심을 제거할 수 없다. 목회자 자신부터 자기 지체를 어떻게 죽이는지 모르고 있으니 교인들에게 가르칠 수가 없다.

어리석은 부자는 탐심을 멀리하지 못하였기 때문에 하나님께 부요할 수 없었다. 바리새인들도 십일조는 드렸으니(눅 18:12) 하나님께 부요한 자라고 할 수도 있지만 탐심을 그대로 가지고 있는 한 절대로 하나님께 부요한 자가 될 수 없다. 예수님께서 하나님께 부요치 못한 부자의 비유를 말씀하시면서 '어리석은 부자'라고 말씀하신 것에 주목해야 한다. 어리석은 자는 만물보다 거짓되고 심히 부패한 자기의 마음을 믿고 사는 사람이며 자고새가 자기의 알을 분간하지 못하고 품다가 다 날려 보내며 인생무상을 말하는 자이다. 예수님께서도 사람을 더럽게 하는 것이 마음에서 나오는 죄들이라고 말씀하셨으며 구약인 예레미야 에서도 심히 부패한 것이 마음이라고 말씀을 해도 마음을 깨끗케 하지를 않으니 하나님께 부요한 삶을 살 수가 없다. (렘 17:9-11)

그러면 먼저 그의 나라와 그의 의를 구하는 것은 무엇을 뜻하는 것인가? 혈과 육은 하나님 나라를 유업으로 받지 못하며(고전 15:50) 음행하는 자와 더러운 자, 탐하는 자는 하나님 나라에서 기업을 얻지 못하니 저희와 함께 하지 말라고 성경은 경고하고 있다.

엡 5:5 "너희도 이것을 정녕히 알거니와 음행하는 자나 더러운 자나 탐하는 자 곧 우상 숭배자는 다 그리스도와 하나님 나라에서 기업을 얻지 못하리니"

우리가 육신대로 살면 반드시 죽지만(롬 8:13) 영으로써 몸의 행실을 죽이면 하나님의 영으로 인도함을 받아 하나님의 자녀로 살아갈 수 있다.(롬 8:14) 이것을 모르면 육신의 정욕대로 살아가며 하나님 나라를 유업으로 받을 수도 없다. 로마서 14장에서 하나님 나라는 먹고 마시는 것이 아니요 오직 성령 안에서 의와 평강과 희락이라고 말씀한다.

롬 14:17 "하나님의 나라는 먹는 것과 마시는 것이 아니요 오직 성령 안에서 의와 평강과 희락이라"

하나님께서는 우리의 형통함을 기뻐하시며(시 35:27) 우리를 부요케 하시고(고후 8:9) 아브라함에게 주신 약속의 복을(히 6:14) 그대로 받아 누리기를 원하신다.(갈 3:29) 이러한 복을 하나님께 구하는 것은 기복신앙이 아니라 성경의 약속대로 받아 누리는 순종이다. 그런데 이런 형통의 축복을 받아 누리는 사람들이 많지 않기 때문에 빈곤하고 척박한 광야 같은 삶이 그저 자기의 운명인줄 알고 사는 교인들이 너무나 많다. 우리의 모든 생각과 체질까지도 잘 아시는 하나님께서(시 139:1-4) 형통한 복 대신에 광야의 삶을 살게 하신 이유는 우리가 죄를 깨닫고 하나님께 돌아오기를 바라시기 때문이다. 하나님께서는 우리가 세상에 매여 살며 육체의 욕심을 따라 사는 진노의 자녀가 되기를 원치 않으신다.(엡 2:1-3) 앞에서 본 솔로몬처럼 부귀영화의 복을 받는 것도 중요하지만 그 복을 잘 유지해서 하나님 뜻대로 사는 것이 훨씬 더 중요하다.

호 4:7 "저희는 번성할수록 내게 범죄하니 내가 저희의 영화를 변하여 욕이 되게 하리라"

애굽에서 노예로 살던 이스라엘 백성들을 이끌어 내신 하나님께서 그들을 광야의 길로 인도 하신 것은 애굽으로 다시 돌아가 종노릇하는 것을 막기 위해서였다. 즉 하나님께서는 우리가 하나님의 자녀로 바뀐 후에도 세상풍속을 그리워하며 세상에 종노릇하고 싶어 하는 마음을 잘 아시기 때문에 때때로 우리를 광야의 길로 인도 하시는 것이다. (출 13:17-18)

하나님은 이스라엘 백성들을 '독수리 날개로 업어서'(출 19:4) 인도하셨으며 '행로 중에 자기 아들을 안음같이 안아서'(신 1:31) 인도하셨지만 이스라엘 백성들은 전능자의 약속을 멸시하며 원망하며 간음하면서 하나님을 시험하다가 광야에서 멸망하였다. (고전 10:1-11) 약속의 땅에 들어간 갈렙과 여호수아만이 하나님을 온전히 좇았다고 성경은 기록하고 있다.

민 14:24 "오직 내 종 갈렙은 그 마음이 그들과 달라서 나를 온전히 좇았은즉 그의 갔던 땅으로 내가 그를 인도하여 들이리니 그 자손이 그 땅을 차지하리라"

우리 속에서 계속 나오는 죄들을 씻지 않으면 우리는 '육체와 마음의 원하는'대로(엡 2:3) 살게 되며 이방인들과 똑같이 '무엇을 먹을까 무엇을 마실까 무엇을 입을까'(마 6:31) 염려하면서 살게 된다. 이스라엘 백성들과 같이 광야에서 멸망당하지 않고 갈렙과 여호수아처럼 약속의 땅을 얻기 위해서는 인내가 필요하다. 여기서 말하는 인내는 사람의 인내가 아닌 그리스도의 인내를 말씀한다. 그리스도의 인내를 모르면 이스라엘 백성처럼 원망과 불평에서 벗어나지 못하며 사십년이란 세월동안 광야 같은 삶을 살아야 한다. 결국 인생의 대부분을 허비하게 되는 것이다. 그리스도의 인내에 들어가기 위해서는 주께서 우리 마음을 인도해 주셔야 한다.

> 살후 3:5 "주께서 너희 마음을 인도하여 하나님의 사랑과 그리스도의 인내에 들어가게 하시기를 원하노라"

하나님께서 아브라함에게 주신 약속들은 하루아침에 이루어진 것이 아니라 오래 참아서 받은 것이다. 내가 억지로 참는 인내가 아니라 그리스도의 비밀로 이루어지는 그리스도의 인내는 하나님께서 "복주고 복주며 번성케 하고 번성케 하리라"는 약속이 우리 삶 가운데서 그대로 이루어지게 한다.

> 히 6:14-15 "14가라사대 내가 반드시 너를 복주고 복주며 너를 번성케 하고 번성케 하리라 하셨더니 15저가 이같이 오래 참아 약속을 받았느니라"

하나님께서 인도하시는 삶이라면 내가 아직 광야에 머물러 있다할지라도 하나님의 약속을 기다리는 소망이 있기 때문에 기쁘게 인내할 수 있다. 또한 하나님께서 우리 앞에서 행하사 구름기둥과 불기둥으로 지켜 보호하여 주시는 안전하며 복 된 삶이다.(출 13:21-22) 하나님께서 우리를 광야에서 인내하게 하심은 하나님의 자녀로서 합당한 자가 되게 하시며 큰 축복을 받게 된 후에도 실족하지 않게 하심이니 이 얼마나 감사한 일인가?

> 살후 1:5 "이는 하나님의 공의로운 심판의 표요 너희로 하여금 하나님의 나라에 합당한 자로 여기심을 얻게 하려 함이니 그 나라를 위하여 너희가 또한 고난을 받으리니"

사람은 누구나 모든 일이 잘 풀리면 자만에 빠지기 쉽다. 사업이 잘 되어 돈을 많이 벌면 번 돈으로 더 크게 투자를 하게 되고 사업규모가 커지면 바빠지는 만큼 믿음생활은 등한시하게 된다. 그리고는 자기도 모르게 곧 시들어 떨어지는 꽃과 풀을 찾는다.(잠 30:8-9)

그래서 진정한 성공은 하나님께서 인정하시며 하나님을 기쁘시게 하는 것인데 이것은 그리스도를 섬길 때 가능하다. 그리스도를 모르니 우리가 어떻게 그리스도를 섬길 수 있겠는가? 그리스도를 섬기면 하나님께서 기뻐하실 뿐 아니라 사람에게도 칭찬을 받는다. 먼저 그의 나라와 그의 의를 구하면 하나님께서는 우리에게 필요한 모든 것을 채워 주신다. 이렇게 사는 것이 진정한 성공이며 사람답게 사는 삶이다.

롬 14:18 "이로써 그리스도를 섬기는 자는 하나님께 기뻐하심을 받으며 사람에게도 칭찬을 받느니라"

진리에 순종을 하여야 승리한다

요한일서에 보면 두 가지 부류에 속한 자들이 나온다. 하나는 세상에 속한자요 다른 하나는 하나님께 속한 자이다. 하나님께 속한 자는 세상을 이기는데 이것을 믿음이라고 말씀한다.

요일 5:4 “대저 하나님께로서 난 자마다 세상을 이기느니라 세상을 이긴 이김은 이것이니 우리의 믿음이니라”

그런데 하나님도 믿고 교회도 열심히 다니는데 성경의 말씀과는 다르게 실패를 거듭하며 잠시 피었다가 시들어진 꽃처럼 땅에 떨어져 버리는 영혼들도 많다. 세상에서 성공했다고는 하지만 언제 나락으로 떨어질지 모르는 두려움 속에서 살아간다면 오히려 더 큰 불안과 공허함만 있을 뿐이다. 잠언에서는 많은 재물보다 명예를 택할 것이며 은총을 더욱 택해야 한다고 말씀하지만 교회를 오래 다녔어도 은총을 어떻게 택하는지 모르고 있다.

잠 22:1 “많은 재물보다 명예를 택할 것이요 은이나 금보다 은총을 더욱 택할 것이니라”

사자 굴에서 살아남은 것으로 유명한 다니엘을 성경에서는 은총을 크게 받은 자라고 말씀한다. 많은 교회들이 다니엘을 이야기책에 나오는 주인공쯤으로 여기며 인용하지만 모든 성경은 하나님의 감동으로 된(딤후 3:16) 것으로 지금도 살아서 역사하시는 전능하신 하나님의 말씀이다.(히 4:12)

성경을 사람의 말로 이해하면 옛날이야기처럼 교훈을 주거나 감동을 줄 수도 있겠지만 살아 역사하시는 하나님의 말씀과는 거리가 멀다.

살전 2:13 "이러므로 우리가 하나님께 쉬지 않고 감사함은 너희가 우리에게 들은바 하나님의 말씀을 받을 때에 사람의 말로 아니하고 하나님의 말씀으로 받음이니 진실로 그러하다 이 말씀이 또한 너희 믿는 자 속에서 역사하느니라"

다니엘은 바벨론의 포로시절에 바벨론왕인 느부갓네살의 명령으로 다른 세 청년과 함께 왕궁에서 일하게 되었다. 하나님께서는 이 네 소년에게 지식을 얻게 하시며 모든 학문과 재주에 명철하게 하셨으며 특히 다니엘에게는 모든 이상과 몽조를 깨달아 알게 하셨다.(단 1:17) 비록 적국에 포로가 된 몸이었지만 하나님께서 지혜와 총명을 주셨으므로 느부갓네살왕뿐만 아니라 신하들에게도 살아 계신 하나님을 증거할 수 있었다. 그런데 만일 이러한 지혜와 총명을 특별한 사람들에게만 주는 것이면 나 같은 보통 사람들에게는 소망이 없다. 하지만 복음은 하나님의 말씀대로 그리스도 안에 있으면 누구든지 다 되게 해 주신다.(고후 5:17)

과거의 성품에서 벗어나 누구든지 복 있는 사람이 되는 길은 그리스도 안에 있는 것이다. 하지만 교회들이 전능자의 말씀에 무지하여서 그리스도 안에 들어가는 길을 몰랐다. 그리스도 밖에서 사는 교인들은 새로운 피조물의 삶을 살지 못하고 오히려 세상 사람들로부터 비웃음과 조롱의 대상이 되어 버렸다. 그리스도 안에 들어가는 길이 바로 그리스도의 비밀이며 우리에게는 영광의 소망이다.

골 1:27 "하나님이 그들로 하여금 이 비밀의 영광이 이방인 가운데 어떻게 풍성한 것을 알게 하려하심이라 이 비밀은 너희 안에 계신 그리스도시니 곧 영광의 소망이니라"

우리가 먼저 그리스도 안에 들어가면 그리스도께서 우리 안에 들어오심으로 우리는 영광의 소망을 가지고 죄의 종으로 살던 우리의 삶이 바뀌어 성도답게 살게 된다. 그리스도 안의 삶은 새로운 피조물의 삶이다. 그리스도 안에 들어가는 길도 오직 그리스도의 비밀로만 가능하며 그리스도 안에서 그의 피로 구속 곧 죄 사함을 받는다. 그리스도 안에 있을 때 주님께서는 우리에게 지혜와 총명함을 넘치게 하사 세상을 이기며 승리하게 하신다.

엡 1:7 "우리가 그리스도 안에서 그의 은혜의 풍성함을 따라 그의 피로 말미암아 구속 곧 죄 사함을 받았으니"

주님께서 주시는 지혜와 총명이 없으면 미련하게 살 수밖에 없다. 미련한 자는 자기의 미련함으로 자기 길을 굽게 해놓고 오히려 세상이나 부모를 원망하고 결국 하나님도 원망한다. 하지만 지혜와 총명함이 있으면 다니엘과 같이 적국의 포로가 된 상황에서도 가장 높은 지위에 오르며 남에게 유익을 주면서 하나님께서 살아 역사하심을 이방인에게 나타내어 영광을 돌린다.

잠 19:3 "사람이 미련하므로 자기 길을 굽게 하고 마음으로 여호와를 원망하느니라"

은총을 크게 받은 자인 다니엘은 하나님께서 인정하시며 사람들에게도 신뢰받는 가장 성공적인 삶을 살았다. 역사의 주관자이신 하나님께서는 앞으로 일어날 일들을 다니엘에게 보이시며 말씀하셨다. (단 10:11-19) 특별한 사람들에게만 은총을 주신다면 우리가 할 수 있는 일은 아무것도 없다. 하지만 성경은 은총을 받으며 또 사람들에게도 귀중히 여김을 받는 길을 우리에게 알려 주신다. 앞에서 요셉이 하나님과 사람에게 귀중히 여김을 받은 것을 설명할 때 이미 인용한 말씀이지만 잠언 3장에는 은총도 인자와 진리로 인하여 받는다.

잠 3:3-4 "3인자와 진리로 네게서 떠나지 않게 하고 그것을 네 목에 매며 네 마음 판에 새기라 4그리하면 네가 하나님과 사람 앞에서 은총과 귀중히 여김을 받으리라"

잠언 3장 말씀처럼 인자와 진리가 떠나지 않게 하고 이것을 목에 매며 마음 판에 새기면 하나님과 사람 앞에서 은총과 귀중히 여김을 받는다. 은총을 받기 위해서는 인자와 진리가 필요하며 인자와 진리를 얻어야만 마음 판에 새길 수 있다. 진리란 하나님 말씀이 진리라고 성경은 말씀한다. 성경 66권 전체가 우리에게 필요한 이유는 성경말씀 하나하나가 진리를 알게 하며 우리를 거룩하게 하기 때문이다.

요 17:17 "저희를 진리로 거룩하게 하옵소서 아버지의 말씀은 진리니이다"

또 성삼위가 진리이신데 예수님이 진리요(요 14:6), 성령님이 진리이시며(요일 5:7), 말씀이신 하나님이 곧 진리이시다. (요 1:1) 그래서 66권 성경에 다른 것들을 더하면 재앙이 더하여지며 성경에서 한 구절이라도 빼거나 멸시하면 생명나무와 거룩한 성에 참예할 수 없게 된다고 말씀한다. 그런데도 교회들은 그리스도의 비밀을 비롯하여 우리를 살리는 말씀들을 무시하고 빼버리는 과오를 저질렀을 뿐 아니라 오히려 교단의 교리나 사람의 유전을 거리낌 없이 더하는 잘못을 저질렀다.

계 22:18-19 "18내가 이 책의 예언의 말씀을 듣는 각인에게 증거하노니 만일 누구든지 이것들 외에 더하면 하나님이 이 책에 기록된 재앙들을 그에게 더하실 터이요 19만일 누구든지 이 책의 예언의 말씀에서 제하여 버리면 하나님이 이 책에 기록된 생명 나무와 및 거룩한 성에 참예함을 제하여 버리시리라"

내가 먼저 진리에 순종을 해야 나의 영혼이 깨끗하여 거짓이 없이 형제를 사랑한다고 성경은 말씀한다.

벧전 1:22 "너희가 진리를 순종함으로 너희 영혼을 깨끗하게 하여 거짓이 없이 형제를 사랑하기에 이르렀으니 마음으로 뜨겁게 피차 사랑하라"

성삼위이신 진리는 깨끗한 심령에만 거하시지 사람들이 오시라고 외친다고 해서 들어오시거나 가시라고 해서 가시는 분이 아니다. 하나님께서는 그리스도 안에 거하시기 때문에 우리가 먼저 그리스도 안에 들어가지 않는다면 절대로 하나님께 나아갈 수 없다.

고후 5:19 "이는 하나님께서 그리스도 안에 계시사 세상을 자기와 화목하게 하시며 저희의 죄를 저희에게 돌리지 아니하시고 화목하게 하는 말씀을 우리에게 부탁하셨느니라"

그래서 우리에게 먼저 필요한 것이 죄 용서함을 받게 하는 그리스도의 피이며 우리가 그리스도의 비밀로 먼저 그리스도 안에 들어가 있어야 진리이신 성삼위께서 우리 마음에 들어오신다. 하나님께서는 우리에게 수만 가지를 요구하시는 것이 아니라 단 한 가지 죄를 씻기를 원하신다. 즉 경외도 그리스도의 피로 회개할 때 되며 경외할 때 인자도 주어진다. 지혜와 총명도 그리스도의 비밀로, 경외와 인자도, 진리이신 성삼위도 그리스도 비밀로 우리에게 임하신다. 우리의 죄악들을 그리스도의 피로 계속 회개해야 인자와 진리가 떠나지 않고 우리 안에 계속해서 거하시며 그때 하나님과 사람에게도 은총과 귀중히 여김을 받는 삶을 살게 된다. 얼마나 감사하면서도 놀라운 복음인가?

그리스도의 비밀을 따르면 이전에 한 번도 경험하지 못했던 감격과 감사를 맛볼 수 있으며 은혜와 평강이 넘치는 최고의 복된 삶을 살 수 있다. 이미 실패와 좌절을 경험한 사람일지라도 이전보다 더 잘 되는 길은 이것뿐이다. 여러 가지 문제로 고통 받고 있는 사람들은 실패와 좌절에서 벗어나기만 해도 다행이라고 생각한다. 하지만 성경은 고난에서 벗어나는 것뿐만 아니라 오히려 문제가 축복으로 바뀌는 길을 제시해 준다. 이것은 오직 그리스도의 비밀로만 된다. 돈이나 불륜 문제로 가정이 파탄난 사람, 불치병에 걸렸거나 육체적 고통이 심각한 위기에 처한 사람, 아니면 자녀들 문제나 직장 취업 문제로 고민하며 죽고 싶을 만큼 힘든 좌절을 겪고 있는 사람들도 많을 것이다. 이러한 문제들이 지금 내 삶의 희망을 빼앗아 버리고 고통스럽게 하고 있는데 모든 것의 원인은 내가 그리스도 밖에서 살고 있었기 때문이다. 지금이라도 죄를 그리스도의 보혈로 씻고 그리스도 안에 들어간다면 실패와 좌절의 삶에서 벗어나 반드시 성공하는 새 삶을 살 수 있다. 요한일서 말씀처럼 우리가 하나님께 속하였다면 세상을 이기게 되어 있으며 하나님의 자녀라면 말씀을 듣고 따라야 한다.(요일 4:4-6)

어떠한 문제도 해결하시는 전능하신 하나님께 속하는 길은 우리가 먼저 그리스도 안에 들어가는 이 길뿐이며 이것은 그리스도의 비밀로만 된다. 로마서 8장 말씀을 보면 하나님을 사랑하는 자는 지금까지 어떠한 삶을 살아왔던지 다 합력하여 선을 이룬다고 말씀하신다.

롬 8:28 "우리가 알거니와 하나님을 사랑하는 자 곧 그 뜻대로 부르심을 입은 자들에게는 모든 것이 합력하여 선을 이루느니라"

합력하여 선을 이룬다는 말씀은 지난날에 실패하고 좌절했던 삶이 무가치한 것이 아니라 실패하였을 때 얻은 경험으로 인해 오히려 남을 잘 이해하고 도울 수 있는 사람이 되게 해 주신다는 뜻이다. 교인들에게 어떻게 사는 것이 하나님의 영광을 위해 사는 것이냐고 물었을 때 과연 몇 명이나 성경적으로 바른 대답을 할지 의문이다. 또 머리로 안다고 해서 그렇게 살 수 있는 것도 아니다. 하나님께 영광을 돌리는 삶은 남에게 유익을 주며 저희로 구원을 얻게 하는 삶이다.(고전 10:31-33)

기독교인의 삶이 형통하며 하나님의 축복을 많이 받아야 하는 이유 중의 하나는 바로 남에게 유익을 주기 위함이다. 나의 삶이 빈궁하며 온갖 문제로 시달리고 있다면 남에게 본이 될 수 없으며 도리어 비웃음거리가 될 것이다. 그러나 실패와 좌절을 맛보았던 사람이 하나님을 바르게 믿고 더 잘 된다면 같은 처지에 있는 사람들에게 더욱 공감이 되어 효과적인 도움을 줄 수가 있다. 문제는 어떻게 해야 빈궁한 삶에서 벗어나 합력하여 선을 이루는 사람이 될 수 있는가 하는 것인데 앞에서 인용한 로마서 8장 28절에서는 '하나님을 사랑하는 자'라고 말씀한다. 교회 다니는 사람들은 대부분 자기는 하나님을 사랑한다고 말할 것이다. 그런데 정작 현실에서는 문제가 풀리지 않아 근심하며 불평을 늘어놓으면서 혼으로 알고 있는 욥에 관한 말씀을 회상하며 '나의 고난에는 반드시 하나님의 뜻이 있고 축복이 있을 거야'라며 지금의 고난을 합리화한다.

하나님을 사랑하기 위해서는 죄 사함을 많이 받아야 한다.(눅 7:47) 이 말씀은 주님을 많이 사랑하기 위해서 더 많은 죄를 지어야 한다는 뜻이 아니라 우리가 죄를 많이 자백할수록 하나님을 바로 사랑할 수 있다는 것이다. 죄를 많이 자백하기 위해서는 죄에 대한 깨달음이 있어야 하는데 성경을 읽을 때 율법이 우리 죄를 깨닫게 해 준다. 깨달은 죄는 그리스도의 피로만(엡 1:7) 사함을 받을 수 있다. 그리스도의 피가 사라진 유럽의 교회들을 보면 교인들은 모두 떠나버리고 여행객들이 와서 구경만 하는 관광지로 전락된 것을 볼 수 있다. 그러나 쇠퇴의 길을 가고 있을지라도 그리스도의 피로 죄를 많이 씻고 죄로부터 자유 함을 얻는다면 하나님을 더 사랑하게 되고 하나님의 사랑을 받게 되므로 주님께서 우리 삶 가운데 나타나신다.(요 14:21)

주님이 내 삶에 나타나시면 하는 일마다 잘 되고 남에게도 유익을 줄 수 있다. 실패를 성공으로, 좌절을 용기로, 무기력한 삶을 활기차게 바꾸는 길은 하나님을 사랑하는 것이며 그것은 율법을 주야로 묵상하여 죄를 많이 깨달아 자백하고 그리스도의 피로 씻을 때 가능하다. 이것은 사람의 이론이나 논리가 아니라 성경을 통해서 하나님께서 우리에게 주신 약속이다.

죽은 행실을 고치면 성공한다

사람은 누구에게나 약한 부분이 있으며 단점도 있다. 돈에 약한 사람은 돈 때문에 시험에 들고, 도박에 빠진 사람은 가산을 탕진하며, 인정에 묶여서 사는 사람은 그 인정이 발목을 잡고, 어떤 사람들은 술 때문에 자기 인생을 그르치며 이성문제로 가정이 파탄이 나서 평생 후회하며 비참하게 사는 사람들도 많다. 그러나 운동선수들이 힘들어도 끊임없는 훈련을 통해서 자기 약점을 극복하여 성공하는 것처럼 우리도 자기의 약한 부분인 죽은 행실을 고치면 반드시 성공은 따라온다. 문제는 운동과 달리 우리의 노력만으로는 죽은 행실을 고치기 어렵기 때문에 대부분 실패하여 인생을 허비하고 만다. 현대의 과학기술과 의학이 이미 유전을 증명하였듯이 자식은 부모의 것을 그대로 물려받는다. 부모가 앨러지 체질이면 자식도 그렇게 되고 외모나 체형, 성격은 물론 나쁜 버릇들까지 그대로 닮는다. 성경은 부모의 죄가 삼사 대까지 내려간다고 말씀하고 있다.

> 출 20:5-6 "5그것들에게 절하지 말며 그것들을 섬기지 말라 나 여호와 너의 하나님은 질투하는 하나님인즉 나를 미워하는 자의 죄를 갚되 아비로부터 아들에게로 삼 사대까지 이르게 하거니와 6나를 사랑하고 내 계명을 지키는 자에게는 천대까지 은혜를 베푸느니라"

아비의 죄가 자녀에게 삼사 대까지 내려간다고 성경은 분명히 말씀했는데도 교회들은 이런 말씀들을 무시해 왔다. 어떤 사람들은 출애굽기가 구약이기 때문에 현재 우리의 삶과 전혀 상관이 없다고 주장하지만 신약이나 구약 모두 다 똑같은 전능자의 말씀이다. 베드로전서는 우리에게 조상으로부터 내려온 망령된 행실이 있는데 그것을 고치는 길은 바로 '그리스도의 피'라고 말씀한다.

벧전 1:18-19 "18너희가 알거니와 너희 조상의 유전한 망령된 행실에서 구속된 것은 은이나 금 같이 없어질 것으로 한 것이 아니요 19오직 흠 없고 점 없는 어린양 같은 그리스도의 보배로운 피로 한 것이니라"

갈라디아서는 경고하기를 사람이 무엇으로 심든지 그대로 거둔다고 말씀한다. '만홀히 여기는 것'은 하나님을 경멸하고 말씀을 소홀히 취급한다는 뜻이다.

갈 6:7-8 "7스스로 속이지 말라 하나님은 만홀히 여김을 받지 아니하시나니 사람이 무엇으로 심든지 그대로 거두리라 8자기의 육체를 위하여 심는 자는 육체로부터 썩어진 것을 거두고 성령을 위하여 심는 자는 성령으로부터 영생을 거두리라"

악을 심으면 악을 거두며 선을 심으면 선을 거둔다. 참으로 심각한 문제는 죄를 심으면 삼사 대까지 내려간다고 성경이 말씀을 해도 교인들조차 이 말씀을 믿지 않으며 심지어 부인하는 자들도 있다는 것이다.

민 14:18 "여호와는 노하기를 더디하고 인자가 많아 죄악과 과실을 사하나 형벌 받을 자는 결단코 사하지 아니하고 아비의 죄악을 자식에게 갚아 삼사대까지 이르게 하리라 하셨나이다"

아이들이 재앙을 당해 죽는 것을 볼 때마다 사람들은 '어린 것이 무슨 죄가 많다고 저렇게 죽어야 하나!' 하고 탄식을 하지만 실은 넘치는 부모의 죄가 자식을 죽게 만든 것이다. 어째서 어떤 아이들은 먹을 것도 없는 가난한 나라에서 태어나 앙상한 뼈만 남은 채 살고 있는데 비하여 어떤 아이들은 부유한 가정에서 태어나 배불리 먹고 온갖 좋은 것으로 풍요함을 다 누리며 살고 있는가? 또 건강하게 태어나는 아기가 있는가 하면 태어날 때부터 불치병을 가진 아기들도 많은데 이것은 우연이 아니다. 시편에서는 사람이 죄 가운데 출생한다고 말씀하는데도 교인들이 하나님 말씀은 인정하지 않으면서 하나님을 믿는다고 하니 이 얼마나 모순된 일인가?

시 51:5 "내가 죄악 중에 출생하였음이여 모친이 죄 중에 나를 잉태하였나이다"
시 139:13 "주께서 내 장부를 지으시며 나의 모태에서 나를 조직하셨나이다"

출생하기 전에 부모가 회개기도를 많이 해서 아기에게 내려가 있는 죄를 씻어준다면 참으로 건강하고 지혜롭고 총명한 아기가 태어날 것이다. 그런데 교회에서조차 이러한 말씀을 바로 가르치지 못하니 아기가 태어나면서부터 온갖 질병에 시달리며 수많은 죄악 속에서 성격의 결함을 가지고 성장하며 부모 속을 썩이는 불효자가 된다. 하나님의 사랑을 거부하며 전능자의 말씀을 거듭해서 멸시하는 자들과 그 자손들에게는 그 누구의 도움도 받지 못하는 암흑과 같은 삶이 있을 뿐이다.

시 107:10-12 "10사람이 흑암과 사망의 그늘에 앉으며 곤고와 쇠사슬에 매임은 11하나님의 말씀을 거역하며 지존자의 뜻을 멸시함이라 12그러므로 수고로 저희 마음을 낮추셨으니 저희가 엎드러져도 돕는 자가 없었도다"

이와는 반대로 부모가 하나님을 사랑하면 하나님께서는 천대까지 은혜를 베푸신다고 약속하셨다. 그런데도 사람들은 천대까지 내려가는 그 놀라우신 은혜를 버리고 오히려 자식에게 많은 죄들을 그대로 물려주면서 피눈물이 나게 하고 있다. 자녀들의 삶이 형통치 못한 것은 바로 부모가 물려준 죄 때문이다. 교회들이 이 말씀을 바르게 깨닫지 못하므로 죄 문제를 해결할 수 있는 방법도 가르쳐 주지 못했다. 그러니 젊은이들은 교회에도 소망이 없다고 생각하며 방황하다가 교회를 떠나게 되는 것이다. 그러면 해결책은 무엇인가? 오직 그리스도의 비밀, 보배로운 그리스도의 피뿐이다.

구약은 지금도 살아 역사하시는 하나님의 말씀이라고 하니까 어떤 사람들은 구약에 나오는 제사법을 들먹이면서 이것도 지켜야 하느냐고 반문한다. 우리는 이제 레위기나 민수기에 나오는 화제나 번제, 서원을 갚는 제나 낙헌제나 정한 절기제 때 짐승을 잡아서 드리는 피의 제사를 드릴 필요가 없다. 그렇다고 죄가 그냥 다 없어지는 것이 아니다. 구약의 제사는 그리스도께서 오셔서 개혁할 때까지 맡겨두신 것이었다. 이 개혁은 바로 그리스도의 피, 언약의 피로써(히 9:20) 정결케 됨을 말한다.

히 9:11-12 "11그리스도께서 장래 좋은 일의 대제사장으로 오사 손으로 짓지 아니한 곧 이 창조에 속하지 아니한 더 크고 온전한 장막으로 말미암아 12염소와 송아지의 피로 아니하고 오직 자기 피로 영원한 속죄를 이루사 단번에 성소에 들어 가셨느니라"

구약에서 짐승의 피를 가지고 죄 사함을 받았던 제사는 그리스도께서 우리를 위하여 언약의 피를 흘리심으로 말미암아 완전케 된 것이다. 즉 구약의 제사는 그리스도의 피로 죄 사함을 받는 모형으로 주어진 것이다.

마 5:17 "내가 율법이나 선지자나 폐하러 온 줄로 생각지 말라 폐하러 온 것이 아니요 완전케 하려 함이로라"

그래서 그리스도의 피로 죄 사함을 받는 그리스도의 비밀은 파탄 났던 가정을 다시 하나 되게 하며 자녀들의 앞날에 막혀 있는 장벽을 허물어서 형통하게 해준다. 또한 더러운 성격이나 체질, 어리석고 미련한 생각 때문에 멸시만 당했던 사람들의 모든 문제를 해결해 준다. 이것이 복음의 능력이다. 이 놀라운 복음으로 반드시 성공할 수 있는데도 기껏 인간들이 만든 교리 때문에 포기한다면 이보다 더 안타까운 일이 어디 있겠는가? 요한복음 8장에 보면 유대인들이 예수님께 나아와 자기들이 아브라함의 자손이라고 항변하는 장면이 나온다. 예수님은 유대인들이 그들의 아비가 행한 그 행위를 그대로 하고 있다고 지적하신다.

요 8:41 "너희는 너희 아비의 행사를 하는도다 대답하되 우리가 음란한데서 나지 아니하였고 아버지는 한 분 뿐이시니 곧 하나님이시로다"

예수님은 유대인들에게 더욱 충격적인 말씀을 하시는데 바로 아비 마귀에게서 태어났다는 것이다. 아비 마귀에게서 났기 때문에 진리의 말씀을 깨닫지 못하고 살인한 자요 거짓말쟁이라고 말씀한다. 아비 마귀에게서 태어났기 때문에 부모의 죄를 그대로 가지고 있다는 말씀이다.

요 8:43-44 "43어찌하여 내 말을 깨닫지 못하느냐 이는 내 말을 들을 줄 알지 못함이로다 44너희는 너희 아비 마귀에게서 났으니 너희 아비의 욕심을 너희도 행하고자 하느니라 저는 처음부터 살인한 자요 진리가 그 속에 없으므로 진리에 서지 못하고 거짓을 말할 때마다 제 것으로 말하나니 이는 저가 거짓말쟁이요 거짓의 아비가 되었음이니라”

이스라엘 백성들은 자기들과 믿는 것이 다르다고 해서 하나님께서 보낸 수많은 선지자들을 핍박하고 죽임으로써 의로운 피를 흘리게 했다. 그러므로 조상 때부터 흘렸던 의로운 피가 하나도 빠짐없이 다 이스라엘 백성들의 후손들에게 돌아갔다.(마 23:30-35) 이스라엘 백성들은 마태복음 23장의 메시지를 깨달아 회개하기는커녕 오히려 무죄를 외치는 빌라도에게 그 피를 자기들과 자기 후손들에게 돌리라고 하면서 하나님의 아들을 십자가에 못 박아 죽이는 만행을 저질렀다. 그 결과 유대인의 후손들은 조상들이 저지른 죄와 피 값을 그대로 뒤집어쓰고 원인도 모른 채 엄청난 미움을 받으며 상상할 수도 없는 고문과 비인간적 취급을 당하며 대량학살을 당했다. 조상들이 흘리게 했던 선지자들의 의로운 피가 자손에게 돌아갔으니 깨달으라고 문제를 주신 것이었지만 안타깝게도 그들은 깨닫지 못했다.

마 27:24-25 “24빌라도가 아무 효험도 없이 도리어 민란이 나려는 것을 보고 물을 가져다가 무리 앞에서 손을 씻으며 가로되 이 사람의 피에 대하여 나는 무죄하니 너희가 당하라 25백성이 다 대답하여 가로되 그 피를 우리와 우리 자손에게 돌릴찌어다 하거늘”

역사는 유대인들이 어떤 환란을 겪었는지 잘 말해 주고 있다. 이와 반대로 독립한지 250년이 안 되는 미국은 지금 세계에서 가장 부강한 나라가 되었는데 하나님께서 축복하신 결과이다. 박해를 받던 청교도들이 자기들의 신앙을 지키기 위하여 온갖 어려움과 생명의 위험을 무릅 쓰고 메이플라워(Mayflower)라는 작은 배를 타고 대서양을 건너와서 아무것도 없던 황무지에 미국을 건설하였다. 이들이 신대륙을 향해서 갈 때에 자신들이 가지고 있던 직업이나 좋은 교육시설, 친척이나 친구들, 그들이 누리며 살던 모든 것을 다 버려야했다. 지금같이 항해 시설이 잘 발달되어 있던 것도 아니고 누구 하나 기다려 주는 사람이 없는 낯선 곳을 향해 하나님 한 번 잘 믿어 보겠다고 목숨을 건 항해를 한 것이다. 이들은 미국에 와서 학교보다 먼저 교회를 지었으며 '우리는 하나님을 믿는다'(IN GOD WE TRUST)라는 표어를 지폐와 동전에 새겨 넣고 지금까지도 사용하고 있다. 미국도 독립 전쟁을 비롯하여 남북전쟁 등을 겪었다. 또 세계 대전과 한국전쟁, 월남전을 겪었음에도 불구하고 점점 더 부강하게 되어 오늘날에 이르렀는데 하나님은 이렇게 목숨 내놓고 자기를 사랑하는 백성을 기억하시며 천대까지 복을 주신다.

한국은 어떠한가? 우리 조상들은 복음을 전하려고 온 선교사들의 목을 베어 버리고 온갖 박해를 하며 하나님의 일을 훼방하다가 결국은 일본에 나라까지 빼앗기는 아픔을 겪어야 했다. 게다가 조상 대대로 내려오는 부정부패는 물론 당파 싸움이라는 더럽고 추악한 죄까지 물려받았다. 자손들은 영문도 모른 채 몇 십년동안 나라를 빼앗긴 것도 억울한데 수치스럽고 비인간적인 취급까지 받으며 말할 수 없이 잔인한 고통 속에서 살아야 했다. 이렇게 온갖 고초와 핍박 속에서 허덕이는 것도 모자라 나중에는 북한의 침략으로 전쟁의 아픔까지 겪으며 나라가 황폐해지고 더 큰 환란과 빈곤을 견뎌야 하는 사면초가에 빠지게 되었다. 어느 누가 봐도 전혀 소망이 없어 보였다. 그러나 참으로 다행이고 감사한 일은 이렇게 절망적인 상황 속에서도 하나님만 사랑하며 의지하여 밤낮 부르짖으며 기도하는 의인들이 있었다는 것이다. 하나님께서는 한국교회를 불쌍히 긍휼히 여기시고 은혜와 기적을 베푸셨다. 바로 빈곤국가에서 최단기간에 선진국이 되어 전 세계에서 유래를 찾아볼 수 없는 한강의 기적을 나타내신 것이다. 지금은 교육, 경제, 국방, 사회, 문화 모든 면에서 세계가 부러워하는 수준으로 올라섰다.

하지만 수십 년이 지난 지금 한국교회의 실상은 어떠한가? 먹고 살만하여 배가 부르게 되니 하나님의 말씀은 버리고 세상과 타협하면서 돈과 성, 명예, 권력의 노예가 된 교인들이 오히려 세상 사람들에게 지탄의 대상이 되고 있으니 심히 탄식할 일이다. 목회자의 타락은 곧 교인의 타락으로 이어졌고 한국교회가 자정능력을 상실했다는 지탄을 받고 있다. 아직도 그리스도를 깨닫지 못하고 '예수 아니면 성령'을 자기 종 부리듯이 하는 교회들도 허다하다. 어떤 목회자들은 하나님 말씀 대신 신학자와 철학자들의 이론이나 세상 유명인들의 책을 인용해야 좋은 설교인 줄 착각한다. 골로새서는 이런 자들을 '사람의 영혼을 노략질하는 자'이며 그리스도를 좇는 자가 아니라고 경고한다.

골 2:8 "누가 철학과 헛된 속임수로 너희를 노략할까 주의하라 이것이 사람의 유전과 세상의 초등학문을 좇음이요 그리스도를 좇음이 아니니라"

최근에 양적으로 질적으로 심각한 쇠퇴의 길을 가고 있는 한국교회가 말씀으로 돌아가서 교회의 영성을 회복하는 길은 오직 그리스도의 비밀뿐이다. 내가 행복하고 부부가 하나 되며 자녀가 효자 되어 후손들에게 가장 좋은 것을 남겨 주는 이 그리스도의 비밀이야말로 나라를 바로 세운다.

원수 사랑이 승리를 가져다준다

우리가 살면서 가장 머리 아픈 일 중의 하나는 바로 원수가 생겼을 때이다. 나는 별로 잘못 한 것도 없는데 막무가내로 미워하고 욕하며 거짓말까지 보태서 모함한다면 너무나 괘씸하고 억울하여 분노가 치밀어 오를 것이다. 그러나 마태복음에서는 형제는 물론이고 원수까지 사랑해야 하나님의 아들이 되며 온전한 자가 된다고 말씀한다. 즉 원수를 사랑하지 못하는 사람은 하나님의 아들이 아니라는 말씀이다. '내가 반드시 복수를 하고 성가신 원수를 징벌해야 속이 시원할 텐데 원수를 사랑하라니' 라고 반문하는 자들도 있을 것이다. 하지만 진리이신 성경은 오늘도 변함없이 우리에게 원수를 사랑해야 하나님의 아들이 되며 온전한 자가 된다고 말씀한다.

> 마 5:44-45 "44나는 너희에게 이르노니 너희 원수를 사랑하며 너희를 핍박하는 자를 위하여 기도하라 45이같이 한즉 하늘에 계신 너희 아버지의 아들이 되리니 이는 하나님이 그 해를 악인과 선인에게 비취게 하시며 비를 의로운 자와 불의한 자에게 내리우심이니라"

그러나 말씀에 대한 깨달음이 없으면 '원수를 사랑하라'는 것이 심적으로 큰 부담이 되고 걸림돌이 된다. 골치도 아프고 심한 스트레스도 받는다. 감사하기보다는 상대가 너무 원망스럽고 미워서 그냥 무시하는 것도 어려운데 사랑을 하라니? 그래야 하나님 아버지의 아들이 된다니 참으로 이해하기 힘든 말씀이다. 그런데 분명한 것은 하나님의 아들만이 천국에 갈 수 있다고 말씀하셨으니 이것은 단순히 원수와 나 자신의 문제가 아니라 천국과 지옥을 가르는 아주 중요한 문제인 것이다. 믿는 자는 원수를 사랑하는 자이며 그래야 천국 가는 백성이 된다. 그러면 우리는 어떻게 원수를 사랑할 수 있는가? 시편 23편에서 여호와 하나님은 우리가 양의 삶을 살 때 원수의 목전에서 상을 베푸시며 머리에 기름을 바르시고 나의 잔이 넘치게 해 주신다고 약속하셨다.

시 23:5 "주께서 내 원수의 목전에서 내게 상을 베푸시고 기름으로 내 머리에 바르셨으니 내 잔이 넘치나이다"

하나님의 말씀은 분명히 원수가 보는 앞에서 나에게 상을 베푸시며 잔이 넘치게 해 주신다고 하셨으니 내가 양만 되면 원수는 해결된다. 한 나라의 왕으로부터 내가 상을 받게 되었다는 것을 알려 주려고 온 사람이 있다면 그 사람에게 감사하고 고마운 마음이 클 것이다. 하물며 온 우주의 왕이시며 전능하신 하나님께서 내게 엄청난 상을 주실 거라고 미리 알려 주는 사람이 있는데 이것이 우리 눈에는 원수로 보인다. 하지만 말씀을 바로 깨닫고 보면 원수는 미워할 대상이 아니라 나의 잔을 넘치게 해 주는 참으로 고마운 사람인 것이다. 그래서 우리는 원수를 미워하지 않고 사랑할 수 있다.

원수가 생기면 보통 사람들은 억울하고 분하니까 자기가 나서서 사실을 낱낱이 밝혀 문제를 해결하려고 한다. 그러나 원수의 말과 행동을 보면서 나도 전에 남을 억울하게 한 적이 있음을 깨닫고 그리스도 피로 회개한다면 나의 삶은 점점 더 잘 풀리고 형통하게 된다. 그러니 원수는 미워할 대상이 아니라 도리어 감사해야 할 대상이다. 우리가 목자를 따라 사는 양이 된다면 원수는 사실 우리의 죄를 깨닫게 해서 더욱 큰 복을 가져다주는 사신인 것이다.

말씀을 깨닫지 못하면 눈과 귀가 멀어 복을 복으로 보지 못하고 원수를 미워하는 살인죄를(요일 3:15) 짓게 되므로 더 많은 죄 가운데 빠진다. 원수가 내게 한 언행들은 앞에서 언급한 대로 내가 전에 심었거나(갈 6:7) 아니면 부모나 그 윗대 조상들이 저지른 죄들이 원수라는 이름으로 내게 나타난 것이다. 예를 들어 사업을 하다가 사기꾼을 만나 부도가 났다면 당연히 그 사기꾼을 원수처럼 여기며 미워할 것이다. 그러나 조상이 남에게 사기 친 죄가 있으면 그 죄는 자손 삼사 대 내려와서 후손들은 그 사기죄를 그대로 물려받아 가지고 있다. 그래서 후손은 조상이 지은 사기죄로 인하여 남에게 사기를 당하게 되어 괴로워 하지만 심은 것이 그대로 내려온 것임을 깨닫고 회개한다면 곧 원수에 대한 원통함이 사라진다. 이렇듯이 죄를 깨달아 철저히 회개한다면 사랑의 마음이 나와 원수를 쉽게 용서할 수 있으며 하나님께서 반드시 더 좋게 해 주기 때문에 승리의 삶을 살 수 있다.

하지만 말씀을 모르면 원수를 용서하지 못하고 억지로 참으려다가 더 화가 나서 번뇌로 잠을 이루지 못하거나 화병이 생긴다. 안타깝게도 나의 죄를 알려준 원수는 자기가 심은 죄를 자신이 받으며 후손들에게 물려주니 회개하지 않는다면 점점 더 망할 수밖에 없다. 하지만 깨닫고 회개한 나에게는 주님이 베풀어 주시는 상과 잔이 넘치니 감사하는 삶을 살 수 있게 된다. 그러니 율법을 주야로 묵상하여 나와 조상이 지은 죄를 미리 깨닫고 날마다 회개한다면 문제가 생기기 전에 이미 회개로 죄를 다 씻었기 때문에 골치 아픈 문제를 만나지 않게 된다.

말씀에 대한 깨달음을 얻으면 모든 문제가 풀리며 가정의 불화도 쉽게 해결될 수 있다. 각 가정마다 부부지간에 싸움이 그치지 않고 이혼까지 가는 경우도 많은데 예수님은 원수가 자기 집안 식구라고 말씀한다.

> 마 10:34-36 "34내가 세상에 화평을 주러 온 줄로 생각지 말라 화평이 아니요 검을 주러 왔노라 35내가 온 것은 사람이 그 아비와, 딸이

어미와, 며느리가 시어미와 불화하게 하려 함이니 36사람의 원수가 자기 집안 식구리라"

겉으로는 서로 좋아해서 결혼을 한 것 같지만 예수님께서 마태복음을 통해서 알려 주신 것과 같이 사실은 원수지간이 만난 것이기 때문에 부부 사이에 싸움이 끊이지 않는 것이다. 교인들 집에서조차 가정이 많이 깨지는 이유는 어떻게 해야 원수를 사랑하는지 모르기 때문이다. 부부 사이는 둘이 아니라 하나이고(마 19:4-6) 한 몸임을 깨닫고 보면 서로 간에 나타나는 결점이나 허물은 결국 나의 죄인 것이다. 즉 상대방을 통해서 거울을 보듯이 나의 죄를 보고 있는데 돌을 던 질 이유도 없고 욕하고 싸울 필요가 없게 된다.

에베소서는 남편과 아내는 한 몸이며 남편은 아내 사랑하기를 자기 몸과 같이 하여야 할 것을 말씀한다. 남편과 아내가 서로 사랑해야 한다는 것을 머리로는 잘 알면서도 실천하기 어려운 이유는 말씀과 상관없는 삶을 살기 때문이다. 남편과 아내가 합하여 하나 되는 것을 그리스도와 교회에 대하여 말씀하는 것이라고 기록하고 있다.(엡 5:28-32)

말씀에 깊은 깨달음을 얻어서 그리스도의 비밀로 철저히 회개하면 가정이 하나 되고 화목해지며 원수도 저절로 사랑하게 되는 놀라운 약속이 이루어진다. 그래서 그리스도의 비밀이 진정한 복음이다. 속으로는 미워하면서 겉으로 안 그런 척 억지로 원수를 사랑하려고 노력하는 것은 복음이 아니다. 그러니 말씀대로 원수를 사랑하면 하나님의 아들이 되어 하나님께서 자기 자녀에게 주시는 형통의 복을 다 누릴 수 있으니 어찌 감사하지 않을 수 있겠는가?

빛은 성공을 보장한다

어두운 길을 갈 때는 더 조심해서 걸으려고 하지만 장애물에 걸려 넘어지기 쉽다. 우리의 인생도 흑암과 같이 어둡다면 무엇을 어떻게 해야 할지 몰라 갈팡질팡하게 된다. 누구나 잘 살아 보려고 투자도 해 보고 인생의 성공을 위해 노력하지만 아무도 앞날을 예측하지 못하기 때문에 실패로 삶을 마치는 사람들이 많다. 잠시 후에 어떤 일이 일어날지도 모르는 인생들이 고작 할 수 있는 일이란 잘 될 거라는 막연한 기대를 가지는 것뿐이다. 때로는 한 사람의 잘못된 결정으로 인해 가정과 기업, 나라까지도 망하게 했던 일이 역사에 수도 없이 존재한다. 이와 반대로 나의 앞날이 정오의 빛같이 환하다면 가는 길이 아주 쉽고 편안하며 넘어질 일도 없다. 밤과 낮이 있는 것처럼 이 세상에는 빛과 어두움이 공존한다. 예수님이 이 땅에 오셨을 때에 사람들은 자기 행위가 악하므로 빛보다 어두움을 더 사랑하여(요 3:19) 예수님을 십자가에 못 박아 죽였다. 어두움에 속한 바리새인들과 서기관들은 빛이신 예수님을 미워했는데 이는 자기들의 악한 행위가 드러나는 것이 두려웠기 때문이다.

어두움에 속한 자들의 특징은 자기들이 만들어 놓은 신조나 의식을 따르지 않으면 무섭게 달려들어 따지고 정죄하며(눅 11:53) 말꼬리를 잡고 늘어진다. 믿는다고 하면서도 온갖 부정과 부패, 성적 범죄와 타락한 모습으로 교인들이 하나님을 욕 먹이고 있는 것은 빛이 아닌 어두움에 속한 것임을 말해준다. 바리새인들도 자기 방식대로 하나님을 열심히 믿었지만 결국 하나님의 아들을 죽이고 말았다. 이는 겉과 속이 다른 위선으로 인한 것이다. 어두움에 속한 자는 열매가 없으며 말하기도 부끄러운 일을 행하면서도 위선으로 가리고 있을 뿐이다.

엡 5:11-13 "11너희는 열매 없는 어두움의 일에 참예하지 말고 도리어 책망하라 12저희의 은밀히 행하는 것들은 말하기도 부끄러움이라 13그러나 책망을 받는 모든 것이 빛으로 나타나나니 나타나지는 것마다 빛이니라"

바리새인들이 보여준 위선을 따르지 않으려면 빛에 속하면 된다. 어둠에 속한 자들은 행위는 상관없이 무조건 믿으면 된다는 교리를 만들어 가르친다. 빛은 책망을 통해서 나타난다고 성경은 말씀한다. 모두들 빛은 좋아하지만 책망을 듣는 것은 싫어하므로 계속 어둠 속에 있으며 깨닫지를 못한다. 설교자가 말씀의 능력으로 책망할 때 교인들이 듣고 죄를 깨달아 회개하면 어둠에 속한 모든 행실이 빛으로 바뀌게 된다. 그러나 거짓 선지자들은 듣기 좋은 말로 귀만 즐겁게 하여 교인들을 더욱 더 어둠에 속하게 만든다. 지혜자의 설교는 찌르는 채찍 같아서 마음에 잘 박힌 못이 되어 죄를 드러내므로 교인들도 살고 교회도 살아난다.

전 12:11 "지혜자의 말씀은 찌르는 채찍 같고 회중의 스승의 말씀은 잘 박힌 못 같으니 다 한 목자의 주신 바니라"

베드로를 비롯한 열 한 사도가 외쳤던 설교 말씀도 유대인들과 예루살렘에 사는 모든 사람들의 심령을 찔렀다. 예수를 십자가에 못 박은 것은 그 어느 누구도 아닌 바로 "너희가 십자가에 못 박았은 것"이라며 강하게 책망했다. 예수를 십자가에 못 박은 것은 로마 병정이나 바리새인과 대제사장들, 혹은 빌라도가 아닌 바로 '나의 죄'로 인한 것이다. 마음을 찌르는 이 메시지에 사람들은 "어찌 할꼬!" 하며 통회 자복하므로 구원받는 백성들이 점점 늘어났고 온 백성에게 칭찬을 받는 교회들이 되었다.(행 2:46-47)

행 2:36-39 "36그런즉 이스라엘 온 집이 정녕 알찌니 너희가 십자가에 못 박은 이 예수를 하나님이 주와 그리스도가 되게 하셨느니라 하니라 37저희가 이 말을 듣고 마음에 찔려 베드로와 다른 사도들에게 물어 가로되 형제들아 우리가 어찌 할꼬 하거늘 38베드로가 가로되 너희가 회개하여 각각 예수 그리스도의 이름으로 세례를 받고 죄 사함을 얻으라 그리하면 성령을 선물로 받으리니 39이 약속은 너희와 너희 자녀와 모든 먼데 사람 곧 주 우리 하나님이 얼마든지 부르시는 자들에게 하신 것이라 하고"

그러나 오늘날에는 목회자가 먼저 통회 자복하며 회개하는 것을 볼 수 없으니 심령을 찌르는 지혜자의 말씀을 기대하는 것 자체가 불가능한 것이 현실이다. 오히려 교인들을 계속 어둠 속에 머물도록 방치하므로 비난만 받고 있다. 만일 설교자 자신이 변화되지 않고 책망하는 설교를 한다면 가장 먼저 교인들이 반발할 것이며 반감을 가지고 교회를 떠날 것이다. 목회자들은 이것이 두려워 자신들도 모르게 교인들의 비위나 맞추고 듣기 좋은 설교를 전함으로써 교회도 죽고 교인들도 배나 더 지옥 자식이 되게 하는 악순환이 계속되고 있다.

마 23:13-15 "13화 있을찐저 외식하는 서기관들과 바리새인들이여 너희는 천국 문을 사람들 앞에서 닫고 너희도 들어가지 않고 들어가려 하는 자도 들어가지 못하게 하는도다 14(없음) 15화 있을찐저 외식하는 서기관들과 바리새인들이여 너희는 교인 하나를 얻기 위하여 바다와 육지를 두루 다니다가 생기면 너희보다 배나 더 지옥 자식이 되게 하는도다"

교인들이 죄 사함을 받는 법을 알아야 죄를 이기고 하나님께서 인정하시는 세상의 빛이 되는 삶을 살 수 있다. 그러나 죄를 회개하지 않으면 말로는 하나님의 자녀라고 굳게 믿지만 실상은 죄의 종으로 살아가고 있다. 하나님께서는 교회가 세상의 빛이(마 5:14) 되어 사람들에게 착한 행실을 보여줌으로써 하나님께 영광 돌리는 것을 원하시는데 도리어 세상에서 비난과 조롱거리가 되고 있으니 참으로 안타까운 일이다.

마 5:16 "이같이 너희 빛을 사람 앞에 비취게 하여 저희로 너희 착한 행실을 보고 하늘에 계신 너희 아버지께 영광을 돌리게 하라"

어떤 사람은 현재 한국교회의 문제는 일부 사람들이 저지르는 비행에 불과하지 대부분의 교회는 문제가 없으며 일부 반기독교적인 단체들이 공격하는 것이라고 변명한다. 그러나 이들에게 빌미를 제공한 것은 교회와 목회자이며 교인들임을 알아야 한다. 그러면 우리는 어떻게 해야 세상의 빛이 되어 하나님께서 인정하시는 착한 행실의 삶을 살 수 있겠는가? 그것은 우리가 결심하거나 노력한다고 되는 것이 아니라 오직 주 안에서만 가능하다.

엡 5:8-9 "8너희가 전에는 어두움이더니 이제는 주 안에서 빛이라 빛의 자녀들처럼 행하라 9빛의 열매는 모든 착함과 의로움과 진실함에 있느니라"

빛이 된 삶이란 신앙생활을 열심히 한다고 되는 것이 아니라 주 안에 있을 때만 가능하며 빛의 열매는 모든 착함과 의로움과 진실함이라고 에베소서는 말씀한다. '주'를 모르니 주 안에 들어가는 길은 더더욱 모르며 빛의 자녀들처럼 행할 수도 없다. 주 안에 들어가는 것도 오직 그리스도의 비밀로만 된다. 그리스도를 모르니 그리스도의 비밀도 알지 못하며 죄에 대한 깨달음이 없기 때문에 마음이 점점 굳어져서 하나님의 말씀에서 떠나 있게 된 것이다.

앞에서 여러 번 언급했던 바리새인들도 하나님을 잘 믿어 보려고 애를 썼지만 죄에 대한 깨달음과 자백이 없음으로 인하여 마음이 굳어져서 결국 하나님의 아들을 죽인 것이다. 하나님의 말씀을 사람의 계명으로 바꾼 자들은 입으로는 하나님을 믿고 존경하지만 그 마음은 멀리 떠난 자들이다. (마 15:7-9)

사 29:13 "주께서 가라사대 이 백성이 입으로는 나를 가까이하며 입술로는 나를 존경하나 그 마음은 내게서 멀리 떠났나니 그들이 나를 경외함은 사람의 계명으로 가르침을 받았을 뿐이라"

어두움에 다니지 아니하고 생명의 빛을 얻으려면 세상의 빛이신 예수님을 따라야 한다. 예수님께서 세상의 빛인 나를 믿으라 하지 않으시고 "나를 따르라"고 하신 데에는 우리들의 영혼을 사랑하시는 깊은 뜻이 있다.

요 8:12 "예수께서 또 일러 가라사대 나는 세상의 빛이니 나를 따르는 자는 어두움에 다니지 아니하고 생명의 빛을 얻으리라"

예수님께서 처음 전파하신 말씀은 "나를 믿으라"가 아니었다. 또한 천국에 가려면 "나를 영접하라"도 아니었다. 예수님께서 제일 처음 전하신 메시지는 "회개하라!"였다.

마 4:17 "이때부터 예수께서 비로소 전파하여 가라사대 회개하라 천국이 가까왔느니라 하시더라"

예수님께서는 갈릴리 해변에 다니시다가 어부인 베드로라 하는 시몬과 그 형제 안드레가 바다에 그물 던지는 것을 보시고 "나를 믿으라" 하시지 않으시고 "나를 따라 오너라"고 말씀하셨다. 그리고 다른 두 형제 곧 세베대의 아들 야고보와 그 형제 요한을 부르셨다. 예수님의 제자들 곧 사람 낚는 어부들이 탄생하는 순간이다.

마 4:19-20 "19말씀하시되 나를 따라 오너라 내가 너희로 사람을 낚는 어부가 되게 하리라 하시니 20저희가 곧 그물을 버려 두고 예수를 좇으니라"

빛이신 예수님을 따르던 이 제자들을 통해 우리에게까지 생명의 복음이 전파되었다. 제자 된 삶은 영광의 삶이요 빛의 삶이다. 주님은 우리 모두가 단순히 믿는 자가 아니라 주님의 제자가 되기를 원하신다.

마 28:19-20 "19그러므로 너희는 가서 모든 족속으로 제자를 삼아 아버지와 아들과 성령의 이름으로 세례를 주고 20내가 너희에게 분부한 모든 것을 가르쳐 지키게 하라 볼찌어다 내가 세상 끝날까지 너희와 항상 함께 있으리라 하시니라"

제자는 빛 되신 주님을 따를 뿐 아니라 모든 족속을 제자 삼아 우리에게 분부하신 모든 것을 가르쳐 지키게 하는 자들이다. 물론 제자들 자신이 먼저 말씀을 지켜야 하는 것은 당연하다. 하나님께서는 우리를 '그리스도를 대신한 사신'으로 살라고 부르신다.

고후 5:20 "이러므로 우리가 그리스도를 대신하여 사신이 되어 하나님이 우리로 너희를 권면하시는 것 같이 그리스도를 대신하여 간구하노니 너희는 하나님과 화목하라"

한 나라를 대표한 사신으로 간다고 하면 가문의 영광이라며 사람들의 찬사를 받는다. 그런데 일개 국가의 사신과 비교조차 할 수 없을 정도로 엄청난 축복인 우주만물의 주관자이신 하나님의 사신으로 부르심을 입는 것에 대해서는 감격은 고사하고 일말의 소망조차도 가지지 않는다. 베드로, 요한, 야고보, 안드레는 어두움에 머물지 않고 빛을 선택하였기에 영광의 삶, 가장 성공적인 삶을 살 수 있었다. 제자가 되기 위해서는 모든 것을 내려놓아야 한다. 그렇다고 다 버리고 모두 다 선교를 하러 다니라는 말은 더더욱 아니다.

눅 14:33 "이와 같이 너희 중에 누구든지 자기의 모든 소유를 버리지 아니하면 능히 내 제자가 되지 못하리라"

성경에서 한 두 구절만 뽑아서 해석을 하면 '자기의 모든 소유를 버리라'는 구절이 집도 가정도, 가지고 있는 것도 다 버리는 것이라고 곡해를 하게 된다. 우리는 모두 빈손으로 태어났으니 이 세상을 떠날 때도 아무것도 가지고 갈 수 없다. 딱 하나 가지고 갈 수 있는 것이 있는데 바로 내가 '말씀에 순종한 것'뿐이다. 이것만이 진정한 나의 재산이다.

시 119:56 "내 소유는 이것이니 곧 주의 법도를 지킨 것이니이다"

주님의 제자는 세상에 물들어 살지 않으며 모든 것을 지배하고 다스리는 삶이다.(약 1:27) 세상 사람들은 자기가 움켜쥔 것을 지키려고 안간힘을 쓰다가 결국 다 잃고 난 후에는 큰 시험에 빠져서 낙심하며 슬퍼한다. 또 자기 가족이나 아는 사람들은 잘 챙기고 아끼지만 남들은 어떻게 되든 별 상관하지 않는다. "네 이웃을 네 몸같이 사랑하라"는 말씀하고는 아무런 상관이 없는 삶을 살면서 하나님을 믿는다고 하니 화 받을 바리새인이 되는 것이다.

막 12:29-31 "29예수께서 대답하시되 첫째는 이것이니 이스라엘아 들으라 주 곧 우리 하나님은 유일한 주시라 30네 마음을 다하고 목숨을 다하고 뜻을 다하고 힘을 다하여 주 너의 하나님을 사랑하라 하신 것이요 31둘째는 이것이니 네 이웃을 네 몸과 같이 사랑하라 하신 것이라 이에서 더 큰 계명이 없느니라"

우리가 계명을 지키려고 노력해도 안 되는 이유는 오직 은혜로만 지켜지기 때문이다. 그리스도의 비밀은 내가 노력해도 안 되던 것을 되게 한다. 하나님께서는 모든 사람이 구원을 받으며 진리를 알기 원하신다. 그래서 우리를 먼저 제자로 부르시는 것이며 모든 족속을 제자로 삼아서 분부한 모든 것을 가르치고 지키게 하시는 것이다.

딤전 2:4 "하나님은 모든 사람이 구원을 받으며 진리를 아는데 이르기를 원하시느니라"

나의 이웃을 나의 몸과 같이 여기며 모든 것을 다 나의 것으로 생각하고 아끼는 마음이야말로 제자의 마음이며 다 가진 자이기 때문에 가장 성공한 사람이다. 이 세상에서 진정으로 성공한 사람들은 바로 그리스도의 것이 되어 하나님께 속한 자가 되는 것이다.

고전 3:21-23 "21그런즉 누구든지 사람을 자랑하지 말라 만물이 다 너희 것임이라 22바울이나 아볼로나 게바나 세계나 생명이나 사망이나 지금 것이나 장래 것이나 다 너희의 것이요 23너희는 그리스도의 것이요 그리스도는 하나님의 것이니라"

제7장

영광의 소망이신 그리스도

청함을 받은 자와 택함을 받은 자

마태복음 22장은 예수님께서 천국에 대한 비유의 말씀으로 시작되는데 천국은 마치 자기 아들을 위하여 혼인 잔치를 베푼 어떤 임금과 같다고 말씀하신다. 임금이 잔치에 사람들을 초대하지만 사람들은 참석하기를 싫어했을 뿐만 아니라 사신으로 보낸 종들까지 잡아서 능욕하고 죽였다. 이에 노한 임금은 군대를 보내어 마을을 진멸한다. 혼인 잔치에 올 마땅한 자를 찾지 못한 임금은 종들을 사거리로 보내어 악한 자나 선한 자나 만나는 대로 모두 데리고 오라고 명한다. 성경 주석가들은 잔치에 처음 청함을 받은 자들은 유대인들인데 이들이 청함을 거절함으로써 이방인에게 혼인 잔치에 참여할 수 있는 기회가 주어졌다고 해석한다. 그러나 나중에 청함을 받은 자들 중에서 예복을 입지 않은 한 사람이 수족을 결박당하여 쫓겨나는 것에 대하여는 해석을 하지 못한다.

마 22:11-14 "11임금이 손을 보러 들어올쌔 거기서 예복을 입지 않은 한 사람을 보고 12가로되 친구여 어찌하여 예복을 입지 않고 여기 들어왔느냐 하니 저가 유구무언이어늘 13임금이 사환들에게 말하되 그 수족을 결박하여 바깥 어두움에 내어 던지라 거기서 슬피 울며 이를 갊이 있으리라 하니라 14청함을 받은 자는 많되 택함을 입은 자는 적으니라"

분명한 것은 예복을 입지 않은 자는 결단코 잔치에 참여할 수 없다는 것이다. 믿는다고 하는 사람들 중에서 이미 택함을 받았다고 주장하는 사람들은 이 구절들을 난해구절이라고 하며 해석을 피한다. 청함을 받은 자는 많으나 택함을 입은 자가 적기 때문에 우리는 택함을 받은 자에 속하여야 한다. 많은 교회들이 '믿으면 의인이며 구원도 받는다'고 가르치고 있지만 성경은 '택함을 받아야만 구원을 받는다'고 말씀한다. 또한 의인이 되었을지라도 넉넉히 구원을 받지 못하고 겨우 구원을 받거나 실족하는 경우도 있으므로 복음에 순종하여 경건하게 살아야 함을 말씀하는데도 이런 말씀들을 다 무시하고 있다. 교리는 시대에 따라 변하며 교단의 해석에 따라 변하지만 우리는 언제나 영원히 진리이신 성경 말씀을 따라야 산다.

> 벧전 4:17-18 "17하나님 집에서 심판을 시작할 때가 되었나니 만일 우리에게 먼저 하면 하나님의 복음을 순종치 아니하는 자들의 그 마지막이 어떠하며 18또 의인이 겨우 구원을 얻으면 경건치 아니한 자와 죄인이 어디 서리요"

우리에게 주어진 삶은 단 한 번뿐이다. 그러니 사람답게 살다가 이 세상을 떠날 때에는 확실하고 넉넉하게 구원받아야지 겨우 구원받는 그런 삶을 살아서는 안 된다. 내가 수많은 성경을 인용해 가면서 이렇게 글을 쓰는 이유는 성경 66권 어디를 봐도 '한 번 믿으면 구원'이라고 말씀하지 않는데도 불구하고 사람들은 자의적으로 성경을 해석하다가 막히면 난해구절이라는 이름으로 피한다. 그러다가 자기가 속한 교단의 교리와 다를 때는 이상한 해석이라고 정죄를 하거나 심지어는 이단 논쟁까지도 불러일으킨다. 성경은 실족하지 않고 넉넉히 구원 받는 길을 말씀하고 있다. 그것은 바로 부르심과 택하심을 굳게 하는 것이다. 이토록 중요한 부르심과 택하심을 무시하고 입어야 할 예복이 무엇인지도 모르니 한 번뿐인 자신의 삶을 두고 도박을 하는 것과 무엇이 다른가?

계시록에 나오는 일곱 교회 중의 하나인 라오디게아 교회는 그 행위가 미지근하여 책망을 받았다. 주님께서 책망하시기를 너희의 행위가 미지근하여 덥지도 차지도 않으니 토하여 내치신다고 하셨다. 라오디게아 교회는 물질적으로 부족함이 없었지만 주님의 눈에는 곤고하고 가난하고 가련한 교회에 불과했으며 그들은 눈이 먼 것과 벌거벗은 것도 알지 못했다.

> 계 3:17-18 "17네가 말하기를 나는 부자라 부요하여 부족한 것이 없다 하나 네 곤고한 것과 가련한 것과 가난한 것과 눈 먼 것과 벌거벗은 것을 알지 못하도다 18내가 너를 권하노니 내게서 불로 연단한 금을 사서 부요하게 하고 흰 옷을 사서 입어 벌거벗은 수치를 보이지 않게 하고 안약을 사서 눈에 발라 보게 하라"

오늘날도 라오디게아 교회와 별반 다르지 않다. 크고 화려하며 웅장한 교회건물에 아름다운 장식으로 꾸며놓은 내부에서 잘 짜인 순서에 따라 드려지는 예배와 성가대의 찬양은 겉으로는 경건하며 은혜로운 것처럼 보인다. 교인들도 화려한 교회와 어울리는 옷으로 잘 차려 입으니 깨끗하고 정결한 것 같지만 주님의 눈에는 곤고하고 가련하며 눈멀고 벌거벗은 것으로 보일 뿐이다. 형제를 미워하면 눈이 어두워지다가 눈이 멀게 된다.(요일 2:9-11) 라오디게아 교회는 형제를 미워하다가 자신들이 눈을 먼 것조차 알지 못했듯이 현재의 교회들도 서슴없이 남을 판단하고 정죄하고 미워하다가 눈이 멀었다. 그래서 갈 길을 알지 못하고 있다. 그리고 너무나도 안타까운 것은 오늘날의 교인들이 라오디게아 교회처럼 자신들이 벌거벗고 있는 것조차도 모르고 있다는 것이다.

벌거벗지 않기 위해 어떤 옷을 입어야 하는지도 모르고 교회만 다니면 좋은 신앙인으로 여긴다. 게다가 우리 행위가 뜨겁거나 차갑지 않고 미지근하면 주님께서 토하여 내치신다고 경고를 해도 믿음이 중요하지 행위가 뭐가 중요하냐며 말씀을 부인한다. 그렇다면 우리가 입어야 할 옷은 무엇인가? 그것은 바로 '그리스도의 옷'이다. 그리스도의 옷은 어디서 구할 수 있으며 어떻게 하여야 입을 수 있는가? 갈라디아서는 그리스도와 합하여 세례를 받으면 그리스도로 옷을 입는다고 말씀한다.

갈 3:27 "누구든지 그리스도와 합하여 세례를 받은 자는 그리스도로 옷 입었느니라"

아마도 많은 사람들이 자기들도 이미 세례를 받았다고 주장할 것이다. 세례를 받는다는 것은 침례나 세례 같은 형식이 중요한 것이 아니라 내가 그리스도와 함께 십자가에 못 박히는 것을 말한다. 세례를 받는 형식 때문에 교회들이 수많은 교단과 교파로 나뉘었고 특별히 유아세례가 유효한지 아닌지의 해석 차이 때문에 유럽에서는 재세례파에 대한 대대적인 박해가 있었다. 세례는 내가 그리스도와 함께 십자가에 못 박혀 죽고 내 안에 그리스도께서 사시는 것을 말씀한다. 성경은 믿고 세례를 받아야 구원을 받는다고 가르친다.

막 16:16 "믿고 세례를 받는 사람은 구원을 얻을 것이요 믿지 않는 사람은 정죄를 받으리라"

이처럼 세례를 받아야 내 안에 그리스도께서 사시는 것이며 그리스도로 옷을 입게 된다. 갈라디아서는 우리가 그리스도와 함께 십자가에 못 박힌 후에 육체 가운데 사는 것은 하나님의 아들을 믿는 믿음 안에서 사는 것이라고 말씀한다.

갈 2:20 "내가 그리스도와 함께 십자가에 못 박혔나니 그런즉 이제는 내가 산 것이 아니요 오직 내 안에 그리스도께서 사신 것이라 이제 내가 육체 가운데 사는 것은 나를 사랑하사 나를 위하여 자기 몸을 버리신 하나님의 아들을 믿는 믿음 안에서 사는 것이라"

많은 사람들이 믿음으로 산다고 주장하지만 성경은 하나님의 아들을 믿는 믿음 안에서 사는 것을 말씀한다. 아들을 믿기 위해서는 내가 먼저 그리스도의 비밀로 그리스도 안에 들어가고 그 분이 내 안에 들어 오셔야 믿음인 것이다.

요 14:20 "그 날에는 내가 아버지 안에 너희가 내 안에 내가 너희 안에 있는 것을 너희가 알리라"

성경은 수없이 '그리스도 안'에 대해서 말씀하고 있지만 교회들은 그리스도를 빼고 예수를 영접하는 것이 믿음이라고 가르친다. 앞에서도 언급하였지만 믿음은 내가 믿는 것이 아니라 하나님께서 선물로 주시는 것을 받는 것이다.

엡 2:8 "너희가 그 은혜를 인하여 믿음으로 말미암아 구원을 얻었나니 이것이 너희에게서 난 것이 아니요 하나님의 선물이라"

선물은 마음대로 내가 가져가는 것이 아니라 누군가가 줄 때 받는 것이다. 즉 하나님께서 믿음을 선물로 주셔야 내가 받을 수 있다. 그러나 교회들은 믿음을 잘못 해석하여 '내가 믿는 것'이며 한 번 믿으면 그 믿음이 변하지 않는다고 가르쳤다. 성경에서는 믿음이 예수 그리스도께서 내 안에 계시는 것이라고 말씀한다.

고후 13:5 "너희가 믿음에 있는가 너희 자신을 시험하고 너희 자신을 확증하라 예수 그리스도께서 너희 안에 계신 줄을 너희가 스스로 알지 못하느냐 그렇지 않으면 너희가 버리운 자니라"

한 번 믿은 믿음이 변치 않고 구원까지 받을 수 있다면 고린도후서 13장 5절 말씀에는 왜 "너희가 믿음에 있는가 너희 자신을 시험하고 확증하라"고 하셨는가? 이 말씀은 우리가 죄를 짓는 순간 믿음은 떠나고 그리스도 밖으로 다시 나가기 때문이다. 마태복음 16장에 보면 예수님께서 칭찬하셨던 베드로의 고백이 나온다.

마 16:15-17 "15가라사대 너희는 나를 누구라 하느냐 16시몬 베드로가 대답하여 가로되 주는 그리스도시요 살아계신 하나님의 아들이시니이다 17예수께서 대답하여 가라사대 바요나 시몬아 네가 복이 있도다 이를 네게 알게 한 이는 혈육이 아니요 하늘에 계신 내 아버지시니라"

하지만 몇 구절 뒤에 보면 하나님의 일을 생각지 않고 사람의 일을 생각하던 베드로가 예수님으로부터 "사단아! 내 뒤로 물러가라!"는 강한 책망을 받는다. 결국 사람의 일을 생각하던 베드로와 다른 제자들까지 예수님께서 잡히실 때에 자기들도 잡혀갈까봐 두려워서 예수님을 부인하며 버렸다. 신앙생활을 열심히 하다가도 자녀나 부부, 경제적 어려움 등 여러 가지 문제를 만나면 어느새 감사가 사라지고 근심하고 염려하며 또 다시 그리스도 밖으로 나가게 된다. 그래서 우리는 주야로 말씀을 묵상하며 쉬지 말고 회개기도를 해야 한다. 그러나 사람이 만들어낸 잘못된 교리와 가르침은 신앙생활에서 회개를 없애버림으로써 사단의 종노릇하는 교인들만 양산해 내었다.

마 16:22-23 "22베드로가 예수를 붙들고 간하여 가로되 주여 그리 마옵소서 이 일이 결코 주에게 미치지 아니하리이다 23예수께서 돌이키시며 베드로에게 이르시되 사단아 내 뒤로 물러 가라 너는 나를 넘어지게 하는 자로다 네가 하나님의 일을 생각지 아니하고 도리어 사람의 일을 생각하는도다 하시고"

믿음이 떠난다는 것은 사람의 이론이 아니다. 성령이 밝히 말씀하시기를 믿음에서 떠나면 미혹케 하는 영과 귀신의 가르침을 좇을 것이라고 하셨다.

딤전 4:1-2 "1그러나 성령이 밝히 말씀하시기를 후일에 어떤 사람들이 믿음에서 떠나 미혹케 하는 영과 귀신의 가르침을 좇으리라 하셨으니 2자기 양심이 화인 맞아서 외식함으로 거짓말하는 자들이라"

교단에 속한 사람들은 자신들도 하나님의 말씀을 인정하고 믿으며 말씀 그대로 가르친다고 하지만 실상 교단의 교리로 가르치는 것은 말씀과 다른 점이 대단히 많다. 교리만 따르다가 죽음의 문턱 앞에서 후회한들 무슨 소용이 있겠는가? 그리스도의 심판대 앞에 섰을 때는 회개할 기회조차 없다. 그러니 언제든지 실족하지 않고 영원한 천국에 넉넉히 들어가는 삶을 살아야 하지 않겠는가?

벧후 1:10-11 "10그러므로 형제들아 더욱 힘써 너희 부르심과 택하심을 굳게 하라 너희가 이것을 행한즉 언제든지 실족지 아니하리라 11이같이 하면 우리 주 곧 구주 예수 그리스도의 영원한 나라에 들어감을 넉넉히 너희에게 주시리라"

하나님께서는 모든 사람을 그리스도의 은혜로 부르셨다. 어느 교단의 교리처럼 미리 택한 자들만 부르신 것이 아니고 모든 영혼을 부르신 것이다. 데살로니가후서에 보면 복음으로 우리를 부르셨는데 우리 주 예수 그리스도의 영광을 얻게 하려 하심이라고 말씀한다. 즉 복음은 그리스도의 은혜를 말씀한다.

갈 1:6 "그리스도의 은혜로 너희를 부르신 이를 이같이 속히 떠나 다른 복음 좇는 것을 내가 이상히 여기노라"
살후 2:14 "이를 위하여 우리 복음으로 너희를 부르사 우리 주 예수 그리스도의 영광을 얻게 하려 하심이니라"

우리를 복음으로 부르신 이유는 그리스도 안으로 들어오라고 부르신 것이다. 우리는 우리의 노력으로 온전하게 될 수 없다. 오직 하나님의 은혜로 그리스도 안에서만 우리를 온전케 하시며 굳게, 강하게, 터를 견고케 해 주시기 때문에 모든 것이 전적인 은혜인 것이다.

벧전 5:10 "모든 은혜의 하나님 곧 그리스도 안에서 너희를 부르사 자기의 영원한 영광에 들어가게 하신 이가 잠간 고난을 받은 너희를 친히 온전케 하시며 굳게 하시며 강하게 하시며 터를 견고케 하시리라"

하나님께서는 차별 없이 모든 영혼을 부르셨다. 그 부르심에 응답하고 주께 나아가기 위해서는 부르심을 입어야 한다. 그리스도 예수 안에서 거룩하여지고 부르심을 입은 자들이 성도이다. 즉 그리스도 안에 있는 것이 바로 부르심을 입는 것이다.

고전 1:2 "고린도에 있는 하나님의 교회 곧 그리스도 예수 안에서 거룩하여지고 성도라 부르심을 입은 자들과 또 각처에서 우리의 주 곧 저희와 우리의 주 되신 예수 그리스도의 이름을 부르는 모든 자들에게"

부르심을 입은 자들은 하나님을 사랑하는 자들이다. 앞에서도 언급 하였듯이(눅 7:47) 하나님을 많이 사랑하는 자들은 죄 사함을 많이 받은 자들이다. 부르심을 입어야 실패했던 과거와 상관없이 모든 일이 합력하여 더 잘되게 해 주신다.(롬 8:28) 성경은 계속해서 '그리스도 안'에 대해 말씀한다. '그리스도 안'이라 함은 그리스도 밖에 있던 자들이 그리스도의 피로 죄 사함을 받고 그리스도 안에 들어가는 것이다. 즉 복음인 그리스도의 은혜로 부르심을 받고 그리스도의 비밀로 그 안에 들어가는 것이 부르심을 입는 것이다. 그리스도 밖에 있으면 하나님께서 성경을 통해서 약속하신 모든 것과 아무런 상관이 없기 때문에 아무리 애써서 기도를 해도 응답이 없다.

하나님께서 아담과 하와를 자기의 형상대로 지으시고 코에 생기를 불어 넣으셨을 때 그들은 생령이 되었다.(창 2:7) 하지만 뱀의 꼬임에 빠져서 죄를 지은 후에도 인간들은 계속해서 하나님께 죄를 범함으로 육체가 되었다.(창 6:3) 육체가 된 인간들은 하나님의 형상을 잃어버리고 짐승과 다를 바 없이 혼과 육으로만 사는 자들이라고 성경은 말씀한다.(전 3:18-19) 에베소서에 보면 사람들을 허물과 죄로 죽은 자라고 말씀하는데 오직 그리스도와 함께 살리신다고 하셨다. 여기서 허물은 조상들이 물려준 죄를 말씀한다.(느 9:1-2) 영적으로 죽은 인간이 죄를 회개하지 않고 자기식대로 예수를 믿고 하나님의 아들이 되었다고 주장하는 이론이 성경과 얼마나 다른지 분명히 보고 깨달아야 한다.

예수를 믿는다고 하고 교회를 오래 다닌 사람들조차 세상 풍속을 따르며 육체와 마음의 원하는 대로 살고 있는 것은 허물과 죄로 죽어 있기 때문이다.(엡 2:1-3) 허물과 죄로 죽어 있는 상태가 얼마나 심각하고 참담한지는 각 교회들의 모습을 통해서 모두들 보고 듣고 있다. 오히려 세상 사람들보다 더 저질인 교회와 교인들이 너무나 많으니 심히 통탄할 일이다. 마음으로 간음하고 음란한 정욕으로 괴로워하며 돈과 명예 때문에 사람을 시기하고 미워하여 살인죄를 저지르면서도 겉으로는 아닌 척하는 현대판 바리새인 목회자들과 교인들이 얼마나 많은가?

엡 2:5 "허물로 죽은 우리를 그리스도와 함께 살리셨고(너희가 은혜로 구원을 얻은 것이라)"

그리스도와 함께 살리심을 받아야 은혜로 구원을 얻는다. 베드로후서 1장 말씀은 부르심과 택하심을 굳게 하지 않으면 실족할 것이라는 경고이다. 그러나 부르심과 택하심을 모르니 어떻게 해야 부르심과 택하심을 굳게 하는지도 알지 못한다. 교회에서나 교단에서 이미 택하심을 받았다고 배웠기 때문에 교인들은 죄를 짓는데 조금도 주저함이 없다. 또한 '교회도 다니고 나름대로 열심히 신앙생활을 했으니 하나님께서 봐 주시겠지' 하는 믿음 아닌 믿음을 가르쳐 교인들을 혼동시킨다.

경건한 자와 경건치 못한 자

부활주일이 되면 보통 목회자들이 "부활의 신앙을 가지라"고 말한다. 그러나 성탄절과 마찬가지로 부활절 역시 그냥 연례행사처럼 치르게 된지가 꽤 오래되었다. 잘 알다시피 십자가가 없는 부활은 없다. 부활의 신앙이란 먼저 내가 그리스도와 함께 십자가에 못 박히고 주의 능력으로 다시 사는 것을 말한다. 그러면 우리는 어떻게 십자가에 죽을 수가 있는가? 골로새서 2장에는 십자가에서 죽는 것을 세례라고 말씀한다.

골 2:12 "너희가 세례로 그리스도와 함께 장사한바 되고 또 죽은 자들 가운데서 그를 일으키신 하나님의 역사를 믿음으로 말미암아 그 안에서 함께 일으키심을 받았느니라"

세례 받지 못한 사람에게는 부활은 없고 사망과 저주뿐이다. 믿는다고 하면서 서로 싸우고 미워하며 남을 쉽게 판단하고 정죄하다가 남에게 상처를 주고 용서하지 못하는 것은 진정한 세례를 받지 못했기 때문이다. 삶속에서 생명과 부활의 모습을 찾아보기 힘든 교회 지도자들은 일생에 한번 하는 세례 의식을 강조한다. 그리고 예수 그리스도의 부활을 부활절 행사로 만들어 지킴으로 인하여 교인들 모두 부활의 생명력을 잃게 하였다. 세례는 자기를 부인하고 그리스도와 함께 십자가에 못 박히는 것이요 세례를 받기 전에 먼저 회개하여 죄 사함을 받아야 한다.

행 2:38 "베드로가 가로되 너희가 회개하여 각각 예수 그리스도의 이름으로 세례를 받고 죄 사함을 얻으라 그리하면 성령을 선물로 받으리니"

세례는 그리스도와 함께 죽고 그리스도와 함께 다시 살리심을 받는 것이다. 우리를 다시 그리스도와 함께 살리심은 새 생명 가운데서 행하게 하려 하심이다. 새 생명 가운데서 산다는 것은 주님께 칭찬받는 삶이지 주님께 토하여 내쳐지는 삶이 아니다. 성경대로 세례를 받은 자는 자기생각대로 살지 않고 남을 미워하지 않으며 남을 나보다 낫게 여기면서 섬기는 삶을 산다.

롬 6:4 "그러므로 우리가 그의 죽으심과 합하여 세례를 받음으로 그와 함께 장사되었나니 이는 아버지의 영광으로 말미암아 그리스도를 죽은 자 가운데서 살리심과 같이 우리로 또한 새 생명 가운데서 행하게 하려 함이니라"

죽은 자는 말이 없고 변명도 하지 않듯이 진정으로 세례를 받은 자들은 어떠한 변명도 남을 정죄도 하지 않는다. 죽은 자는 자존심도 없으며 원망이나 걱정도 분을 품는 일도 없다. 그러나 내가 진정한 세례 받지 못하면 세상의 정욕으로 가득한 나의 말과 행동으로 인하여 다른 사람들을 괴롭게 하며 상처를 준다. 믿는 자들이 말씀대로 남을 섬기며 유익을 주면 누가 교회를 욕하며 비방하겠는가? 복음은 오직 그리스도 예수의 주되신 것과 우리가 예수를 위하여 다른 사람의 종 된 것을 전파하는 것이다.

고후 4:5 "우리가 우리를 전파하는 것이 아니라 오직 그리스도 예수의 주 되신 것과 또 예수를 위하여 우리가 너희의 종 된 것을 전파함이라"

말로는 종이라고 하면서 실생활에서 교만한 모습을 보인다면 그것이 바로 위선이며 구원의 열매를 맺지 못하는 사람이다. 어떤 사람들은 우리가 종처럼 살면 손해를 보는 거 아니냐고 염려할 수도 있다. 그러나 우리가 종처럼 낮아지면 주님께서 높여 주신다.

약 4:10 "주 앞에서 낮추라 그리하면 주께서 너희를 높이시리라"

세례는 나의 이론이나 생각에서 벗어나 하나님 말씀에 순종하는 것이다. 요한복음 2장에는 갈릴리 가나에서 있었던 혼인 잔치에 관한 말씀이 나온다. 예수의 어머니도 거기 계시고 예수와 그 제자들도 혼인 잔치에 청함을 받았다. 잔치 도중에 포도주가 모자라서 예수의 어머니가 예수님께 포도주가 모자란다고 보고를 드렸다. 예수님은 항아리에 물을 채우라고 명하신 후 연회장에게 갖다 주라고 말씀하신다.

요 2:6-8 "6거기 유대인의 결례를 따라 두 세 통 드는 돌항아리 여섯이 놓였는지라 7예수께서 저희에게 이르시되 항아리에 물을 채우라 하신즉 아구까지 채우니 8이제는 떠서 연회장에게 갖다 주라 하시매 갖다 주었더니"

맹물을 어떻게 떠서 갖다 주냐고 하인들이 반문할 수도 있었지만 그들은 말씀대로 순종을 하여서 물이 포도주가 되는 기적을 맛보았다. 우리도 예수님께서 무슨 말씀을 하시든지 그대로 순종하면(요 2:5) 기적을 체험할 수 있다. 하지만 자기가 살아왔던 경험이나 생각에 묶여 있다면 말씀을 전적으로 따르지 못한다. 하나님 말씀을 따라 살지 않고 자기생각이나 신학적 이론을 따르는 것은 그리스도에게 온전히 복종하지 않는 삶이며 결국은 벌을 받게 된다고 성경은 말씀한다.

고후 10:5-6 "5모든 이론을 파하며 하나님 아는 것을 대적하여 높아

진 것을 다 파하고 모든 생각을 사로잡아 그리스도에게 복종케 하니 6너희의 복종이 온전히 될 때에 모든 복종치 않는 것을 벌하려고 예비하는 중에 있노라"

살아 있는 사람이라면 생각하는 능력도 있고 자기소신도 있기 마련이니 모든 생각을 그리스도에게 복종하기는 쉽지 않다. 다시 말하지만 이 모든 것이 우리의 노력이나 행위로 되는 것이 아니라 그리스도의 비밀로 세례를 받아야만 가능하다.

선지자 엘리사 시절에 아람 왕의 군대장관 나아만이라는 큰 용사가 있었는데 문둥병자라고 성경은 기록하고 있다.(왕하 5:1) 나아만은 이스라엘 땅에서 사로잡은 작은 계집아이로부터 선지자 엘리사에게 가면 문둥병을 고칠 수 있다는 소망의 말을 듣는다. 나아만이 왕의 허락을 받고 선지자에게 가려고 할 때 아람 왕이 먼저 이스라엘 왕에게 글을 보내어 나아만의 문둥병을 고쳐 달라고 부탁한다. 그러나 이스라엘 왕은 자기 옷까지 찢으면서 황당해 하며 아람 왕이 자기에게 시비를 거는 줄로 생각했다.(왕하 5:7) 이스라엘 왕이 자기생각으로 아람왕의 편지를 오해해서 하마터면 나라를 큰 위험에 빠트릴 뻔했지만 다행히 하나님을 경외하는 엘리사가 있었기에 결국은 다 좋게 마무리가 되었다. 이렇듯 자기 생각은 커다란 문제를 일으킨다. 가정은 물론 직장이나 교회 안에서도 자기 생각과 판단으로 인해 생긴 작은 오해가 점점 커져서 다툼을 일으키며 심할 경우 가정이 깨지고 교회 내에서도 큰 분란이 일으키게 된다.

하나님의 사람 엘리사가 이스라엘 왕에게 사람을 보내어 나아만을 자기에게 오라고 했다. 나아만이 병을 고칠 수 있다는 기대감에 부풀어 말들과 병거들을 거느리고 엘리사의 집 문에 이르렀다. 그런데 엘리사는 나아만을 만나지도 않고 사자를 보내서 요단강에 몸을 일곱 번 씻으라고만

하니까 나아만이 크게 화를 내며 그냥 집으로 돌아가려고 하였다.(왕하 5:11-14)

나아만의 생각에는 엘리사가 직접 나와서 여호와의 이름을 부르고 손을 흔들어 문둥병을 고치는 줄 알았는데 그냥 요단강에 몸을 씻으라고 하니 분한 마음이 들어 돌아가려던 것이었다. 다행히 종들의 권함을 받고 말씀대로 순종을 하였더니 문둥병을 깨끗이 고침 받았다. 자기생각은 망하지만 하나님 말씀에 대한 순종은 기적이 일어난다.

자기의 이론과 생각으로 인하여 비극적 종말을 당한 인물이 열왕기하에 나오는데 이스라엘 왕 여호람 때에(왕하 3:1-3) 장관을 지낸 사람이다. 이스라엘이 심히 여호와께 악행을 범하자 하나님께서 아람왕을 통해서 이스라엘을 징벌하셨다. 아람왕 벤하닷이(왕하 6:24) 이스라엘의 사마리아성을 포위하자 사마리아성에는 기근이 심해서 심지어 자기의 아이까지 잡아먹는 지경이었다.(왕하 6:28-29) 이스라엘왕은 재앙의 원인을 깨닫지 못하고 도리어 선지자 엘리사를 죽이려고 했지만(왕하 6:32-33) 엘리사는 여호와께서 사마리아성에 기근을 해결해 주실 약속의 말씀을 전하였다. 그때에 이스라엘왕이 의지하는 장관이 "고운 가루 한 스아에 한 세겔을 하고 보리 두 스아에 한 세겔을 하리라"라는 엘리사의 말에 의심을 품는다. 양식이 다 떨어져서 자기 아이들까지 잡아먹는 최악의 기근 속에서 고운 가루와 보리를 말하는 엘리사의 말은 불가능하다고 생각하였다. 이 장관의 의심은 당시의 상황으로 보아서 아주 타당하며 합리적인 말임에 분명하다.(왕하 7:1-2) 하지만 사람의 생각과 상황 판단이 하나님의 말씀을 넘어서서 부인하는 것이 얼마나 무모하며 어리석은 것인지를 알아야 한다.

엘리사가 "네가 네 눈으로 보리라 그러나 그것을 먹지는 못하리라 하니라"고 예언했던 이 말씀 그대로 이 장관은 기적을 목격하였지만 성문에서 백성들에게 밟혀 죽었다.(왕하 7:19-20) 이렇듯 자기의 생각과 이론을 가지고 하나님 말씀을 멸시하는 자에게는 패망이 있을 뿐이다. 합리적인 판단이나 사고력까지 그 어느 것도 전능하신 말씀 위에 서서는 안 된다.

잠 13:13 "말씀을 멸시하는 자는 패망을 이루고 계명을 두려워하는 자는 상을 얻느니라"

잘못된 신앙과 교리를 바로잡지 못하면 결국 주님께 토하여 내침을 당할 것이다. 문제는 어제 그리스도와 함께 세례를 받았다고 해도 오늘까지 계속 세례 받은 상태가 유지되지 못한다는 것이다. 어느새 감사가 사라지고 또 다시 원망과 불평에 빠져있는 자신을 발견하게 된다. 이것을 깨달은 바울 사도가 "나는 날마다 죽노라"(고전 15:31)고 매일 새롭게 세례를 받아야함을 고백하였다. 날마다 죽는 삶이란 날마다 세례로 죄 사함을 받아야 매일 부활의 생명으로 살아갈 수 있으며 이 길을 가지 않는다면 사망과 저주의 길을 갈 수밖에 없다는 뜻이다.

날마다 그리스도의 은혜로 세례를 받고 주 그리스도를 섬기는 자들은 무슨 일을 하든지 주께 하듯 하며 말씀대로 범사에 남에게 유익을 주게 된다.(골 3:23-25) 이렇게 살면 나는 주님께로부터 약속된 아브라함의 유업을 받게 되니 절대 손해가 없다. 이 또한 나의 노력으로 도를 닦듯이 해서 되는 것이 아니라 내 죄를 먼저 용서 받아야 가능하기 때문에 은혜로 되는 것이며 바로 그리스도의 비밀로만 된다.

앞서 보았던 누가복음 15장에 나오는 탕자는 자기 멋대로 살기 위해 아버지를 떠난다. 아버지는 탕자가 된 아들을 죽은 아들이라고 말씀한다.

눅 15:24 "이 내 아들은 죽었다가 다시 살아났으며 내가 잃었다가 다시 얻었노라 하니 저희가 즐거워 하더라"

탕자일 때는 죽은 아들이며 회개하고 다시 돌아온 아들에게 아버지는 '죽었다가 다시 살아났다'라고 말씀하시며 제일 좋은 옷을 주셨다. 제일 좋은 옷은 그리스도의 옷이다. 그리스도의 옷이 없으면 천국 잔치에 참여할 수 없다.

눅 15:22 "아버지는 종들에게 이르되 제일 좋은 옷을 내어다가 입히고 손에 가락지를 끼우고 발에 신을 신기라"

계시록에 나오는 일곱 교회 중의 하나인 사데 교회는 '살았다 하는 이름은 가졌으나 죽은 자'라고 말씀하시는데 이는 하나님 앞에 온전한 행위가 없었기 때문이다. 말씀으로 돌아가 회개하지 않고 있으면 주님께서 도적같이 이를 것이라고 경고하시는데도 교회들이 말씀에 있는 그대로 가르치지 않기 때문에 지금처럼 많은 교회들이 황폐한 지경에 이르게 된 것이다.

계 3:1-3 "1사데 교회의 사자에게 편지하기를 하나님의 일곱 영과 일곱 별을 가진이가 가라사대 내가 네 행위를 아노니 네가 살았다 하는 이름은 가졌으나 죽은 자로다 2너는 일깨워 그 남은바 죽게 된 것을 굳게 하라 내 하나님 앞에 네 행위의 온전한 것을 찾지 못하였노니 3그러므로 네가 어떻게 받았으며 어떻게 들었는지 생각하고 지키어 회개하라 만일 일깨지 아니하면 내가 도적 같이 이르리니 어느 시에 네게 임할는지 네가 알지 못하리라"

행함이 없는 믿음은 그 자체가 죽은 것이다. (약 2:17) 그런데도 교회들은 믿음은 중시하고 행함은 부인해 왔다. 그래서 오늘날의 사데 교회가 된 것이다. 참으로 다행인 것은 사데 교회 가운데서도 옷을 더럽히지 않은 자들이 있었는데 그 이름을 생명책에서 반드시 흐리지 아니하신다고 말씀한다. 흰 옷을 입지 않은 자는 생명책에서 사라질 것을 경고하는 말씀이다.

계 3:4-5 "4그러나 사데에 그 옷을 더럽히지 아니한 자 몇명이 네게 있어 흰 옷을 입고 나와 함께 다니리니 그들은 합당한 자인 연고라 5 이기는 자는 이와 같이 흰 옷을 입을 것이요 내가 그 이름을 생명책에서 반드시 흐리지 아니하고 그 이름을 내 아버지 앞과 그 천사들 앞에서 시인하리라"

흰 옷을 입은 자들은 어린 양의 피에 그 옷을 씻어서 희게 한 자들이다. 어린 양의 피로써 정결케 된 옷을 입은 자들만이 생명록에서 그 이름이 흐려지지 않는다.

계 7:14 "내가 가로되 내 주여 당신이 알리이다 하니 그가 나더러 이르되 이는 큰 환난에서 나오는 자들인데 어린양의 피에 그 옷을 씻어 희게 하였느니라"

베드로후서는 말씀하기를 주 예수 그리스도를 알고 세상의 더러움을 피한 후에 다시 세상에 얽매이고 지면 나중 형편이 처음보다 더 심하게 되니 차라리 알지 못하는 것이 낫다고 말씀한다. 그러므로 한 번 믿으면 그 믿음이 영원히 갈 것처럼 말하는 자들은 성경을 부인하는 자들이다.

벧후 2:20-22 "20만일 저희가 우리 주 되신 구주 예수 그리스도를 앎으로 세상의 더러움을 피한 후에 다시 그 중에 얽매이고 지면 그

나중 형편이 처음보다 더 심하리니 21의의 도를 안 후에 받은 거룩한 명령을 저버리는 것보다 알지 못하는 것이 도리어 저희에게 나으니라 22참 속담에 이르기를 개가 그 토하였던 것에 돌아가고 돼지가 씻었다가 더러운 구덩이에 도로 누웠다 하는 말이 저희에게 응하였도다"

세상에 다시 얽매이고 지게 되는 것은 디모데전서 말씀처럼 일만 악의 뿌리가 되는 돈을 사랑하기 때문이다. 돈을 사랑하면 믿음에서 떠날 뿐 아니라 많은 근심으로 자기를 찔러서 결국은 병에 걸려 고생하게 된다. 이렇듯 성경은 온전한 행위가 없는 믿음은 죽은 자로 여기며 돈을 사랑하면 믿음에서 떠난다고 말씀을 하는데도 교회들은 믿음이 안 떠난다고 가르치고 있으니 참으로 안타까운 일이다.

딤전 6:10 "돈을 사랑함이 일만 악의 뿌리가 되나니 이것을 사모하는 자들이 미혹을 받아 믿음에서 떠나 많은 근심으로써 자기를 찔렀도다"

진리이신 말씀이 맞겠는가 아니면 인간이 만든 신학 논리가 맞겠는가? 택하심도 창세전에 이미 택함을 받은 것이 아니라 그리스도 안에 있는 자를(엡 1:4) 하나님께서 택하시는데 시편에서는 택함을 받는 자격이 경건이라고 말씀한다.

시 4:3 "여호와께서 자기를 위하여 경건한 자를 택하신줄 너희가 알지어다 내가 부를 때에 여호와께서 들으시리로다"

우리는 반드시 경건한 삶을 살아야 하는데 성경이 말씀하고 있는 경건은 좋은 옷을 입고 겉으로 경건해 보이는 모습으로 예배를 드리는 그런 것이 아니다.

약 1:27 "하나님 아버지 앞에서 정결하고 더러움이 없는 경건은 곧 고아와 과부를 그 환난 중에 돌아보고 또 자기를 지켜 세속에 물들지 아니하는 이것이니라"

하나님 앞에서 정결하고 더러움이 없는 경건은 고아와 과부를 돌아보고 세속에 물들지 않는 것이라고 말씀하며 세상과 벗된 것을 간음이요 하나님과 원수 되는 것이라고 야고보서는 말씀한다. (약 4:4)

어떤 사람들은 세상에 물들지 않고 사는 방법은 교회 봉사를 열심히 하고 성경을 많이 읽는 것이라고 가르친다. 또는 세상과 접하는 시간을 줄이고 교회생활에 더 많은 시간을 투자하라고도 말하는데 이것은 교회와 세상을 점점 더 분리시키는 나쁜 방법이다. 세상에 있는 모든 것은 정욕으로부터 나온 것이다. 내 정욕은 십자가에 못 박지 않고 교회생활만 열심히 하는 것도 자기의 욕심일 뿐이다. 흔한 예로 교회의 직분을 무슨 권력을 얻거나 출세하는 것으로 여기는 것도 정욕에서 나오는 것이다. 세상에 있는 것들을 사랑치 말라는 것은(요일 2:15-17) 세상과 담을 쌓거나 세상 사람들과 단절하고 살라는 뜻이 아니다. 세상에 있는 모든 것이 정욕에서 오는 것이니 정욕을 이기는 법을 알면 세상을 쉽게 이길 수 있다는 뜻이다. 우리의 노력으로는 절대 세상을 이길 수 없다. 참된 성도는 세상에 나가 열심히 살면서도 거기에 물들지 않는 사람이지(고전 5:9-11) 세상을 등지고 세상 사람들을 정죄하며 살지 않는다. 오히려 더 많은 영혼들을 구원하기 위해 더욱 세상으로 나아가기를 힘쓴다. 그래서 모든 일이 더 잘되고 성공해서 남을 잘 도우며 사람답게 사는 사람이 진정한 성도이다.

또한 참된 성도는 먹든지 마시든지 무엇을 하든지 다 하나님의 영광을 위하여 한다.(고전 10:24,31) 세상에 물들지 않고 모든 사람들에게 자유하나 스스로 모든 사람에게 종이 되는 것이 경건한 성도의 삶이다. 예를 들어 공부를 많이 하는 사람은 내 가족만 잘 먹고 잘 살기 위해서가 아니라 나의 성공과 출세를 통해서 내 주위에 있는 많은 지식인들을 주님께 인도하기 위함인 것이다. 장사하는 사람이라면 마찬가지로 장사하는 사람들을 얻기 위함이다.(고전 9:19-23) 무슨 일이든 남에게 유익을 주며 하나님의 영광을 위하여 하고 있다면 하나님께서 그 길을 어찌 축복하지 않으시겠는가? 이러한 사람은 하나님께서 인정하시는 가장 복된 삶을 사는 것이다.

그러나 세상에 지는 것은 믿음이 없다는 증거이며 삶 가운데 두려움이 있다면 그것은 하나님의 사랑과 관계가 없는 것이다.

요일 5:4 "대저 하나님께로서 난 자마다 세상을 이기느니라 세상을 이긴 이김은 이것이니 우리의 믿음이니라"

노아의 홍수 때 노아의 가족 8명만 방주에 올라 구원받은 것은 잘 알 것이다. 그렇다면 그 당시에는 노아의 가족 외에 하나님을 믿는 자가 단 한 명도 없었다는 말인가? 베드로후서는 그 당시 사람들이 왜 홍수로 멸망당했는지를 잘 말씀해 주고 있다.

벧후 2:5-6 "5옛 세상을 용서치 아니하시고 오직 의를 전파하는 노아와 그 일곱 식구를 보존하시고 경건치 아니한 자들의 세상에 홍수를 내리셨으며 6소돔과 고모라 성을 멸망하기로 정하여 재가 되게 하사 후세에 경건치 아니할 자들에게 본을 삼으셨으며"

노아와 일곱 식구 외에 홍수로 다 멸망당한 것은 바로 '경건하지 않아서'라고 성경은 기록하고 있으며 소돔과 고모라성이 재가 되게 하신 것도 후세에 경건치 아니할 자들에게 본을 삼으신 것이라고 말씀한다. 청함을 받은 자와 택함을 받은 자, 의인과 악인, 양과 염소, 경건한 자와 경건치 못한 자처럼 우리는 둘 중 하나에 속하는 것이지 그 중간은 없다. 경건치 못한 자들은 심판을 면하지 못한다. 유다서는 경건치 못한 자들은 원망하며 불만을 토하며 정욕대로 사는 자들이라고 말씀한다.

> 유 1:15-16 "15이는 뭇사람을 심판하사 모든 경건치 않은 자의 경건치 않게 행한 모든 경건치 않은 일과 또 경건치 않은 죄인의 주께 거스려 한 모든 강퍅한 말을 인하여 저희를 정죄하려 하심이라 하였느니라 16이 사람들은 원망하는 자며 불만을 토하는 자며 그 정욕대로 행하는 자라 그 입으로 자랑하는 말을 내며 이를 위하여 아첨하느니라"

어제 원망 불평했던 것을 회개하고 오늘은 경건하게 살아야지 하면서도 또다시 원망 불평이 나오는 것을 우리는 모두 경험으로 알고 있다. 우리의 경건함이 쉽게 무너지는 이유는 조상들이 물려준 허물로 내려온 죄가 우리의 약점이 되기 때문이다. 그래서 허물을 자복하고 주님께 죄악을 숨기지 않고 다 내어 놓을 때 경건한 자가 되어서 주님을 만나게 되어서 재앙을 면하게 된다.

> 시 32:5-6 "5내가 이르기를 내 허물을 여호와께 자복하리라 하고 주께 내 죄를 아뢰고 내 죄악을 숨기지 아니 하였더니 곧 주께서 내 죄의 악을 사하셨나이다(셀라) 6이로 인하여 무릇 경건한 자는 주를 만날 기회를 타서 주께 기도할찌라 진실로 홍수가 범람할찌라도 저에게 미치지 못하리이다"

슬기로운 처녀와 미련한 처녀

마태복음 25장에는 슬기로운 처녀와 미련한 처녀가 나온다. 남자든 여자든, 결혼을 했건 안 했건 우리 모두는 정결한 처녀로 한 남편인 그리스도께 드려져야 한다.

고후 11:2 "내가 하나님의 열심으로 너희를 위하여 열심 내노니 내가 너희를 정결한 처녀로 한 남편인 그리스도께 드리려고 중매함이로다"

슬기로운 처녀와 미련한 처녀는 천국에 관한 말씀이다. 여기서 지혜로운 처녀라 하지 않고 슬기로운 처녀라고 한 뜻이 있다. 슬기로운 처녀라는 뜻을 설명하기 위해 어떤 사람은 원어로 해석을 하거나 또는 사전적 의미로 설명하는 사람도 있고 아니면 예화를 들어 풀기도 한다. 그러나 성경은 하나님의 감동으로 된 것이기 때문에(딤후 3:16) 말씀 그 자체로 풀어야 가장 정확하다. 그래서 우리에게는 구약과 신약 성경 66권이 모두 필요한 것이다.

마 25:1-2 "1그 때에 천국은 마치 등을 들고 신랑을 맞으러 나간 열 처녀와 같다 하리니 2그 중에 다섯은 미련하고 다섯은 슬기 있는지라"

잠언은 슬기로운 자는 재앙을 보면 숨어 피한다고 말씀한다. 즉 슬기로운 처녀는 재앙을 피해 가는 자들을 뜻한다. 사람이 집안에 있다고 해도 갑자기 재앙으로 집이 무너진다면 죽음을 피할 수 없다. 노아의 홍수 때처럼 이 땅에서 재앙을 피해 숨을 곳도 없다. 그러나 슬기로운 자들이 재앙을 피하여 숨을 곳은 골방이요(마 6:6) 피할 곳은 바위요 반석이신 주님뿐이다. 즉 슬기로운 자들은 재앙을 피하여 반석이신 주님을 의지하면 산다.

잠 22:3 "슬기로운 자는 재앙을 보면 숨어 피하여도 어리석은 자들은 나아가다가 해를 받느니라"
잠 27:12 "슬기로운 자는 재앙을 보면 숨어 피하여도 어리석은 자들은 나아가다가 해를 받느니라"

마태복음 7장에 반석위에 지은 집과 모래 위에 지은 집에 똑같이 비도 내리고 창수가 나고 바람이 불었지만 결과는 완전히 달랐다. 반석위에 집을 지어야 비바람이 몰아쳐도 무너지지 않는다. 그러나 반석을 알지 못하면 반석위에 집을 지을 수가 없다. 슬기로운 처녀들은 인생에서 비바람이 몰아칠 때 반석이신 그리스도께 피하는 자들이다. 고린도전서에서 반석은 그리스도라고 말씀한다. 슬기로운 처녀들은 반석이신 그리스도 위에 집을 지었기 때문에 비바람이 쳐도 무너지지 않고 재앙을 피할 수 있다.

고전 10:4 "다 같은 신령한 음료를 마셨으니 이는 저희를 따르는 신령한 반석으로부터 마셨으매 그 반석은 곧 그리스도시라"

한편 미련한 자들은 교만한 자들이며(잠 14:3) 악에서 떠나기를 싫어하며(잠 13:19) 개가 토한 것을 먹는 것과 같이 미련한 행위를 반복한다.(잠 26:11) 미련한 자의 특징 중 하나는 다툼을 일으키는 것이다.(잠 20:3) 즉 미련한 처녀들은 자기들의 마음을 의지하며 사는 자들을 말씀한다.

잠 28:26 "자기의 마음을 믿는 자는 미련한 자요 지혜롭게 행하는 자는 구원을 얻을 자니라"

미련한 처녀들은 자기의 마음을 믿으며 말씀이나 그리스도의 은혜는 멸시한다. 세상의 지식은 잘 따라서 살지만 하나님의 지식에는 무지한 자이며 하나님께서 주시는 교훈이나 책망을 무시하다가 결국은 재앙을 만나서 두려움에 떠는 자들이다.(잠 1:22-27) 교회 다니는 대부분의 사람들은 본인이 예수도 영접했고 교회도 잘 다니며 열심히 기도하는 사람이기 때문에 당연히 믿음이 있다고 생각한다. 물론 십일조도 드리며 교회봉사까지 하니까 스스로 슬기로운 처녀라 여기며 천국은 당연히 갈 것이라고 확신한다. 슬기로운 처녀들과 미련한 처녀들 모두 신랑이 오시는 것을 알았기 때문에 등을 준비하고 있었다. 하지만 미련한 처녀들은 자기 생각만 믿고 살았기 때문에 신랑이 오시기까지 기름이 충분하다고 생각하여 다른 그릇에 기름을 예비로 준비하지 않았다. 그로 인하여 혼인 잔치에 들어가지 못하는 비극이 일어난 것이다.

마 25:3-4 "3미련한 자들은 등을 가지되 기름을 가지지 아니하고 4 슬기 있는 자들은 그릇에 기름을 담아 등과 함께 가져갔더니"

미련한 처녀들이 기름을 사러 간 동안에 신랑이 오므로 만나지도 못하고 혼인잔치에 들어갈 문도 영영히 닫혀 버렸다. 이는 우리가 천국에 들어가기 위해서는 등과 함께 그릇에 기름도 준비해야 하며 신랑이 오시는 그 날과 시를 알지 못하기 때문에 항상 깨어 있어야 함을 말씀한다.

마 25:10-13 "10저희가 사러 간 동안에 신랑이 오므로 예비하였던 자들은 함께 혼인 잔치에 들어가고 문은 닫힌지라 11그 후에 남은 처녀들이 와서 가로되 주여 주여 우리에게 열어 주소서 12대답하여 가로되 진실로 너희에게 이르노니 내가 너희를 알지 못하노라 하였느니라 13그런즉 깨어 있으라 너희는 그 날과 그 시를 알지 못하느니라"

문이 닫힌 후에 아무리 "주여, 주여!" 하면서 열어달라고 간청해봤자 "나는 너희를 모른다"는 무서운 답변만 돌아올 뿐이다. 항상 깨어 있으라는 말씀은 정신을 바짝 차리고 있으라는 뜻이 아니다. 어떤 사람들은 신앙생활에 더욱 힘써야 한다고 해석을 하는데 꼭 틀린 말은 아니지만 맞는 말도 아니다. 깨어 있다는 것은 바로 감사로 깨어 있는 것을 말씀한다.

골 4:2 "기도를 항상 힘쓰고 기도에 감사함으로 깨어 있으라"

감사는 하나님의 뜻이다. 감사하는 자는 하나님의 뜻을 행하는 자이며 깨어 있는 자들이다.(살전 5:18) 하나님의 뜻을 행하는 자는 감사하는 자이며 지혜로우므로 반석위에 집을 지은 자이다. 반석이신 그리스도가 없으면 감사도 없다. 감사가 사라질 때 마귀 사탄은 우는 사자와 같이 우리를 삼킨다.

벧전 5:8 "근신하라 깨어라 너희 대적 마귀가 우는 사자 같이 두루 다니며 삼킬 자를 찾나니"

감사가 사라지지 않기 위해서는 쉬지 말고 기도해야 하는데(살전 5:17) 그렇기 때문에 우리에게 귀한 그리스도의 비밀을 주신 것이다. 그러면 어떻게 해야 그릇에 기름을 준비할 수 있는가? 디모데후서에는 우리를 그릇에 비유한 말씀이 나온다. 당연히 우리가 먼저 깨끗한 그릇이 되면 무엇이든 담을 수 있게 되는데 깨끗하게 되는 방법은 오직 그리스도의 피로만 가능하다.

딤후 2:20-21 "20큰 집에는 금과 은의 그릇이 있을 뿐 아니요 나무와 질그릇도 있어 귀히 쓰는 것도 있고 천히 쓰는 것도 있나니 21그러므로 누구든지 이런 것에서 자기를 깨끗하게 하면 귀히 쓰는 그릇이 되어 거룩하고 주인의 쓰심에 합당하며 모든 선한 일에 예비함이 되리라"

고린도후서에서 말씀하시기를 하나님의 약속은 그리스도 안에서 "예"가 되니 우리가 '아멘' 하여 하나님께 영광을 돌리게 된다. 이렇게 우리가 그리스도 안에 있을 때 우리를 견고케 하시며 우리에게 기름을 부어 주시는 것이다. 이 기름을 준비하지 못한다면 신랑이 더디올 때 등불은 꺼져갈 수밖에 없다.

고후 1:20-22 "20하나님의 약속은 얼마든지 그리스도 안에서 예가 되니 그런즉 그로 말미암아 우리가 아멘 하여 하나님께 영광을 돌리게 되느니라 21우리를 너희와 함께 그리스도 안에서 견고케 하시고 우리에게 기름을 부으신 이는 하나님이시니 22저가 또한 우리에게 인치시고 보증으로 성령을 우리 마음에 주셨느니라"

슬기로운 처녀들은 하나님께서 약속하신 모든 말씀을 전적으로 믿으며 '아멘'으로 영광 돌리므로 기름 부음을 받아 가지고 있었다. 그런데 미련한 처녀들은 자기 생각대로 말씀을 선택하여 믿었기 때문에 모든 말씀에 '아멘'도 하지 않는다. 미련한 처녀들은 자기가 알고 있는 성경 지식대로 혼인잔치도 알고 신랑이 오시는 것까지도 알았지만 정작 말씀보다 자기생각이 앞섰기 때문에 그리스도 밖에 있는 자들이며 당연히 기름 부음도 없다. 무엇보다도 미련한 자들의 가장 큰 문제는 무엇이든지 안일하게 생각하였기 때문에 결국 자기의 멸망에 이른 것이다. (잠 1:32)

미련한 자들은 교회를 오래 다녀도 성경이 말씀하는 죄에 대한 감각이 없으며 가장 중요한 자기의 영혼 문제도 안일하게 생각하여 결국 멸망에 이른다. 교회들이 믿음도 자기 방식대로 믿으면 된다고 하고 성령도 종 부리듯이 오라 가라 하고 있다. 그러나 성경은 분명히 말씀하시기를 우리가 그리스도 안에서 계속 진리의 말씀을 듣고 믿을 때만 약속하신 성령을 주신다고 하셨다.

엡 1:13 "그 안에서 너희도 진리의 말씀 곧 너희의 구원의 복음을 듣고 그 안에서 또한 믿어 약속의 성령으로 인치심을 받았으니"

진정으로 우리가 사는 길은 신학이론이나 교단의 교리에서 벗어나 전능하신 하나님의 말씀으로 돌아가는 것뿐이다. 말씀으로 돌아가기 위해서는 반드시 회개로 그리스도 안에 들어가야 하는데 그리스도 안에 들어가는 것도 그리스도의 비밀로만 가능하며 그리스도 안에 계속 거하는 것도 그리스도의 비밀로만 가능하다. 그래서 바울 사도가 자기 목숨을 바쳐서 전한 것이 바로 이 그리스도의 비밀이다. 우리가 믿음에서 떠나지 않고 믿음을 지키고 있을 때 하나님께서는 진리의 영이신 성령을 우리에게 값없이 은혜로 주신다.

갈 3:14 "이는 그리스도 예수 안에서 아브라함의 복이 이방인에게 미치게 하고 또 우리로 하여금 믿음으로 말미암아 성령의 약속을 받게 하려 함이니라"

주의 영이 계신 곳에는 자유함이 있다.(고후 3:17-18) 더 이상 일만 악의 뿌리가 되는 돈의 종노릇하지 않으며 인정과 정욕을 가지고 미워하고 다투는 죄에서 벗어나 주의 영광을 보며 사는 것이 자유 하는 삶이다. 이 모든 것이 전능하신 하나님께서 말씀을 통해서 약속하신 것이지 사람의 이론이나 논리가 아니다. 자유로운 영광의 삶을 절대로 놓쳐서는 안 된다.

제8장

그리스도의 비밀

요나의 표적

이 책을 쓰게 된 동기는 그리스도의 비밀로 인해 나의 삶이 완전히 바뀌었기 때문이다. 뿐만 아니라 그리스도의 비밀이 한국교회와 전 세계의 교회들을 다시 살리는 길이라는 확신으로 인한 것이다. 책의 주제가 된 '그리스도의 비밀'은 바울 사도가 전한 복음이며 주님께서 땅 끝까지 증인이 되라고 말씀하신 바로 그 복음이다.

골 4:3 "또한 우리를 위하여 기도하되 하나님이 전도할 문을 우리에게 열어 주사 그리스도의 비밀을 말하게 하시기를 구하라 내가 이것을 인하여 매임을 당하였노라"

그리스도의 비밀은 만세로부터 온 것으로 감추어져 있다가 이제는 주를 믿는 성도들에게 나타났으며 이방인에게까지 전파되었다. 만민을 구원하시려는 전능하신 하나님의 섭리이자 영광의 소망이 그리스도의 비밀이다. 골로새서는 그리스도의 비밀을 '너희 안에 계시는 그리스도'라고 말씀한다.

골 1:26-27 "26이 비밀은 만세와 만대로부터 옴으로 감취었던 것인데 이제는 그의 성도들에게 나타났고 27하나님이 그들로 하여금 이 비밀의 영광이 이방인 가운데 어떻게 풍성한 것을 알게 하려하심이라 이 비밀은 너희 안에 계신 그리스도시니 곧 영광의 소망이니라"

우리 안에 그리스도께서 계시기 위해서는 우리가 먼저 그 안에 들어가야 한다. 이것은 인위적인 방법이나 우리의 의지와 결심으로 되는 것이 아니라 오직 주님께서 세우신 비밀로만 된다. 즉 내가 예수님을 영접하여 마음에 모시는 것으로 구원 받는 것이 아니라 내가 그분 안에 먼저 거하면 주님이 내 안에 들어오신다고 성경은 말씀한다.

마태복음 12장에는 바리새인들이 안식일에 병 고치는 문제로 예수님을 송사하는 것이 나온다. 예수님께서 안식일이라도 양이 구덩이에 빠졌으면 구해 내는 데 사람이 양보다 얼마나 더 귀하냐고 말씀하시면서 손 마른 자를 고치셨다. 그러자 바리새인들은 예수님께서 안식일을 범하셨다면서 죽이려고 의논한다.(마 12:14) 그러다가 서기관과 바리새인 중 몇 사람이 예수님께 와서 자기들에게 표적을 보여 달라는 청을 한다. 옥에 갇혀 있던 세례 요한이 제자들을 예수님께 보내어 "오실 그리스도가 당신이십니까?"라고 물었을 때 예수님께서는 본인이 행하신 일들을 말씀하심으로 자신이 그리스도이심을 나타내셨다.(마 11:5-6)

하지만 서기관과 바리새인들이 표적을 보여 달라고 했을 때는 주님께서 행하신 수많은 기적들에 대해서는 언급하지 않으시고 "악하고 음란한 세대가 표적을 구하나 요나의 표적밖에는 보일 표적이 없다"고 말씀하셨다. 악하고 음란한 세대란 마음과 몸에서 나오는 일만 악의 뿌리가 되는 돈 사랑부터 음란과 살인 등 사람을 더럽게 하는 죄들을 한 번도 회개해 본 적이 없는 사람들이다.

> 마 12:38-39 "38그 때에 서기관과 바리새인 중 몇 사람이 말하되 선생님이여 우리에게 표적 보여주시기를 원하나이다 39예수께서 대답하여 가라사대 악하고 음란한 세대가 표적을 구하나 선지자 요나의 표적 밖에는 보일 표적이 없느니라"

바리새인들과 서기관 그리고 사두개인들은 하늘로서 오는 표적을 보기 원하였지만 예수님께서 보여 주신 표적은 바로 '요나의 표적'이었다. 코로나 바이러스로 인하여 많은 사람들이 환난과 주님의 재림과 종말에 대해서 많은 관심을 갖기 시작했다. 천기는 분별하면서도 시대의 표적을 모르는 사람들에게 예수님은 요나의 표적이 바로 시대의 표적임을 말씀하셨지만 그들은 깨닫지 못하고 엉뚱한 곳에만 초점을 맞추고 있었다. 예수님이 말씀하신 이 '요나의 표적'이 바로 '그리스도의 비밀'이며 하나님의 뜻을 이루어 사람답게 사는 길이다.

마 16:1-4 "1바리새인과 사두개인들이 와서 예수를 시험하여 하늘로서 오는 표적 보이기를 청하니 2예수께서 대답하여 가라사대 너희가 저녁에 하늘이 붉으면 날이 좋겠다 하고 3아침에 하늘이 붉고 흐리면 오늘은 날이 궂겠다 하나니 너희가 천기는 분별할줄 알면서 시대의 표적은 분별할 수 없느냐 4악하고 음란한 세대가 표적을 구하나 요나의 표적 밖에는 보여 줄 표적이 없느니라 하시고 저희를 떠나 가시다"

분명한 것은 이 모든 날 마지막에 아들로 우리에게 말씀하셨기 때문에(히 1:1-2) 우리는 이미 종말의 시대에 살고 있다. 세상의 종말이 언제 오는지 그날을 예측하는 것처럼 어리석은 일은 없다. 세상 종말 전에 각 개인의 삶의 종말도 있다. 그러나 그때는 아무도 모른다. 우리가 해야 할 일은 바로 깨어 있는 것뿐이다.

막 13:30-33 "30내가 진실로 너희에게 말하노니 이 세대가 지나가기 전에 이 일이 다 이루리라 31천지는 없어지겠으나 내 말은 없어지지 아니하리라 32그러나 그 날과 그 때는 아무도 모르나니 하늘에 있는 천사들도 아들도 모르고 아버지만 아시느니라 33주의하라 깨어 있으라 그 때가 언제인지 알지 못함이니라"

앞에서도 언급 하였지만 깨어 있다는 것은 감사로 깨어 있는 것을 말씀한다. 데살로니가 전서에서도 주의 날은 아무도 예측할 수 없으며 멸망이 이를 것을 말씀하시면서 오직 깨어 근신하고 있으라고 말씀을 하신다. 하지만 빛의 아들로 살고 있으면 멸망의 날이 도적같이 우리에게 임하지 않을 것을 말씀한다.

살전 5:1-6 "1형제들아 때와 시기에 관하여는 너희에게 쓸 것이 없음은 2주의 날이 밤에 도적 같이 이를 줄을 너희 자신이 자세히 앎이라 3저희가 평안하다, 안전하다 할 그 때에 잉태 된 여자에게 해산 고통이 이름과 같이 멸망이 홀연히 저희에게 이르리니 결단코 피하지 못하리라 4형제들아 너희는 어두움에 있지 아니하매 그 날이 도적 같이 너희에게 임하지 못하리니 5너희는 다 빛의 아들이요 낮의 아들이라 우리가 밤이나 어두움에 속하지 아니하나니 6그러므로 우리는 다른 이들과 같이 자지 말고 오직 깨어 근신할찌라"

빛의 자녀로 살기 위해서는 밤이나 어두움에 속하지 않아야 한다. 믿는다고 하면서도 어두움에 있는 이유는 사람을 미워하는 죄 때문이다.(요일 2:9-10) 그러면 우리가 어떻게 하여야 빛의 자녀로 살면서 홀연히 임하는 멸망을 피하며 살 수 있겠는가? 우리에게는 빛이 없으며 어두움뿐이다. 우리가 오직 주 안에 있을 때에만 어두움에서 벗어나 빛이 된다. 주 안에 들어가기 위해서는 남을 미워해서 눈이 먼 것을 고침 받아야 한다.(요일 2:11)

엡 5:8-9 “8너희가 전에는 어두움이더니 이제는 주 안에서 빛이라 빛의 자녀들처럼 행하라 9빛의 열매는 모든 착함과 의로움과 진실함에 있느니라”

너도 나도 자기는 빛이라고 주장하는 사람들에게는 빛의 열매를 보면 된다. 빛의 열매는 모든 착함과 의로움과 진실함이라고 성경은 말씀한다. 그리고 빛에 속한 사람은 남을 미워하지 않는다. 교회들에게 착함이 있다면 세상 사람들은 성도들의 착한 행실의 모습을 보면서 하나님께 영광을 돌린다. (마 5:16) 세상 사람들에게 손가락질을 당하면서 하나님을 욕되게 하고 있다면 그것은 빛이 아니요 어두움일 뿐 아니라 주 밖에 있다는 증거가 된다. 어두움에서 벗어나는 길은 책망이다.

엡 5:11-13 “11너희는 열매 없는 어두움의 일에 참예하지 말고 도리어 책망하라 12저희의 은밀히 행하는 것들은 말하기도 부끄러움이라 13그러나 책망을 받는 모든 것이 빛으로 나타나나니 나타나지는 것마다 빛이니라”

그래서 참 된 성도는 빛 된 삶을 살기를 원하기 때문에 책망을 받으면 도리어 감사를 한다. 잠자는 자들 가운데서 깨어나서 죽은 자들 가운데서 일어나는 길도 오직 그리스도로 가능하다. (엡 2:1-6)

그러면 주님께서는 왜 요나의 표적을 말씀하셨는가? 요나서에 나오는 요나는 하나님의 뜻을 거역하고 다시스로 도망가다가 큰 풍랑을 만났다. 우리도 하나님의 뜻을 거스르고 살면 인생에서 감당하기 어려운 풍랑을 만나게 된다. 요나는 폭풍이 몰려와 난리가 났는데도 자포자기한 심정인지는 몰라도 배 밑층에 내려가 누워 깊이 잠이 들었다. (욘 1:5) 그러다 결국 바다에 던져졌으나 여호와께서 이미 예비하신 물고기 뱃속에 들어가게 된다.(욘 1:17) 하나님의 뜻을 거역하며 지존자의 뜻을 멸시하는 자들은 곤고와 쇠사슬에 묶여 있어서 삶이 캄캄하여 사망의 그늘에 앉아 있는 것처럼 산다. 요나도 처음에는 자신의 불순종으로 인해 하나님께서 일으키시는 풍랑인 줄 알면서도 회개하지 않고 버티다가 결국은 사망의 그늘인 물고기 뱃속에 들어가 죽음을 기다리는 신세가 되었다.

요나서 2장에는 삼일 밤낮을 물고기 뱃속에 갇혀 있던 요나가 자기 죄를 깨닫고 회개하는 장면이 나온다. 요나가 철저히 회개하고 감사를 드리니 하나님께서 물고기 뱃속에서 나오게 하시며 다시 살 기회를 주셨다.

> 욘 2:7-10 "7내 영혼이 내 속에서 피곤할 때에 내가 여호와를 생각하였삽더니 내 기도가 주께 이르렀사오며 주의 성전에 미쳤나이다 8무릇 거짓되고 헛된 것을 숭상하는 자는 자기에게 베푸신 은혜를 버렸사오나 9나는 감사하는 목소리로 주께 제사를 드리며 나의 서원을 주께 갚겠나이다 구원은 여호와께로서 말미암나이다 하니라 10여호와께서 그 물고기에게 명하시매 요나를 육지에 토하니라"

하나님의 뜻을 거역하는 삶에는 거친 풍랑만 있다. 사랑의 하나님께서 우리를 깨닫게 하시기 위해 문제를 주시기 때문이다. 그러나 내 삶에 심한 폭풍이 몰려올지라도 아니 이미 물고기 뱃속에 들어가서 앞이 캄캄할지라도 내 죄를 깨닫고 감사가 나올 때까지 회개한다면 하나님께서는 반드시 살려 주시는 기적을 베푸신다. 예수님께서 이 땅에 계실 때에 죽은 자를 살리시고 수많은 병자를 고치시며 이적과 기적을 많이 베푸셨음에도 불구하고 보여 줄 표적은 오직 요나의 표적이라고 말씀하셨다. 요나가 죽음 앞에서 그냥 감사를 한 것이 아니라 자기 죄를 깨닫고 회개한 후 감사했기 때문에 하나님께서 살려 주신 것이다.

시 107:13-14 "13이에 저희가 그 근심 중에 여호와께 부르짖으매 그 고통에서 구원하시되 14흑암과 사망의 그늘에서 인도하여 내시고 그 얽은 줄을 끊으셨도다"

예수님께서 요나의 표적을 말씀하시면서 요나가 밤낮 사흘을 큰 물고기 뱃속에 있었던 것과 같이 자신이 밤낮 사흘을 땅속에 있을 것을 말씀하신다. 요나가 죄를 깨닫고 감사할 때까지 삼일이 걸릴 수는 있지만 예수님께서 다시 부활하시는데 꼭 삼일이 걸릴 필요가 있었을까?

어떤 사람들은 '삼'이라는 숫자가 완전수이기 때문에 삼일을 땅속에 계셨다고 하는데 이 말은 설득력이 떨어진다. 예수님께서 죽으심은 순전히 우리들의 모든 죄 때문이다. 앞으로 자세히 살펴보겠지만 삼일은 우리가 죄를 깨닫고 감사가 나오도록 회개하는데 필요한 3단계를 뜻한다.

마 12:40 "요나가 밤낮 사흘을 큰 물고기 뱃속에 있었던 것 같이 인자도 밤낮 사흘을 땅속에 있으리라"

누가복음은 그리스도께서 고난을 받고 제 삼일에 죽은 자 가운데서 살아나실 것과 그리스도의 이름으로 죄 사함을 얻게 하는 회개가 모든 족속에게 전파 될 것이며 우리를 이 모든 일의 증인으로 부르셨다고 말씀한다. 즉 삼일은 죄 사함을 얻는 회개를 말씀하시는 것인데 교회들은 이 말씀을 깨닫지 못하므로 그냥 무시해 버렸다.

눅 24:46-48 "46또 이르시되 이같이 그리스도가 고난을 받고 제 삼일에 죽은 자 가운데서 살아날 것과 47또 그의 이름으로 죄 사함을 얻게 하는 회개가 예루살렘으로부터 시작하여 모든 족속에게 전파 될 것이 기록되었으니 48너희는 이 모든 일의 증인이라"

고난을 받으신 분도 '그리스도' 이시며 살아나신 분도 분명히 '그리스도' 라고 말씀하셨기 때문에 우리는 '그리스도의 이름으로 죄 사함을 얻게 하는 회개복음'을 전 세계에 전파해야 한다. 그러나 교회들이 '그리스도'의 뜻을 모르니 예수만 믿으라고 전하거나 교단의 교리만 전하고 있다. 성경은 하나님의 비밀에 관해서 말씀하시는데 교인들은 하나님의 비밀에 대해 무지하며 알려고도 하지 않는다. 하나님의 비밀은 그리스도를 깨닫는 것이다.

골 2:2-3 "2이는 저희로 마음에 위안을 받고 사랑 안에서 연합하여 원만한 이해의 모든 부요에 이르러 하나님의 비밀인 그리스도를 깨닫게 하려 함이라 3그 안에는 지혜와 지식의 모든 보화가 감취어 있느니라"

그리스도를 깨달았다면 그리스도를 전하지 않을 수 없다. 뿐만 아니라 모든 족속에게 그리스도의 비밀이 전해졌다면 지금처럼 교회들이 쇠퇴하지 않고 더욱 왕성했을 것이다. 하나님의 비밀인 그리스도 안에는 지혜와 지식의 모든 보화가 감추어져 있는데 그리스도를 모르니 당연히 지혜, 지식, 모든 보화도 알지 못한다. 그래서 교인들이나 목회자들이 세상의 썩어질 물질이나 명예에 얽매여서 싸우고 분열하는 것이다. 성경에서 말씀하는 하나님의 지혜와 지식은 세상의 지혜, 지식이 아니라 오직 비밀한 가운데 있으며 온전한 자들에게 영광을 위하여 주신다. (고전 2:6-7)

하나님께서 주시는 지혜와 지식을 얻으면 하나님께 영광을 돌리는 기적이 일어나며 많은 사람들에게 유익을 줌으로써 사람들로부터 칭찬을 받는다. 하나님의 지혜와 지식을 가진 사람들이 많아지면 강하고 힘 있는 나라가 되어 누구에게나 존경받는 국가가 될 것이다. 대부분의 열강들이 부강할 때에는 다른 나라를 침략하거나 괴롭히지만 하나님의 지혜와 지식은 다른 나라들에게도 유익만을 준다. 이것은 어느 개인의 희망사항이나 바램이 아니라 전능하신 하나님께서 우리에게 약속하신 것이다. 모두 다 복된 삶을 살면서 하나님을 향한 감사가 넘치는데 교회 오는 것을 마다할 사람이 어디 있겠는가? 우리는 후손들에게 남의 나라 밑에서 노예처럼 살거나 구걸하는 나라가 아니라 강하고 힘 있는 나라를 물려주어야 한다.

잠 24:3-6 “3집은 지혜로 말미암아 건축되고 명철로 말미암아 견고히 되며 4또 방들은 지식으로 말미암아 각종 귀하고 아름다운 보배로 채우게 되느니라 5지혜 있는 자는 강하고 지식 있는 자는 힘을 더하나니 6너는 모략으로 싸우라 승리는 모사가 많음에 있느니라”

사람들은 누구나 일이 잘 될 때는 대부분 기뻐하며 감사한다. 신앙이 있는 사람들도 어려움이 닥쳤을 때 그나마 불행 중 다행이라며 입으로는 감사하다고 말한다. 또는 죽음의 위기에서 살아났다면 감사할 것이다. 하지만 요나의 표적은 이런 감사가 아니다. 요나가 삼일 밤낮을 물고기 뱃속에서 죄를 깨달아 회개하고 감사할 때 하나님께서 받으시고 다시 살려 주신 것을 말씀한다. 죽음의 문턱에서 공포를 느끼거나 원망하며 좌절하지 않고 감사를 드릴 수 있는 것은 요나처럼 죄를 자백할 때이다. 감사할 때 하나님을 영화롭게 하며 감사하는 자가 구원을 얻으므로 예수님께서 우리에게 요나의 표적을 보여 주신 것이다.

시 50:23 “감사로 제사를 드리는 자가 나를 영화롭게 하나니 그 행위를 옳게 하는 자에게 내가 하나님의 구원을 보이리라"

하나님의 비밀인 그리스도께서 내 안에 들어오시기 위해서는 우리가 먼저 그리스도 안에 들어가야 하는데 요나처럼 회개하고 감사할 때 그리스도 안으로 들어간다. 예수님께서는 친히 자신이 양의 문이라고 말씀하셨다. 양의 문으로 들어가는 자만이 구원을 얻는다.

요 10:7-9 "7그러므로 예수께서 다시 이르시되 내가 진실로 진실로 너희에게 말하노니 나는 양의 문이라 8나보다 먼저 온 자는 다 절도요 강도니 양들이 듣지 아니하였느니라 9내가 문이니 누구든지 나로 말미암아 들어가면 구원을 얻고 또는 들어가며 나오며 꼴을 얻으리라"

양의 문으로 들어가기 위해서는 우리가 먼저 양이 되어야 한다. 양이 되기 위해서는 그리스도의 피로 죄를 씻는 회개가 필요하며 감사로 양의 문으로 들어간다. 감사로 그리스도 안에 들어가는 사람은 하나님의 백성이요 하나님께서 기르시는 양이 되어서 하나님을 찬송하며 그 이름을 송축한다.

시 100:3-4 "3여호와가 우리 하나님이신줄 너희는 알찌어다 그는 우리를 지으신 자시요 우리는 그의 것이니 그의 백성이요 그의 기르시는 양이로다 4감사함으로 그 문에 들어가며 찬송함으로 그 궁정에 들어가서 그에게 감사하며 그 이름을 송축할찌어다"

마태복음 25장에서 비유로 말씀하시는 양과 염소가 나오는데 하나님께서는 오직 양만을 기르신다. 그래서 오직 양만이 영생을 얻으며 예비되어 있는 나라를 상속한다.

> 마 25:33-34 "33양은 그 오른편에, 염소는 왼편에 두리라 34그 때에 임금이 그 오른편에 있는 자들에게 이르시되 내 아버지께 복 받을 자들이여 나아와 창세로부터 너희를 위하여 예비된 나라를 상속하라"

하나님 앞에서는 양과 염소 둘 중에 하나에만 속하는데 양은 의인이며 염소는 영원한 벌을 받게 된다고 말씀하신다. 염소가 아무리 양인 척 해도 염소는 염소이며 양은 양이다.(마 25:46) 성경은 죄인인 우리에게는 '의'가 없다고 말씀하신다.(롬 3:10-12) 우리가 예수님을 믿는다고 주장한다고 해서 의인이 되는 것이 아니다. 우리가 의롭다 함을 받는 길은 오직 하나 '그리스도의 피'뿐이다.(롬 5:9) 그리스도의 피로 죄 사함을 받은 의인이 바로 양이며 양은 감사하는 삶을 산다.

요한복음에서 말씀하신 것처럼 가지가 포도나무에 붙어 있지 않으면 과실을 맺을 수 없다. 나무에 붙어 있지 않은 가지들은 불에 던져지고 결국은 재만 남는다. 가지인 우리가 포도나무인 예수님께 붙어 있으려면 우리가 먼저 주님 안에 들어간 후 그 분이 우리 안에 들어오셔야 가능하다. 교회들에게서 과실을 찾아보기 힘든 이유는 그리스도 밖에 있어서 주님에게서 떨어져 있으면서도 믿는다고 착각하기 때문이다.

> 요 15:4-6 "4내 안에 거하라 나도 너희 안에 거하리라 가지가 포도나무에 붙어 있지 아니하면 절로 과실을 맺을 수 없음 같이 너희도 내 안에 있지 아니하면 그러하리라 5나는 포도나무요 너희는 가지니 저가 내 안에 내가 저 안에 있으면 이 사람은 과실을 많이 맺나니 나를 떠나서는 너희가 아무것도 할 수 없음이라 6사람이 내 안에 거하

지 아니하면 가지처럼 밖에 버리워 말라지나니 사람들이 이것을 모아다가 불에 던져 사르느니라"

주님이 보여 주신 요나의 표적인 감사를 통해서 우리가 양의 문이신 그분 안에 들어가면 주님이 우리 안에 들어오셔서 저절로 열매를 맺게 하시는 이것이 바로 그리스도의 비밀이다. 이것은 오직 그리스도의 보혈로만 가능하기 때문에 그리스도께서 우리를 위해 죽으신 것이다. 하나님 사랑의 확증이신 그리스도의 피로써 의롭다하심을 얻은 자만 양이 되어 감사로 구원을 얻는다.

롬 5:8-9 "8우리가 아직 죄인 되었을 때에 그리스도께서 우리를 위하여 죽으심으로 하나님께서 우리에게 대한 자기의 사랑을 확증하셨느니라 9그러면 이제 우리가 그 피를 인하여 의롭다 하심을 얻었은즉 더욱 그로 말미암아 진노하심에서 구원을 얻을 것이니"

주와 그리스도

사도행전 2장에는 오순절에 제자들이 모여서 기도를 하다가 성령의 충만함을 받고 각기 다른 방언을 하는 모습이 나온다. 이 제자들은 바로 얼마 전까지도 예수님을 부인하고 자기 살 길을 찾아 나섰던 자들이다. 그런 자들이 예수님의 부활을 체험하며 예수님께서 승천하시기 전에 40일 동안 직접 말씀의 가르침을 받았다. 그 후에 예루살렘을 떠나지 말라는 주님 말씀에 순종함으로써 성령의 충만함을 받았다.(행 1:3-4)

성령의 충만함을 받은 제자들은 여러 나라에서 온 유대인들과 유대교에 들어온 사람들에게 각각 그 나라의 방언으로 하나님께서 하신 일을 전하는데 "너희가 십자가에 못 박은 예수를 하나님이 주와 그리스도가 되게 하셨다" 고 말한다. 그곳에 모인 유대인들은 여러 나라에서 온 자들이기 때문에 예수를 직접 못을 박을 수도 없었을 뿐 아니라 예수님께서 십자가에 못 박히실 때에 현장에도 없었을 것이다. 오히려 민란을 꾸미고 살인까지 저지른 바라바는 풀어 주고(막 15:7-15) 예수를 대신 못 박으라고 빌라도에게 소리치던 자들이 아닌데도 베드로와 열한 사도들은 이들에게 "너희가 십자가에 못 박은 예수"라고 말씀한다.

> 행 2:36 "그런즉 이스라엘 온 집이 정녕 알찌니 너희가 십자가에 못 박은 이 예수를 하나님이 주와 그리스도가 되게 하셨느니라 하니라"

빌라도가 예수님을 죽인 범인이라고 아니면 예수님을 십자가에 직접 못 박은 로마 병정이 죽인 것이라고 할 수 있다. 혹은 십자가에 못 박으라고 선동했던 대제사장들이(마 27:20, 막 15:11) 예수님을 죽인 것이라고 말할 수도 있다. 하지만 정작 예수님을 십자가에 못 박은 사람은 그 누구도 아닌 바로 '나'이다. 경건치 않은 죄인인 내가 죽인 것이며 우리들의 죄가 예수님을 죽인 것이다.

롬 5:6 "우리가 아직 연약할 때에 기약대로 그리스도께서 경건치 않은 자를 위하여 죽으셨도다"

하나님께서는 내가 십자가에 못 박은 예수를 '주와 그리스도'가 되게 하셨다. 주와 그리스도를 모르는 자들은 오늘도 "예수, 예수"를 부른다. 만일 알았다면 하나님의 깊은 사랑과 섭리를 깊이 깨달았을 것이다. 참으로 안타까운 것은 주를 알지 못하거나 주의 이름을 부르지 않는 자들은 주의 도움을 받지 못한다. 주의 도움 없이 자기의 삶을 스스로 살아가다보니 여러 가지 문제에 시달리며 근심과 걱정 속에서 산다. 히브리서 13장 6절은 증거하기를 '주는 나를 돕는 자'라고 말씀한다. 참으로 놀라운 말씀이 아닐 수 없다. 주가 나를 도우시면 사람이 어찌 할 수 없으며 전능하신 주가 도우시기 때문에 하는 일마다 잘 될 수밖에 없다.

히 13:6 "그러므로 우리가 담대히 가로되 주는 나를 돕는 자시니 내가 무서워 아니하겠노라 사람이 내게 어찌하리요 하노라"

마가복음 12장에 보면 '하나님'은 유일한 '주'이시다. 그리고 '예수님'도 '주'이시며 '성령님'도 '주'이시다. 즉 우리가 알고 있는 '하나님, 예수님, 성령님 삼위일체'가 모두 '주님'이시다.

막 12:29 "예수께서 대답하시되 첫째는 이것이니 이스라엘아 들으라 주 곧 우리 하나님은 유일한 주시라"

고전 12:3 “그러므로 내가 너희에게 알게 하노니 하나님의 영으로 말하는 자는 누구든지 예수를 저주할 자라 하지 않고 또 성령으로 아니하고는 누구든지 예수를 주시라 할 수 없느니라”
고후 3:17 “주는 영이시니 주의 영이 계신 곳에는 자유함이 있느니라”

말씀을 좀 더 살펴보면 하나님은 알파와 오메가요 영원하신 전능자이시며(계 1:8) 성령도 영원하신 분이시며(히 9:14) 삼위가 일체이니 당연히 예수님도 영원하시다. 그런데 히브리서 13장에는 예수 그리스도는 영원토록 동일하시다고 말씀하신다.

히 13:8 “예수 그리스도는 어제나 오늘이나 영원토록 동일하시니라”

여기에는 그리스도가 나온다. 하나님, 예수님, 성령님은 모두 같은 삼위일체의 하나님으로서 죄인인 인간이 만날 수도 없고 손도 잡을 수 없다. 그래서 우리에게 사랑의 손길로 먼저 다가오셔서 주를 만날 수 있도록 길을 내신 분이 바로 중보자 그리스도 예수인 것이다.

딤전 2:5 “하나님은 한 분이시요 또 하나님과 사람 사이에 중보도 한 분이시니 곧 사람이신 그리스도 예수라”

죄인인 우리가 거룩하신 하나님께 나아가기 위해서는 피 흘림의 속죄가 있어야 한다.(히 9:22) 그래서 그리스도께서 우리를 위하여 십자가에서 피 흘려 돌아가신 것이다. 이제 그 피로 우리의 죄 사함을 받았으니(엡 1:7) 비로소 하나님께 나아갈 길이 생긴 것이다. 즉 우리가 전능하신 하나님과 손잡을 수 있는 유일한 주가 바로 그리스도이시다. 오해하지 말 것은 그리스도와 예수는 한분이시지만 하시는 일이 하나님과 사람 양쪽 모두를 위한 분이시기 때문에 중보자이시다.

갈 3:20 "중보는 한편만 위한 자가 아니니 오직 하나님은 하나이시니라"

중보는 한편은 하나님 쪽을 다른 한편은 사람 쪽을 뜻한다. 죄인인 우리는 항상 그리스도 편에 서야 하는데도 '예수, 예수'만 외치는 것은 하나님 편에 계신 중보자 옆에 서는 것이며 대신에 하나님을 죄인 쪽으로 몰아내는 엄청난 죄가 된다. 그런데도 교회들은 이것을 깨닫지 못하고 오늘도 '예수, 예수'만 찾고 있다. 예수님도 삼위일체이신 하나님이시기 때문에 우리가 직접 예수님 손을 잡을 수 없다. 죄인인 우리가 그리스도 쪽에 서서 죄를 자백하고 용서를 받으면 예수는 하나님 편에 서서 나의 죄를 정결케 하며 하나님을 위한 화목제물이 되셔서 나와 하나님과의 관계를 회복시켜 준다. 그러니 '예수 그리스도'와 '그리스도 예수'는 사람이 편의에 따라 수시로 순서를 바꿀 수 있는 것이 아니다.

죄인인 우리가 죄의 씻음을 받기 위해서는 꼭 그리스도 쪽에 서 있어야 한다. 앞에서 본 그대로 '사람이신 그리스도 예수'(딤전 2:5) 가 되어야 정확히 맞는 것이다.

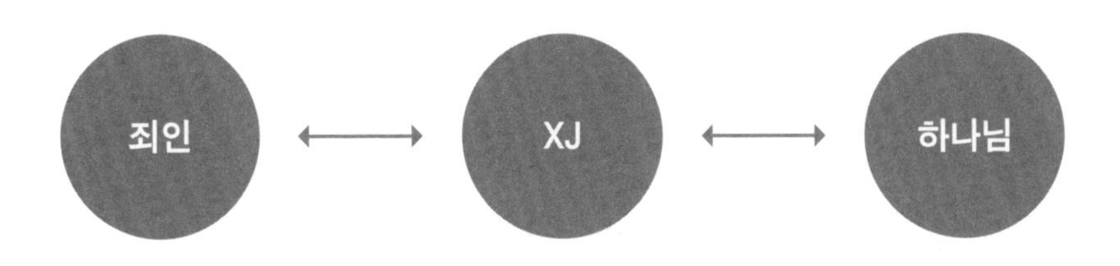

이것은 사람의 생각으로는 절대 이해할 수가 없다. 쉽게 말하자면 우리가 마땅히 붙잡을 것은 바로 죄 사함을 받는 유일한 길인 '그리스도 피'라는 뜻이다. 예수님께서 이 땅에 계실 때에 "너희는 나를 누구라 하느냐"고 제자들에게 물으셨다.(마 16:15) 시몬 베드로가 "주는 그리스도시요 살아 계신 하나님의 아들이십니다"라고 고백할 때(마 16:16) "바요나 시몬아 네가 복이 있도다 이를 네게 알게 한 이는 혈육이 아니요 하늘에 계신 내 아버지시니라"(마 16:17) 라고 예수님께서 말씀하신다. 하나님 아버지께서 알게 해 주셔야 되는 것을 사람이 자기 생각이나 노력으로 알려고 해도 절대 알지 못한다. 그러나 그리스도의 피로 나의 죄를 자백하면 하나님께서 죄를 용서하시고 깨달음을 주시는데 그 때 비로소 그리스도가 나의 주님이라는 고백이 나온다. 예수 그리스도는 한 분이시지만 죄인인 우리 쪽의 중보는 바로 새 언약의 중보이신 그리스도이시다. 그리스도의 피는 우리를 죽은 행실에서 깨끗케 하고 살아 계신 하나님을 섬길 수 있는 온전한 행실로(잠 2:7) 바꾸어 주시며 영원한 기업의 약속을 받을 자격자가 되게 해 주신다.

> 히 9:14-15 "14하물며 영원하신 성령으로 말미암아 흠 없는 자기를 하나님께 드린 그리스도의 피가 어찌 너희 양심으로 죽은 행실에서 깨끗하게 하고 살아계신 하나님을 섬기게 못하겠느뇨 15이를 인하여 그는 새 언약의 중보니 이는 첫 언약 때에 범한 죄를 속하려고 죽으사 부르심을 입은 자로 하여금 영원한 기업의 약속을 얻게 하려 하심이니라"

어떤 사람들은 마태복음 16장에 있는 '그리스도가 주'라는 구절에서 '주'를 원어의 뜻과 영어성경을 인용하여 당신을 뜻하는 'YOU' 아니면 'THOU'라고 하면서 '그리스도가 주'라는 것을 부인한다. 그러나 누가복음

20장을 보면 다윗도 그리스도를 주라고 고백한다.

눅 20:42-44 "42시편에 다윗이 친히 말하였으되 주께서 내 주께 이르시되 43내가 네 원수를 네 발의 발등상으로 둘 때까지 내 우편에 앉았으라 하셨도다 하였느니라 44그런즉 다윗이 그리스도를 주라 칭하였으니 어찌 그의 자손이 되겠느뇨 하시니라"

아직 태어나지도 않은 분을, 그것도 자기 자손인데도 다윗이 '그리스도를 주'라고 고백하고 있다. 우리가 사는 길은 '그리스도를 주'라고 고백하는 이 길뿐이다. 죄인인 우리는 '그리스도 주'로부터 '성삼위 주'까지의 관계가 바로 되어야 천국 백성의 삶을 살 수 있다. 즉 그리스도의 피로 깨끗함을 입은 자들이 그리스도를 주라고 부를 때 성삼위 되시는 주님이 우리를 돕는 분이 되셔서 "사람이 내게 어찌 하리요"라는 말씀을 확증하는 삶을 살 수 있다. 성경은 주님께서 우리와 함께 하실 때 은혜를 받은 자라고 말씀한다.

눅 1:28 "그에게 들어가 가로되 은혜를 받은 자여 평안할찌어다 주께서 너와 함께하시도다 하니"

사람들은 자기 마음에 맞는 설교를 들을 때 은혜를 받았다고 말하지만 나를 돕는 주님이 함께 하시는 것이 은혜를 받는 것이다. 로마서는 죄가 더한 곳에 은혜가 더욱 넘친다고 말씀한다. 이 말씀은 은혜가 넘치기 위해서 더 많은 죄를 지으라는 뜻이 아니라 죄를 많이 자백하고 회개할수록 은혜를 많이 받아 주님께 더욱 더 가까이 감을 뜻한다. 앞에서 본 것처럼 죄 사함을 많이 받을수록 하나님을 더욱 사랑하는 것과 같은 뜻이다.(눅 7:47)

롬 5:20 "율법이 가입한 것은 범죄를 더하게 하려 함이라 그러나 죄가 더한 곳에 은혜가 더욱 넘쳤나니"

죄를 많이 깨달을수록 죄를 자백하는 것과 회개가 쉬워진다. 생각나지도 않는 죄를 억지로 회개하려고 해봐도 마음만 답답하지 진정한 회개가 이루어지지 않는다. 그래서 성경은 죄를 깨닫게 해 주는 율법으로 읽어야 한다. 죄에 대한 깨달음 없이 성경을 그냥 읽는 것은 아무런 유익이 없는데도 교회들마다 공을 세우듯이 성경읽기를 권장하고 있으니 참으로 안타까운 일이다.

롬 3:20 "그러므로 율법의 행위로 그의 앞에 의롭다 하심을 얻을 육체가 없나니 율법으로는 죄를 깨달음이니라"

그래서 율법을 주야로 묵상하는 자가 복 있는 사람이다.(시 1:1-6) 율법을 많이 묵상할수록 죄를 많이 깨달아 회개할 수 있어서 나를 돕는 주님께 더욱 더 가까이 가게 되어 삶이 형통해진다. 주님은 죄악을 미워하시기 때문에 죄인은 주님으로부터 아무런 도움도 받지 못한다. 시편은 악은 주와 함께 하지 못함을 말씀하고 있다.(시 5:4-6) 그런데도 회개는 하지 않으면서 주를 부르고 있으니 도움이나 응답이 없는 것이다.

바울 사도는 자신이 죄인 중의 괴수라고 고백할 정도로 죄를 많이 깨닫고 회개하면서 주님과 동행한 사람이다. 바울 사도는 '사도 중에 가장 작은 자'라고(고전 15:9) 시인을 하다가 깨달음을 얻고서는 '모든 성도들 중에서 가장 낮은 자'로 고백을 한다.(엡 3:8) 그러다가 온 세상의 모든 죄인 중의 괴수라는 깨달음까지 간 것이다.(딤전 1:15)

야고보서에는 거울을 보는 비유가 나온다. 우리는 매일 거울을 보면서 자기 모습을 비춰보고 깨끗한지 아닌지를 확인한다. 거울을 보고 더러운 것이 얼굴에 묻었는데도 씻지 않고 가는 사람은 없을 것이다.(약 1:23-25)

우리는 앞에서 광야교회 소속인 이스라엘 백성들이 모세를 통해서 인도함을 받고 구름과 바다에서 세례를 받았으며 신령한 식물과 신령한 반석으로부터 신령한 음료도 마셨지만 결국 원망하다가 멸망당했던 일을 보았다. 고린도전서 10장에서는 원망하다가 멸망당한 이스라엘 백성들이 바로 우리의 거울이라고 말씀하시면서 원망하지 말 것을 경고하신다.

> 고전 10:10-11 "10저희 중에 어떤이들이 원망하다가 멸망시키는 자에게 멸망하였나니 너희는 저희와 같이 원망하지 말라 11저희에게 당한 이런 일이 거울이 되고 또한 말세를 만난 우리의 경계로 기록하였느니라"

만일 우리가 주변에서 만나는 사람들과 세상에서 일어나고 있는 일들을 나의 거울로 본다면 엄청나게 많은 죄들을 깨달아 회개할 수 있다. 예를 들어 내 가까이에 불평을 잘 하는 사람이 있다면 그 불평하는 모습을 보고 나도 수시로 불평하였던 죄를 회개할 수 있다. 속이는 자가 있다면 내가 남을 속였거나 남을 이용했던 것을 깨달아 회개할 수 있다. 우리 주변에는 좋은 사람들도 있지만 원망하거나 시기하고 질투하는 사람과 남을 쉽게 비판하며 험담하는 사람들도 많다. 그들의 죄 된 모습을 나의 거울로 보고 내가 지은 죄라고 회개한다면 죄가 많은 곳에 은혜가 더욱 넘치기 때문에 나는 죄에 빠지지 않고 하나님을 더욱 더 사랑하게 되고 은혜가 풍성한 삶을 살 수 있다. 직장에서나 주변사람들, 특히 가족들의 이기적이고 무례한 말 한마디 때문에 화가 나고 기분이 나빠져서 점점 더 서로에게 상처주거나 받는 일이 있다. 특히 자녀의 잘못된 모습을 보면서 화가 치밀어 오른 적도 많다. 하지만 그들의 모습이 거울에 비친 내 모습이며 내가 지은 죄라고 회개한다면 주님이 주시는 은혜가 넘치기 때문에 감사함을 잘 지킬 수 있다.

교회 안의 분쟁은 남에 대해서 말하는 '수군수군'으로부터 시작된다. 시기하고 분쟁하고 수군수군하는 죄는 사형에 해당한다.(롬 1:28-32) 남의 죄를 나의 거울로 보는 깨달음이 없으면 하나님께서 사형에 해당한다고 하신 죄들을 수없이 반복해서 짓게 된다. 모였다 하면 남의 말하기를 좋아하는 것은 잠언의 말씀처럼 별식 같아서 누구나 쉽게 짓는 죄이다. 하지만 남의 말 하는 것은 뱃속 깊은 데로 내려가는 무서운 죄이다.

잠 18:8 "남의 말하기를 좋아하는 자의 말은 별식과 같아서 뱃속 깊은 데로 내려가느니라"

마태복음은 남을 비판하지 말라고 말씀한다. 이글을 쓰는 나도 남을 비판하는 것이 특기일 정도로 다른 사람을 쉽게 판단하고 정죄하며 외식하는 삶을 살았었다. 이런 말씀을 볼 때마다 고치려고 나름대로 결심하고 노력해봤지만 쉽게 넘어졌다. 그러다가 그리스도의 비밀을 받고 말씀으로 깨달음을 얻은 후에는 남을 판단하고 정죄하는 죄에서 자유를 얻었다.

물론 처음에는 쉽지 않지만 계속 주님을 의지하며 그리스도의 피로 회개한다면 곧 자유를 맛볼 것이다. 만약에 집이나 교회에서 또는 사회생활을 할 때 남의 잘못된 행동을 보고 나의 죄로 회개한다면 다툼이나 분쟁이 있을 수 없다. 교회는 서로 깨닫고 회개기도하기에 바쁜 곳이 되어야 한다. 모일 때마다 수구수군하면서 남을 비판하는 곳은 교회가 아니다. 하나님께서는 남을 함부로 판단하고 정죄하는 교만한 자를 대적하신다고 말씀한다. 그러나 겸손한 자에게는 은혜를 베푸신다. 남의 죄도 내 죄라고 자백하고 용서받으면 판단하던 마음은 사라지고 더욱 깨끗한 자가 되어서 더 평안하며 풍요롭게 살 수 있다. 이런 말씀을 하나라도 바로 깨닫는다면 항상 기뻐하며 범사에 감사하는 마음으로 살게 된다. (살전 5:16-18)

벧전 5:5 "젊은 자들아 이와 같이 장로들에게 순복하고 다 서로 겸손으로 허리를 동이라 하나님이 교만한 자를 대적하시되 겸손한 자들에게는 은혜를 주시느니라"

즐거운 마음으로 하루를 시작하려고해도 타인의 무례한 행동이나 말 때문에 마음상하는 일이 있다. 그럴 때 우리는 대부분 괜찮다고 하며 넘어가지만 속으로는 마음이 상한다. 이렇게 외식하는 삶에서 벗어나는 길은 그리스도의 비밀밖에 없다. 신앙생활은 말씀대로 잘 살아 보기 위해 자기가 노력하거나 애쓴다고 되지 않는다. 말씀을 깨달아 회개하면 저절로 말씀대로 살게 된다. 겉과 속이 다른 이중적인 신앙생활은 교회 내부에서 일어나는 모든 문제들의 원인이다. 특히 교계 지도자들과 목회자들의 위선은 수많은 교인들을 교회 밖으로 내몰았다. 교회 안에 만연한 수군수군하는 죄와 남을 미워하는 살인죄와 판단하고 정죄하는 죄에서 벗어나 원수도 사랑하게 만드는 이 복음이야말로 하나님께서 기뻐하시는 참다운 복음이 아니겠는가? 특별히 목회자들이 회개를 잘 하지 못하는 어린 심령들을 위하여 죄를 대신 지고 회개한다면 먼저는 목회자의 삶에 형통의 축복이 넘칠 것이며 교인들도 묶여 있던 죄의 올무에서 풀려나 하는 일마다 잘되고 하나님을 더 잘 섬기며 교회에도 충성을 다 할 것이다.

히 13:17 "너희를 인도하는 자들에게 순종하고 복종하라 저희는 너희 영혼을 위하여 경성하기를 자기가 회계할 자인것 같이 하느니라 저희로 하여금 즐거움으로 이것을 하게 하고 근심으로 하게 말라 그렇지 않으면 너희에게 유익이 없느니라"

이렇게 될 때 교회 안의 분쟁이나 수군거림도 사라지고 남을 판단하지 않는 사랑의 공동체가 되어서 서로 섬기며 하는 일들도 다 잘 될 것이다. 이렇게 될 때 하나님께는 영광이요 사람들에게도 칭찬받는 교회가 되어 나라와 민족에게도 공헌하는 확실한 믿음의 터전이 될 것이다. 오늘도 사탄은 여러 가지 경로를 통해서 이렇게 귀한 복음이 전파되는 것을 방해하고 있지만(고후 4:3-4) 그리스도의 비밀은 한국교회는 물론 전 세계의 교회들도 반드시 다시 살아나게 할 것이라고 확신한다.

나도 전에는 위선자요 외식이 가득한 목회자였음을 고백한다. 그리스도의 비밀을 받기 전에는 나름대로 열심히 하나님을 믿고 기도도 많이 하였으며 교회뿐 아니라 선교단체에서도 성경을 많이 가르쳤으니 남들이 보기에도 겉으로는 별로 흠이 없는 목사였다. 하지만 교인들이 교회를 떠났을 때조차 나를 돌아보지 못하고 오히려 그들을 판단하고 미워했으며 목회하는 것이 싫었던 적도 많이 있었다. 그러나 베드로전서는 말씀하기를 내가 먼저 진리에 순종해야 나의 영혼이 깨끗해지며 거짓이 없이 형제를 사랑하게 된다고 말씀하신다.

벧전 1:22 "너희가 진리를 순종함으로 너희 영혼을 깨끗하게 하여 거짓이 없이 형제를 사랑하기에 이르렀으니 마음으로 뜨겁게 피차 사랑하라"

목회자 자신부터 회개하지 않으면 남의 죄를 대신 져 줄 수 없다. 그리스도의 비밀은 나의 삶 전부를 바꾸었다. 내가 먼저 철저히 회개하여 영혼이 깨끗해지니 기도응답이 바로 이루어졌으며 환자들도 치료받는 역사가 나타나기 시작했다.

어느 날 새벽 두시 경에 한국에 있는 사모의 사촌 동생으로부터 전화가 왔다. 전화 내용은 장모님이 쓰러져서 의식이 없고 생명이 위독하니 빨리 한국으로 와야 될 것 같다는 내용이었다. 몇 년 전에 뇌수술을 받은 적이 있는데 다시 쓰러졌으니 의사도 이제는 가망이 없다는 것이었다. 그 당시 내가 살던 곳은 직접 한국으로 가는 비행기가 없을 뿐 아니라 막상 표를 구한다고 해도 시차까지 포함해서 이틀 이상 걸리는 곳이라 한국으로 당장 갈 수가 없었다. 전화를 끊고 할 수 있는 일이라고는 전능자께 의지하는 것밖에 없었다. 먼저 마음과 몸에서 나오는 죄부터 시작해서 가증한 기도가 되지 않기 위해(잠 28:9) 말씀 하나하나를 붙들며 회개하기 시작했다. 특별히 마태복음 16장 24절 말씀을 묵상하면서 장모님의 죄를 대신 지고 그리스도 피로 회개기도를 했다. 너무나 더럽고 흉악한 나의 죄를 십자가에 대신 지신 예수님께서 "나를 따라 오려거든 자기를 부인하고 자기 십자가를 지고 나를 좇을 것이니라"고 하신 이 말씀이 온 마음으로 느껴지면서 눈물이 쏟아졌다.

> 잠 28:9 "사람이 귀를 돌이키고 율법을 듣지 아니하면 그의 기도도 가증하니라"

앞에서도 언급하였지만 자기 십자가를 지라는 것은 내가 지금 고통 받는 삶을 말하는 것이 아니라 다른 사람의 죄를 나의 죄로 대신 지고 도고 기도하는 것을 말한다. 온 마음과 힘을 다해 회개기도를 하던 중 하나님께서 응답하셔서 마음에 장모님께서 살아나실 것이라는 확신이 들었다. 얼마 후에 한국에서 다시 전화가 왔는데 장모님이 기적적으로 의식이 회복되었고 위험한 고비도 넘긴 것 같다는 보고였다. 그 후 장모님의 건강이 완전히 회복되었을 뿐만 아니라 미국 영주권도 받으시고 그리스도의 증인된 삶을 20여 년간 더 사시다가 향년 90세에 주님의 품으로 가셨다.

모든 만물은 주로부터 나온다고 로마서는 말씀한다. 가장 복된 인생은 우리가 주로부터 온 것임을 깨닫고 주와 더불어 살다가 주께로 돌아가는 것이다. 하지만 많은 사람들이 주를 부인하다가 주께로 돌아가지 못한다는 사실은 너무나 마음 아픈 일이다. 교회를 다니며 하나님을 믿는다고 하는 사람들조차 주를 모르거나 주와 동행하는 삶을 살지 못하는 것을 보면 특히나 더 안타깝다.

> 롬 11:36 "이는 만물이 주에게서 나오고 주로 말미암고 주에게로 돌아감이라 영광이 그에게 세세에 있으리로다 아멘"

어떻게 하는 것이 주와 동행하는 것인지 들은 바가 없기 때문에 하나님 뜻대로 산다고 말하지만 실상은 그냥 교회를 잘 다니는 것을 믿는 것으로 착각한다. 또한 말로는 은혜로 산다고 하지만 많은 교인들이 말씀을 따라 살기보다는 자기중심적으로 살아가고 있기 때문에 진리이신 성경말씀과는 전혀 상관이 없다. 주와 동행해야 주께 돌아갈 수 있으며 주님께서 재림하실 때 언제든지 주를 영접할 수 있다. 그러나 자기중심적으로 사는 사람이 어떻게 다시 주께로 돌아갈 수 있겠는가? '주와 동행한다는 것'은 '그리스도의 비밀과 늘 동행 한다'는 말씀이다. 그래서 바울 사도를 비롯한 모든 사도들이 전한 복음이 바로 그리스도의 비밀이다. 주도 모르면서 성령님이 나의 주라고 습관적으로 말하는 것은 말씀을 부인하는 자이다. 마음에서 나오는 죄를 회개해 본 적도 없는 더러운 심령에는 거룩하신 영이 함께 하시지 않는다. 고린도전서 말씀대로 우리는 하나님의 성전이다. 하나님의 성전을 더럽히면 하나님께서 그 사람을 멸하신다.(고전 3:16-17)

성령은 예수 그리스도의 이름으로 세례를 받고 죄 사함을 받아야 선물로 주시는 것이다. 성령은 사람이 명령한다고 오시거나 간청한다고 해서 오시는 분도 아니다. 어떤 사람들은 유아세례를 받았다거나 물세례를 또는 침례를 받았으니 성령이 오셨다고 생각한다. 하지만 우리의 몸은 하나님의 성전이므로 깨끗하고 거룩한 전이 되어야 성령님이 거하시는 것이다.

행 2:38 "베드로가 가로되 너희가 회개하여 각각 예수 그리스도의 이름으로 세례를 받고 죄 사함을 얻으라 그리하면 성령을 선물로 받으리니"

베드로전서에 보면 우리를 부르신 분은 거룩하신 분이며 그분이 우리에게 원하시는 것도 거룩함이다. 거룩한 사람은 모든 행실이 거룩해야지 말로만 거룩한 것은 소용없다. 속이 탐욕과 방탕으로 가득 차있어 더러운 곳에는 거룩하신 영이 함께 계실 수 없다.

벧전 1:15-16 "15오직 너희를 부르신 거룩한 자처럼 너희도 모든 행실에 거룩한 자가 되라 16기록하였으되 내가 거룩하니 너희도 거룩할찌어다 하셨느니라"

육신에 속한 자에게서 나타나는 특징은 시기와 분쟁이다.(고전 3:3) 뿐만 아니라 성경에서 믿음이 떠난다고 말씀하신 것처럼 사람들이 성령으로 시작하였다 육체로 마치는 경우도 많다. 그런데도 성령이 떠나지 않는다고 가르치는 자들은 하나님의 말씀을 부인하는 자들이다.

갈 3:3 "너희가 이같이 어리석으냐 성령으로 시작하였다가 이제는 육체로 마치겠느냐"

성경에서 말씀하는 세례는 그리스도와 함께 못 박혀 죽는 것이며 그리스도께서 다시 사신 것 같이 우리도 다시 살아서 이제는 과거의 더러운 행실에서 벗어나 새 생명 가운데서 행하는 것이다.(롬 6:4) 새 생명 가운데 사는 자들은 성령의 열매를 맺는다.

갈 5:22-23 "22오직 성령의 열매는 사랑과 희락과 화평과 오래 참음과 자비와 양선과 충성과 23온유와 절제니 이같은 것을 금지할 법이 없느니라"

말씀대로 우리 삶 가운데 성령의 열매가 없다면 우리가 믿는 것이 잘못되었거나 말씀이 틀렸거나 둘 중의 하나이다. 그런데 성령의 감동으로 된 말씀이 틀렸다면 우리가 믿을 필요가 없다. 다시 말하자면 전능하신 하나님의 말씀은 영원불변한 진리이기 때문에 절대로 틀릴 수가 없다. 지금까지 교회들은 말씀을 깨닫지 못하고 말씀에 자기주장을 섞어서 그것이 진리인 것처럼 교인들에게 가르쳐 왔다. 누가복음 2장에서 아기 예수가 탄생하였을 때 주의 사자가 목자들에게 나타나셔서 하신 말씀도 너희에게 '구주'가 나셨으니 곧 '그리스도 주'라고 말씀한다.

눅 2:11 "오늘날 다윗의 동네에 너희를 위하여 구주가 나셨으니 곧 그리스도 주시니라"

하지만 교회들은 말씀을 왜곡하여 구주가 나셨으니 예수님 탄생을 축하해야 한다면서 성탄절 행사를 한다. 우리에게 나신 분은 '구주'시다. '구주'인 '그리스도 주'가 나신 것은 우리가 그리스로의 피로 죄 사함을 받을 때 주님께서 날 돕는 분이 되신다. 그래서 성경은 구주가 나셨으니 '그리스도 주'라고 정확하게 말씀하시는데도 교회들은 아직도 예수 탄생만을 외치고 있으니 참으로 안타까운 일이다. 주가 나를 돕기 위해서는 우리에게 꼭 그리스도 주가 필요하며 나아가서 성삼위 주가 나를 돕는 분이되시니 이 얼마나 감격스럽고도 감사한 일인가?

시 118:6 "여호와는 내 편이시라 내게 두려움이 없나니 사람이 내게 어찌할꼬"

앞에서도 말했듯이 사람의 마음과 육체에서는 사람을 더럽게 하는 죄들이 수시로 나온다. 이 죄들을 그대로 두면 성령을 모실 수 없기 때문에 하나님의 성전인 마음과 몸을 깨끗하게 하는 세례를 날마다 받아야 한다. 하지만 평생에 한 번만 세례 받으면 다 천국을 가는 것처럼 가르치니 교인들이 마음 놓고 죄를 짓는다. 사람이 매일 육체의 정욕대로 행하면 영적인 삶이 아니라 죄의 종으로 살아가는 것이다. 회개치 않으므로 죄악이 쌓이면 양심이 무뎌지고 죄에 대해서 무감각해지고 점점 더 죄의식이 사라진다. 그러다가 양심에 화인 맞은 자가 되면 돌이킬 수 없는 죄악의 구렁텅이로 빠져들게 된다. 살다보면 어제는 감사했는데 오늘은 감사가 사라지기도 하고 원망과 걱정도 끊이질 않는다. 어제 남을 미워하는 마음이나 음란한 마음을 회개했어도 오늘 또 음란한 생각이 들고 미운 마음도 생긴다. 그래서 바울사도의 자랑은 "나는 날마다 죽노라"였다.

고전 15:31 "형제들아 내가 그리스도 예수 우리 주 안에서 가진바 너희에게 대한 나의 자랑을 두고 단언하노니 나는 날마다 죽노라"

이 말씀은 바울 사도가 매일 세례를 받아 그리스도와 함께 죽었기 때문에 날마다 새 생명 가운데서 살 수 있었음을 말씀한 것이다. 에베소서 4장에서는 총명이 어두워지고 마음이 굳어짐으로 말미암아 하나님의 생명에서 떠나 있으면 감각 없는 자가 된다고 말씀하신다. 그러면 죄에 대해서 무감각해지고 회개를 전혀 하지를 못한다.(엡 4:17-20) '그리스도 주'만이 우리를 살리시며 죄악의 구렁텅이에서 건져내 주신다. 나의 삶이 성령으로 시작하였다면 끝까지 성령으로 가야한다. 그래서 우리에게 그리스도의 비밀을 주신 것이다.

새 언약과 그리스도의 비밀

요한복음 6장은 예수님께서 보리떡 다섯 개와 물고기 두 마리로 오천 명을 먹이신 기적으로 시작한다. 예수님께서 베푸신 기적을 본 백성들은 예수님을 임금으로 삼으면 병도 언제든지 쉽게 고쳐 주시고 먹고 살 걱정도 없을 거라는 기대감으로 가득 차있었다. 그래서 예수님을 억지로 잡아서 임금을 삼으려고 하자 예수님은 혼자 산으로 떠나가셨다.(요 6:14-15) 오늘날도 많은 사람들은 가장 중요한 자기 영혼의 문제보다는 오직 먹고 사는 육의 것에만 관심이 있다. 영원한 나라에 들어가는 것, 즉 영생의 문제를 등한시하는 것은 그때나 지금이나 똑같다.

예수님을 찾으러 다니던 무리들을 다시 만난 후에 예수님께서는 "썩는 양식을 위하여 일하지 말고 영생하도록 있는 양식을 위하여 하라"고(요 6:27) 말씀하시면서 자신의 살과 피로 세우는 새 언약에 대해서 말씀하신다.

> 눅 22:19-20 "19또 떡을 가져 사례하시고 떼어 저희에게 주시며 가라사대 이것은 너희를 위하여 주는 내 몸이라 너희가 이를 행하여 나를 기념하라 하시고 20저녁 먹은 후에 잔도 이와 같이 하여 가라사대 이 잔은 내 피로 세우는 새 언약이니 곧 너희를 위하여 붓는 것이라"

교회들이 주님께 받은 떡과 잔을 나누는 성찬을 통해서 주님을 기념하며 대대로 전하는 것은 참으로 다행한 일이다. 하지만 성찬의 의미에 대한 각기 다른 해석으로 인하여 교회들이 나뉘게 된 것은 안타까운 일이 아닐 수 없다. 성찬은 한 몸이 되기 위해 떡과 잔을 나누는 것인데 도리어 성찬 문제로 교회들이 많은 교파들로 나뉘었다. 이러한 문제의 원인은 주님께서 말씀하신 새 언약의 뜻은 알지 못하면서 떡과 잔을 떼는 행사에만 초점을 맞추었기 때문이다.

고전 11:23-26 "23내가 너희에게 전한 것은 주께 받은 것이니 곧 주 예수께서 잡히시던 밤에 떡을 가지사 24축사하시고 떼어 가라사대 이것은 너희를 위하는 내 몸이니 이것을 행하여 나를 기념하라 하시고 25식후에 또한 이와 같이 잔을 가지시고 가라사대 이 잔은 내 피로 세운 새 언약이니 이것을 행하여 마실 때마다 나를 기념하라 하셨으니 26너희가 이 떡을 먹으며 이 잔을 마실 때마다 주의 죽으심을 오실 때까지 전하는 것이니라"

주님께서 말씀하신 새 언약은 참된 양식을 먹고 참된 음료를 마시는 것이다. 참된 양식인 주님의 살과 참된 음료인 주님의 피를 마시게 되면 우리가 그분 안에 거하게 되고 그 분이 내 안에 거하신다고 말씀한다. 우리가 먼저 그분 안에 거할 때 그분이 내게 들어오신다는 것은 그리스도의 비밀을 말씀하신 것과 정확히 일치한다.

요 6:55-57 "55내 살은 참된 양식이요 내 피는 참된 음료로다 56내 살을 먹고 내 피를 마시는 자는 내 안에 거하고 나도 그 안에 거하나니 57살아계신 아버지께서 나를 보내시매 내가 아버지로 인하여 사는것 같이 나를 먹는 그 사람도 나로 인하여 살리라"

주님의 살을 먹고 피를 마셔야 한다니까 유대인들이 "이 사람이 어찌 능히 제 살을 우리에게 주어 먹게 하겠느냐"(요 6:52)며 다투는 모습이 요한복음 6장에 나온다. 그 당시 유대인들처럼 지금도 교회들은 성찬 문제로 다투고 있다. 깨달음이 없던 제자들이 "이 말씀은 어렵도다. 누가 들을 수 있느냐"고(요 6:60) 말했던 것처럼 지금의 교회들도 보이지 않는 주님의 살과 피를 먹고 마셔야 한다는 말씀에 주님의 뜻은 알지도 못하고 형식만 남은 성찬을 유지하고 있다.

그리스도의 비밀은 우리 안에 그리스도께서 계시는 것이며 그러기 위해서는 요한복음의 말씀처럼 주님의 살을 먹고 피를 마셔야 하는데 이것이 바로 새 언약이며 성찬이다. 지금은 주님이 눈에 보이지 않기 때문에 주님의 살과 피를 직접 먹으며 마실 수 있는 방법이 없다. 그래서 떡과 포도즙으로 된 잔으로 성찬예식을 유지하지만 그리스도의 비밀을 깨닫지 못했기 때문에 의식과 형식만 남았다. 주님의 살을 먹고 피를 마시는 자는 영생을 갖는 것이며 다시 살아서 생명을 얻는다. 이 생명을 얻은 사람이 바로 천국 가는 사람이다.

요 6:54-55 "54내 살을 먹고 내 피를 마시는 자는 영생을 가졌고 마지막 날에 내가 그를 다시 살리리니 55내 살은 참된 양식이요 내 피는 참된 음료로다"

하나님께서는 우리를 너무나 사랑하셔서 자기 아들의 살과 피를 통해 우리에게 살 길을 주셨으며 영생을 주셨다. 주님의 살과 피는 우리가 주 안에 먼저 들어갈 때 주께서 우리 안에 거하시는 새 언약인데 이것이 바로 그리스도의 비밀이며 곧 천국 가는 영생을 얻도록 그리스도의 비밀로 죄를 씻는 것을 말씀한다.

요 3:16 "하나님이 세상을 이처럼 사랑하사 독생자를 주셨으니 이는 저를 믿는 자마다 멸망치 않고 영생을 얻게 하려 하심이니라"

아들을 믿는 자에게는 영생이 있는데(요 3:36) 믿음은 하나님께서 주시는 선물이지 내가 자의적으로 믿는 것이 아니다.(엡 2:8) 믿는 자가 얻는 이 영생은 우리가 주님의 살과 피를 먹었다는 것이며 믿음을 선물로 받았다는 것을 의미한다. 이것은 그리스도 비밀로 죄 씻음을 받고 그리스도 안에 있을 때 주님께서 내 안에 계시는 것과 정확하게 일치한다. 즉 주님께서 자신의 살과 피로 세우신 새 언약이 그리스도의 비밀이다.

하나님의 가장 큰 사랑을 받은 이스라엘 백성들은 하나님의 이적과 기사를 직접 목격하였고 고통스러웠던 노예의 신분에서 약속의 땅으로 세밀하게 인도하시는 하나님의 사랑도 몸소 체험하였다. 하지만 이들은 하나님과의 언약을 파하였고 수도 없이 배신했다. 그래도 하나님께서는 이들을 버리지 아니하시고 새 언약을 세우실 것을 말씀하셨다.

렘 31:31-33 "31나 여호와가 말하노라 보라 날이 이르리니 내가 이스라엘 집과 유다 집에 새 언약을 세우리라 32나 여호와가 말하노라 이 언약은 내가 그들의 열조의 손을 잡고 애굽 땅에서 인도하여 내던 날에 세운것과 같지 아니할 것은 내가 그들의 남편이 되었어도 그들이 내 언약을 파하였음이니라 33나 여호와가 말하노라 그러나 그 날 후에 내가 이스라엘 집에 세울 언약은 이러하니 곧 내가 나의 법을 그들의 속에 두며 그 마음에 기록하여 나는 그들의 하나님이 되고 그들은 내 백성이 될것이라"

하나님께서는 이스라엘 백성들이 파해 버린 언약을 자기 아들을 이 땅에 보내사 새 언약인 성찬으로 다시 세우셨다. 이스라엘 백성들은 하나님의 법을 머리로만 알고 자기들의 노력으로 율법을 지키려 하였다. 그러나 새 언약은 머리로 아는 것이 아니라 하나님의 법이 우리 마음에 거하여 죄를 이기게 하는 능력이 되게 하신다. 우리에게는 죄를 이길 수 있는 능력이 없다. 오직 주의 말씀이 나의 마음에 있을 때만 가능하다.

시 119:11 "내가 주께 범죄치 아니하려 하여 주의 말씀을 내 마음에 두었나이다"

성경을 암기하는 것은 머리로 들어가기 때문에 우리의 잘못된 행동을 바꾸는데 아무런 도움이 되지 못한다. 오히려 머리로 아는 성경지식과 다른 행동을 할 때마다 스스로 더 큰 죄책감에 시달릴 뿐이다. 뿐만 아니라 회개 없이 성경을 암기한다면 술 취한자의 손에 든 가시나무 같다고 성경은 말씀한다. 술에 취한 사람이 가진 가시나무는 자기도 찌를 뿐 아니라 주변 사람도 해칠 수 있다. 그러니 무작정 성경을 암송하는 것이 얼마나 위험한 일인가를 깨달아야 한다.

잠 26:9 "미련한 자의 입의 잠언은 술 취한 자의 손에 든 가시나무 같으니라"

주의 말씀이 내 마음에 있다면 죄를 이길 수 있으며 하나님의 자녀로서 영광을 돌리는 삶을 살 수 있다. 그러기 위해서는 그리스도의 비밀로 율법을 묵상해야 한다. 즉 그리스도 비밀로 내가 먼저 그리스도 안에 들어가서 율법으로 죄를 깨달아 회개하는 말씀은 우리 속에 거하시는 능력의 말씀이 된다. (요 15:7-8)

하나님께서 세우신 새 언약은 주님의 법을 우리 마음에 기록하신다는 약속인데 많은 사람들이 새 언약을 모르기 때문에 성경을 머리로만 이해하려고 하며 하나님께서 선물로 주시는 믿음도 받지 못하는 것이다. 성경이 증거하는 믿음은 예수 그리스도께서 우리 안에 계시는 것을 말씀하는 데(고후 13:5) 내가 먼저 그리스도 안에 들어가 있어야 진리이신 말씀이 우리 안에 거하게 된다. 곧 그리스도의 비밀이요 새 언약인 성찬을 통해서 우리가 주님 안에 들어가고 주님의 말씀이 우리 안에 거하게 되므로 그때에 무엇이든지 구하면 그대로 응답하신다. 이 놀라운 약속을 통해서 우리는 과실을 많이 맺게 되어 하나님께 영광을 돌리게 된다.(요 15:7-8)

요 5:38 "그 말씀이 너희 속에 거하지 아니하니 이는 그의 보내신 자를 믿지 아니함이니라"

하나님께서는 우리에게 우리 죄를 깨달으라고 모세를 통해서 율법을 주셨으며(롬 3:20) 은혜와 진리는 예수 그리스도로 말미암아 온다고 요한복음은 말씀한다. 즉 그리스도로 말미암아 주께서 함께 하시는 은혜가 오며(눅 1:28) 진리이신 하나님의 말씀이 나에게 온다.(요 17:17)

요 1:17 "율법은 모세로 말미암아 주신 것이요 은혜와 진리는 예수 그리스도로 말미암아 온 것이라"

모든 성경은 하나님의 감동으로 된 것이지(딤후 3:16) 어떤 사람들이 자기의 이론이나 생각을 적은 것이 아니다. 그런데도 진정한 저자인 하나님을 무시하고 마태나 누가 아니면 바울이 성경 저자라고 생각하여 사람을 연구하며 가르치는 잘못을 수없이 반복해왔고 지금도 계속되고 있다. 성경은 진리이신 하나님의 말씀이기 때문에 사람의 말로 받지 않고 하나님의 말씀으로 받을 때 믿는 자 속에서 살아 역사한다.

살전 2:13 "이러므로 우리가 하나님께 쉬지 않고 감사함은 너희가 우리에게 들은바 하나님의 말씀을 받을 때에 사람의 말로 아니하고 하나님의 말씀으로 받음이니 진실로 그러하다 이 말씀이 또한 너희 믿는 자 속에서 역사하느니라"

성경이 증거하는 회개: 사단계 회개

양심이 조금이라도 있는 사람이라면 죄를 지었을 때 가장 먼저 마음이 찔리고 아프며 괴롭다. 그 이유를 성경에서는 사람이 죄를 지을 때마다 그 죄가 가장 단단한 다이아몬드로 자기 마음에 새겨지기 때문이라고 말씀한다.

렘 17:1 "유다의 죄는 금강석 끝 철필로 기록되되 그들의 마음 판과 그들의 단 뿔에 새겨졌거늘"

죄를 짓고 나면 죄책감이 사로잡으며 남과 다투고 미워했던 괴로운 기억들은 쉽게 잊혀지지 않는다. 사람들은 이러한 기억들을 지워버리기 위해 술을 마시거나 수면제를 복용하고 잠을 자면서 잊어 보려고 하지만 마음속에 기록된 죄는 금강석 끝 철필로 기록되었기 때문에 없어지지 않는다. 내가 죄를 지으면 죄가 나의 마음 판에도 기록되지만 하나님의 전에 있는 제단 뿔에도 기록된다. 기름부음을 받은 제사장이 자신들이 죄를 범하면 제사장은 수송아지의 피를 가지고 제단의 단 뿔에 바르면서 속죄를 하였다. 한편 백성들이 죄를 범하면 기름부음을 받은 제사장은 백성들의 죄를 위하여 수송아지의 피를 가지고 역시 제단의 뿔에 바르면서 속죄제를 드렸다. 다시 말하자면 제단의 뿔은 죄가 기록되는 곳으로써 죄의 사함을 위해서는 피가 필요하다고 성경은 말씀한다. 피 흘림이 없이는 사함이 없다.

히 9:22 "율법을 좇아 거의 모든 물건이 피로써 정결케 되나니 피흘림이 없은즉 사함이 없느니라"

사람들이 죄를 지으면 본인도 괴롭지만 하나님을 더욱 괴롭히고 있다는 생각은 하지 못한다. 이사야서는 내가 지은 죄의 짐으로 하나님을 수고롭게 하며 괴롭게 한다고 말씀한다.

사 43:24 "너는 나를 위하여 돈으로 향품을 사지 아니하며 희생의 기름으로 나를 흡족케 아니하고 네 죄 짐으로 나를 수고롭게 하며 네 죄악으로 나를 괴롭게 하였느니라"

내가 죄를 지으면 그 죄가 나의 '마음 판'과 '단 뿔' 이렇게 두 군데에 기록되며 나의 마음도 괴롭지만 하나님을 더욱 괴롭게 한다. 그러므로 내가 죄를 회개할 때는 두 곳에 기록된 죄를 모두 없애야 속죄가 된다. 죄를 자백하기 위해서는 먼저 죄를 깨달아야 회개할 수 있다. 그래서 율법이 우리에게 주어진 것이며 율법의 역할은 바로 우리의 죄를 깨닫게 한다.

롬 3:20 "그러므로 율법의 행위로 그의 앞에 의롭다 하심을 얻을 육체가 없나니 율법으로는 죄를 깨달음이니라"

첫 번째 단계는 율법을 통해서 죄를 깨달아야 한다.
두 번째 단계는 하나님 전에 기록되어 있는 죄를 그리스도의 피로 씻는 것이며,
세 번째 단계는 나의 마음 판에 새겨진 죄를 그리스도의 피로 씻는 것이다.
네 번째 단계는 요나가 죄를 자백한 후 감사를 드려서 살아난 것처럼 감사를 드리는 단계다.

성경은 죄 사함을 받는 길을 구체적으로 말씀하시며 구약의 성막을 통

하여 예시하신 것을 그리스도로 완성하셨다. 그러나 지금의 교회들은 죄 사함을 받는 길에 대해서 무지할 뿐만 아니라 교인들의 삶 가운데서 회개를 완전히 지워 버렸다. 회개를 말한다고 해도 형식적인 말뿐이다. 죄인인 우리는 그리스도의 피로 죄를 씻어야 구속 곧 죄 사함을 받을 수 있으며 하나님이 인정하시는 의인이 된다.(엡 1:7) 회개는 과거에 지었던 죄나 혹은 생각나지 않는 죄까지 모두 합해서 마구잡이로 하는 것이 아니다. 내 마음대로 회개한다면 성막이 필요가 없게 된다. 어떤 사람은 '성막은 구약에만 필요한 것 아닌가' 하는 의심도 할 것이다. 하지만 예수님께서 오신 것은 구약을 폐하러 오신 것이 아니고 완전케 하시기 위해 오셨다.

마 5:17-18 "17내가 율법이나 선지자나 폐하러 온 줄로 생각지 말라 폐하러 온 것이 아니요 완전케 하려 함이로라 18진실로 너희에게 이르노니 천지가 없어지기 전에는 율법의 일점 일획이라도 반드시 없어지지 아니하고 다 이루리라"

성막에 가서는 자기 멋대로 할 수가 없고 하나님의 명령을 따라서 정해 놓으신 것을 그대로 따라야지 하나님께서 받으셨다. 구약에서 말씀하신 성막은 개혁할 때까지만 맡겨 두신 것이다. 이제 새 언약을 통해서 완전한 새 성막이 주어졌는데 바로 그리스도라고 히브리서는 말씀하신다. 성경이 말씀하는 진정한 개혁은 사람이 하는 것이 아니라 그리스도를 통해서만 이루어진다. (히 9:11-12)

구약의 첫 장막은 염소와 황소의 피와 암송아지의 재로 부정한 자에게 뿌려 정결케 하는 장소이었지만 온전한 장막이 나타나면서 완전하게 되었다. 온전한 장막에는 더 이상 짐승의 피가 필요하지 않으며 새 언약 곧 그리스도의 피로 죄인들이 정결하게 되어서 살아 계신 하나님을 섬기게 한다.

히 9:14 "하물며 영원하신 성령으로 말미암아 흠 없는 자기를 하나님께 드린 그리스도의 피가 어찌 너희 양심으로 죽은 행실에서 깨끗하게 하고 살아계신 하나님을 섬기게 못하겠느뇨"

느헤미야에서는 구체적인 4단계 회개의 모습을 말씀하고 있다. 이스라엘 백성이 다 모여서 금식하며 굵은 베를 입고 티끌을 무릅쓰며 겸비한 모습으로 모든 이방인과 절교하고 서서 자기의 죄와 열조의 허물을 자복한다.

느 9:1-2 "1그 달 이십 사일에 이스라엘 자손이 다 모여 금식하며 굵은 베를 입고 티끌을 무릅쓰며 2모든 이방 사람과 절교하고 서서 자기의 죄와 열조의 허물을 자복하고"

이스라엘 백성들이 회개를 하는데 '낮 사분지 일'은 '율법 책을 낭독'한다. 그리고 '낮 사분지 일'은 '죄를 자복'하며 그 다음은 여호와께 부르짖으며 마지막은 하나님께 송축을 드린다. 이들이 회개를 할 때 사분지 일씩 하는 것은 4단계로 회개하는 모습을 그대로 보여 주는 것이다.

느 9:3-5 "3이 날에 낮 사분지 일은 그 처소에 서서 그 하나님 여호와의 율법책을 낭독하고 낮 사분지 일은 죄를 자복하며 그 하나님 여호와께 경배하는데 4레위 사람 예수아와 바니와 갓미엘과 스바냐와 분니와 세레뱌와 바니와 그나니는 대에 올라서서 큰 소리로 그 하나님 여호와께 부르짖고 5또 레위사람 예수아와 갓미엘과 바니와 하삽느야와 세레뱌와 호디야와 스바냐와 브다히야는 이르기를 너희 무리는 마땅히 일어나 영원부터 영원까지 계신 너희 하나님 여호와를 송축할찌어다 주여 주의 영화로운 이름을 송축하올 것은 주의 이름이 존귀하여 모든 송축이나 찬양에서 뛰어남이니이다"

감사가 아니라 송축이라고 성경은 기록하였는데 감사 후에 저절로 드려지는 것이 송축이다. 죄가 없으신 주님이 십자가에 죽으시고 삼일 후에 부활하신 것은 우리가 이렇게 회개해야 살아날 것을 보여 주신 것이다. 또한 요나가 물고기 뱃속에서 삼일동안 있었던 것도 3단계 회개 후에 나오는 감사가 있어야만 네 단계가 이루어져 다시 살아나는 것을 보여 주신 것이다.

시 100:4 "감사함으로 그 문에 들어가며 찬송함으로 그 궁정에 들어가서 그에게 감사하며 그 이름을 송축할찌어다"

이스라엘 백성들이 하루를 사분지 일씩 나누어서 회개한 것은 우리도 4단계로 회개해야 성경적인 온전한 회개가 됨을 보여 준다. 죄인들이 하나님께 돌아가는 것이 회개인데(행 26:20) 하나님께로 돌아가면 찢으셨던 것도 낫게 하시며 얻어맞아 다친 곳도 싸매어 주신다. 호세아서도 정확한 4단계 회개의 모습을 보여 주신다. 즉 이틀 후에 우리를 살리시며 제 삼일에 우리를 일으켜 주시면 우리가 그 앞에서 산다.

호 6:1-2 "1오라 우리가 여호와께로 돌아가자 여호와께서 우리를 찢으셨으나 도로 낫게 하실 것이요 우리를 치셨으나 싸매어 주실 것임이라 2여호와께서 이틀 후에 우리를 살리시며 제 삼일에 우리를 일으키시리니 우리가 그 앞에서 살리라"

왜 전능하신 하나님께서 그냥 살려 주시지 않고 이틀에는 살려 주시고 삼일에는 우리를 일으키시는 것인가? 우리가 이렇게 회개해야 된다는 것을 깨닫게 해 주시기 위함이다. 이틀과 삼일이 있다면 반드시 첫날이 필요한데 첫 날은 율법으로 죄를 깨닫는 첫 단계를 뜻한다. 우리가 죄를 깨닫고 그리스도 피로 하나님 괴롭힌 죄를 씻으면 하나님께서 우리를 살려는 주시지만 아직 스스로 일어나지는 못한다. 아직 누워있는 환자일 뿐 자유롭게 움직이지 못하기 때문에 사람답게 살수도 없다. 우리 마음에 다이아몬드로 기록되어 있는 죄를 그리스도 피로 씻고 용서받으면 그때 하나님께서 일으켜 주신다. 살려 주시는 것도 일으켜 주시는 것도 전부 은혜요 다 하나님께서 하시는 것이다. 그러니 그리스도가 삼일 만에 부활하신 과정처럼 우리도 3단계에서 거듭난다. 베드로전서는 예수 그리스도께서 죽은 자 가운데서 부활하심으로 말미암아 우리를 거듭나게 해 주신다고 말씀한다.

> 벧전 1:3 "찬송하리로다 우리 주 예수 그리스도의 아버지 하나님이 그 많으신 긍휼대로 예수 그리스도의 죽은 자 가운데서 부활하심으로 말미암아 우리를 거듭나게 하사 산 소망이 있게 하시며"

예수 그리스도의 부활이 우리에게는 거듭남 즉 중생이 되며 우리는 반드시 거듭나야 하나님 나라에 들어갈 수 있다. 그래서 사람이 물과 성령으로 거듭나야 하나님의 백성이 된다. 요나의 표적도 삼일간이며 예수 그리스도의 부활도 삼일이며 하나님께서 회개한 우리를 제 삼일에 살려 주신다. 예수 그리스도는 감사를 받으실 분이기 때문에 삼일이지만 요나가 감사를 드림으로 살아난 것처럼 죄인인 우리는 반드시 감사가 있어야하기 때문에 4단계가 필요한 것이다. 즉 예수 그리스도께서 죽은 자 가운데서 삼일 후에 부활하신 것은 우리를 거듭나게 하사(요 3:5-7) 하나님 나라에 합당한 자들이 되게 하신 것인데 이것은 정확히 4단계 회개를 말씀하시는 것이다.

예수님께서 십자가에 달려 돌아가실 때 군병들이 예수를 십자가에 못 박고 옷을 취하여 네 깃에 나눠 각각 한 깃씩 얻고 속옷은 제비를 뽑아 가지는 모습이(시 22:18) 요한복음에 나온다. 마태복음과 마가복음 그리고 누가복음에는 옷을 나누어 가진 사실만 기록되어 있는데 요한복음에는 옷을 네 깃에 나누고 속옷은 제비를 뽑아 가지는 일들이 상세히 기록되어 있다.

> 요 19:23-24 "23군병들이 예수를 십자가에 못 박고 그의 옷을 취하여 네 깃에 나눠 각각 한 깃씩 얻고 속옷도 취하니 이 속옷은 호지 아니하고 위에서부터 통으로 짠 것이라 24군병들이 서로 말하되 이것을 찢지 말고 누가 얻나 제비 뽑자 하니 이는 성경에 저희가 내 옷을 나누고 내 옷을 제비 뽑나이다 한 것을 응하게 하려 함이러라 군병들은 이런 일을 하고"

군병들이 옷을 네 쪽으로 나누어 가진 것이 무슨 큰 의미가 있을까 의문을 가질 수도 있으나 결론부터 말하자면 옷 네 쪽은 4단계 회개를 의미한다. 출애굽기 28장에는 제사장 직분을 행하기 위해서는 거룩한 옷을 입어야 하는데(출 28:1-4) 대제사장의 겉옷은 긴 옷으로 에봇 받침으로 입도록 되어 있으며 모두 푸른색이었다.(출 28:31) 예수 그리스도는 레위 지파인 아론으로부터 시작하는 사람의 직분인 대제사장이 아니시다. 사람인 대제사장은 백성의 죄를 속죄하는 일을 하지만 자신도 죄를 지으면 속죄제를 드려야 했다. 하지만 예수 그리스도께서는 아론의 계열이 아닌 멜기세덱의 반차를 좇는 영원한 대제사장이시다.(시 110:4)

> 히 6:20 "그리로 앞서 가신 예수께서 멜기세덱의 반차를 좇아 영원히 대제사장이 되어 우리를 위하여 들어가셨느니라"

출애굽기에는 대제사장이 거룩한 옷을 입지 않고 회막에 들어가거나 제단에 가까이 하면 죽음을 당하는 죄를 짓는 일이라고 기록하면서 후손이 영원히 지킬 규례라고 말씀한다. 즉 대제사장에게는 옷이 이처럼 중요한 문제인데 영원한 대제사장의 옷을 죄인들이 찢었다.

> 출 28:43 "아론과 그 아들들이 회막에 들어갈 때에나 제단에 가까이 하여 거룩한 곳에서 섬길 때에 그것들을 입어야 죄를 지어서 죽지 아니하리니 그와 그의 후손의 영원히 지킬 규례니라"

죄악된 인간들은 그리스도께서 장래 좋은 일의 대제사장으로(히 9:11) 오신 것을 인정하지 않고 옷을 찢어 나눠가지므로 그리스도께서 영원한 대제사장이 되심을 부인하고 오히려 욕되게 하였다. 그러나 이제 우리가 자자손손 대대로 전하면서 영원히 지켜야 할 것은 그리스도께서 대제사장 되심이다. 즉 하나님의 아들인 그리스도를 부인하고 영원한 대제사장의 옷을 네 깃으로 나눈 죄를 통회하고 자복함으로 다시 옷을 돌려드려서 그리스도께서 대제사장 되심을 시인해야 한다.

앞에서 본 것처럼 구약의 첫 장막은 온전한 장막이 올 때까지만 맡겨두신 것이기 때문에 지금은 대제사장을 다시 세워서 대제사장에게 거룩한 옷을 만들어서 입게 할 필요가 없다. 그러니 영원히 지킬 규례라는 것은 구약의 제사장의 옷을 말씀하는 것이 아니고 우리가 찢은 그리스도의 옷을 말씀하시는 것이며 옷의 네 깃은 우리가 해야 할 4단계 회개를 말씀한다. 요나의 표적도 삼일간 물고기 뱃속에서 회개기도하고 감사를 드린 후 살아났듯이 군병들이 예수 그리스도의 옷을 네 쪽으로 나눠 가진 것도 우연이 아니다. 당연한 말씀이지만 성경에는 우연이란 없으며 모든 것이 다 우리를 위하여 하나님께서 기록하신 것이다.

군병들이 나누어 가진 그래서 내가 돌려 드려야 할 네 쪽은 죄를 깨닫는 첫 번째 단계, 하늘의 전에 기록된 죄를 지우는 두 번째 단계, 나의 마음속에 기록되어 있는 죄를 지우는 세 번째 단계, 그리고 감사하는 네 번째 단계의 네 깃을 뜻한다. 주님이 말씀하신 요나의 표적과 친히 우리에게 전하신 새 언약, 그리고 느헤미야에서 이스라엘 백성들이 사분지 일씩(1/4+1/4+1/4+1/4=1) 회개기도 한 모습, 군병들이 네 깃으로 나누어 가진 사건들은 4단계 회개가 성경적으로 꼭 해야 하는 회개임을 말씀하신다. 또한 이것이 바로 그리스도 비밀이며 영원히 지킬 규례임을 확증하며 말씀하고 계신다.

이렇듯 하나님께서는 성경 전체를 통해서 그리스도의 비밀을 계시하셨으며 성경적인 회개인 4단계 회개를 말씀하고 계신다. 만약이라도 그리스도의 비밀이 마음에 와 닿지 않거나 의심하는 사람이 있다면 주님 앞에 나아가 통회자복하며 회개를 하면 하나님께서 반드시 진리의 빛을 비춰 주신다.

> 딤후 2:25 "거역하는 자를 온유함으로 징계할찌니 혹 하나님이 저희에게 회개함을 주사 진리를 알게 하실까 하며"

4단계 회개는 사람의 이론이 아니며 주장도 아니다. 4단계 회개는 성경적인 회개이며 우리를 살리는 그리스도의 비밀이다. 4단계 회개는 죄를 지은 후 마음에 죄책감이 드는 마음도 죄를 심어서 거둔 악의 열매도 회개 후 나오는 감사를 통해서 다 해결하여 준다. 4단계 회개는 가정을 화목하게 하며 말씀대로 부모를 공경하게 하고 나라와 민족에게 공헌하는 참된 신앙인이 되게 한다. 회개를 하는 근본 이유는 죄를 자백함으로써 하나님과 나와의 막혔던 관계가 회복되기 위함이다. 4단계 회개로 회개하면 기도가 상달될 뿐 아니라 하나님께 영광을 돌리는 삶을 살 수 있다. 한 가지 분명한 것은 나의 죄를 용서 받기 위해서는 먼저 남을 용서해야 한다는 것이 성경의 가르침이다. 성경 전체를 통해서 약속하신 말씀이 그대로 이루어지게 하는 이 복음, 즉 우리에게 주신 놀라운 약속인 그리스도의 비밀을 받아들인다면 가장 사람다운 사람이 되어 축복의 삶을 살 수 있다.

> 마 6:14-15 "14너희가 사람의 과실을 용서하면 너희 천부께서도 너희 과실을 용서하시려니와 15너희가 사람의 과실을 용서하지 아니하면 너희 아버지께서도 너희 과실을 용서하지 아니하시리라"

영생의 말씀이 계시매 뉘게로 가오리이까

계시록에 나오는 일곱 교회 중 하나인 에베소교회는 주의 이름을 위하여 게으르지 않고 열심 있는 교회였다. 에베소교회와 마찬가지로 한국교회도 세계 교회들 가운데서 유례가 없을 정도로 주님께 열심 있는 교회라고 말할 수 있다. 주일 예배는 물론 주일 저녁 예배, 새벽기도, 수요일에 드리는 삼일예배 그리고 금요일에는 금요 철야예배까지 드리는 열심 있는 교회이다. 그러나 에베소교회는 주님께 향한 열심은 있었으나 처음 사랑을 버려서 책망을 받았다. 처음 사랑을 회복하는 길은 회개라고 계시록은 말씀한다. 회개하기 위해서는 어디서 처음 사랑을 버렸는지 찾아야 한다.

> 계 2:3-5 "3또 네가 참고 내 이름을 위하여 견디고 게으르지 아니한 것을 아노라 4그러나 너를 책망할 것이 있나니 너의 처음 사랑을 버렸느니라 5그러므로 어디서 떨어진 것을 생각하고 회개하여 처음 행위를 가지라 만일 그리하지 아니하고 회개치 아니하면 내가 네게 임하여 네 촛대를 그 자리에서 옮기리라"

열심 있는 자들로 말할 것 같으면 바리새인들이 으뜸일 것이다. 바리새인들은 율법 책을 열심히 읽었으며 일주일에 두 번씩 금식하며 십일조도 빠짐없이 드리고 불의한 일이나 간음죄 같은 더러운 죄도 짓지 않는 도덕적으로는 흠잡을 것이 없는 사람들이었다.(눅 18:9-11) 하지만 겉과 속이 다른 그들의 이중적인 삶을 아시는 예수님께로부터 외식하는 자들이라고 심한 책망을 받았다. 바리새인들이 열심을 내면 낼수록 하나님의 말씀과 점점 더 멀어지게 된 것은 율법이 말씀하는 중요한 것들을 놓쳤기 때문이다. 한국교회들도 열심히 성경을 읽고 예배를 드리지만 하나님께서 원하시는 더욱 더 중요한 것을 알지 못했다.

교회들은 더 이상 주님께 무릎을 꿇지 않으며 첫 사랑을 버렸다. 교회에서 눈물이 사라진지 오래다. 미국과 유럽의 교회들에게서 회개라는 단어가 사라진지 오래된 것처럼 한국교회는 회개의 눈물을 잃어 가고 있다. 하나님께서 원하시는 것은 상하고 통회하는 마음이다.

시 51:17 "하나님의 구하시는 제사는 상한 심령이라 하나님이여 상하고 통회하는 마음을 주께서 멸시치 아니하시리이다"

베드로와 사도들이 이스라엘 백성을 향하여 외쳤던 "너희가 십자가에 못 박은 예수"(행 2:36)라는 죄를 깨닫게 하는 설교를 통해서 이스라엘 백성들이 통회 자백이 일어났던 거와같이 상하고 통회하는 마음을 위해서는 설교자의 폐부를 찌르는 채찍 같은 설교가 필요하다. 전도서는 말씀을 듣는 것이 제사 드리는 것보다 먼저라고 말씀한다. 그것은 말씀을 들으면서 죄를 깨달아 회개할 수 있기 때문이다.

전 5:1 "너는 하나님의 전에 들어갈 때에 네 발을 삼갈찌어다 가까이 하여 말씀을 듣는 것이 우매자의 제사드리는 것보다 나으니 저희는 악을 행하면서도 깨닫지 못함이니라"

마지막 때에는 거짓 선지자들이 많이 일어나서 잘못된 교리로 사람들을 미혹케 한다.(마 24:11) 거짓 선지자들은 주를 부인하는 자들이며 말씀으로 강하게 책망하는 설교를 하지 못한다.(벧후 2:1) 설교자들이 교인 눈치나 보면서 듣기 좋은 말로만 설교를 하므로 교인들에게 영적인 변화가 일어나지 않는다. 지혜자의 설교는 찌르는 채찍 같아서 교인들이 설교를 듣고 죄를 깨닫는다.

전 12:11 "지혜자의 말씀은 찌르는 채찍 같고 회중의 스승의 말씀은 잘 박힌 못 같으니 다 한 목자의 주신바니라"

하나님께서 함께하시지 않는 예배는 죽은 예배이다. 아무리 하나님께서 우리와 함께 하신다고 말한다고 해서 함께 하시지 않는다. 하나님께서는 통회하고 마음이 겸손한 자와 함께 하시지 자칭 의롭다고 하는 자들에게는 함께 하시지 않는다.

사 57:15 "지존무상하며 영원히 거하며 거룩하다 이름하는 자가 이같이 말씀하시되 내가 높고 거룩한 곳에 거하며 또한 통회하고 마음이 겸손한 자와 함께 거하나니 이는 겸손한 자의 영을 소성케 하며 통회하는 자의 마음을 소성케 하려 함이라"

죄를 깨닫고 그리스도 피로 회개하며 통회 자복한 겸손한 사람에게 하나님께서 함께하시며 이때 우리의 영을 소생시켜 주신다. 영이 죽었는데 어떻게 하나님께 바른 예배를 드릴 수 있겠는가? 하나님께서 기뻐하시는 예배는 영적예배이다. 나의 몸을 거룩한 산제사로 드리기 위해서 마음과 몸에서 나오는 죄들을 깨끗이 씻으면 그때 하나님께서 기뻐하시는 영적예배를 드릴 수 있다.

롬 12:1 "그러므로 형제들아 내가 하나님의 모든 자비하심으로 너희를 권하노니 너희 몸을 하나님이 기뻐하시는 거룩한 산 제사로 드리라 이는 너희의 드릴 영적 예배니라"

하나님께서 받지 않으시는 예배를 계속해서 드리다 보니 교회들이 다 죽어 가고 있는 것이다. 말씀과 다른 예배는 하나님께서 받지 않으신다. 예수님께서 바리새인들과 서기관들을 미워해서 '독사의 자식들'이라고 공격하신 것이 아니라(마 12:34) 책망을 통해서 이들을 살리시려는 사랑으로 하셨다. 그런데도 바리새인과 서기관들은 이를 갈면서 예수님을 십자가에 못 박아 죽였다. 회개를 해 본 적이 없는 마음이 강퍅하며 너무나도 악한 자들은 사랑을 사랑으로 받아들이지 못한다. 또 하나 바리새인들이 말씀에 대해서 크게 오해하였던 것 중의 하나는 하나님께 제사를 드리는 것을 가장 중요시 여기면서 정작 중요한 영혼들을 불쌍히 여기는 마음이 없었다. 이들은 죄인들을 멸시하며 자기들만 의롭다는 자만심에 빠져 있었다. 이와 마찬가지로 지금의 교회들은 예배의 중요성만 강조하다가 예배의 형식보다 더 중요한 긍휼함을 잃어버렸다. 예수님께서는 제사 보다는 긍휼을 원하신다고 말씀한다.

마 9:13 "13너희는 가서 내가 긍휼을 원하고 제사를 원치 아니하노라 하신 뜻이 무엇인지 배우라 내가 의인을 부르러 온 것이 아니요 죄인을 부르러 왔노라 하시니라"

바리새인들이 자신들을 죄인들과 비교하면서 자칭 의롭다고 여긴 것처럼(눅 18:11) 교회들은 '믿는 사람은 의롭다'라는 공식을 만들어서 가르친다. 이미 의로우니 회개할 일도 없고 통회 자복할 일들은 더더욱 없다. 주님께서 원하시는 것은 긍휼함이며 그 뜻이 무엇인지 배우라고 말씀한다. 많은 교회들은 주님께서 원하시는 뜻은 알지 못하면서 하나님께서 예배를 기쁘게 받으신다고 착각한다. 산상수훈을 통해서 주님께서 가르치신 팔복 가운데 하나가 바로 긍휼히 여김의 복이다. 남을 긍휼하게 여기지 못하는 자는 긍휼함을 받지 못한다.

마 5:7 "긍휼히 여기는 자는 복이 있나니 저희가 긍휼히 여김을 받을 것임이요"

야고보서는 말씀하시를 긍휼을 행하지 아니하면 긍휼함이 없는 심판을 받는데 긍휼은 심판을 이긴다고 말씀한다.

약 2:13 "긍휼을 행하지 아니하는 자에게는 긍휼 없는 심판이 있으리라 긍휼은 심판을 이기고 자랑하느니라"

우리가 아는 데로 긍휼은 다른 영혼들을 사랑하여 불쌍히 여기는 마음인데 인정이 많은 것과는 완전히 다른 차원이다. 천성적으로 남을 불쌍히 여겨서 구제를 잘 하는 사람들도 있고 가난한 사람을 잘 돕는 사람들도 있지만 긍휼함은 하나님의 성품이지(느 9:31) 사람이 가지고 있는 성향이 아니다. 그리스도 예수의 사람들은 정과 욕심을 십자가에 못 박은 사람이다. (갈 5:24) 그러면 어떻게 하여야 하나님께서 배우라고 하신 긍휼함을 얻을 수 있겠는가? 호세아서는 자기를 위하여 의를 심는 자가 긍휼을 거둔다고 말씀한다.

호 10:12 "너희가 자기를 위하여 의를 심고 긍휼을 거두라 지금이 곧 여호와를 찾을 때니 너희 묵은 땅을 기경하라 마침내 여호와께서 임하사 의를 비처럼 너희에게 내리시리라"

사람은 모두 죄인이며 우리에게는 의가 없다. (롬 3:10) 우리가 의를 가지기 위해서는 앞에서도 여러 차례 본 말씀처럼 오직 그리스도의 피로만 의롭게 된다. (롬 5:9) 그리스도의 피로 죄를 씻고 의롭게 된 자들이 그 의를 가지고 긍휼을 거두게 된다. 긍휼을 거둔 자는 가장 자비하시고 긍휼하신 여호와 하나님을 계속해서 찾으며 묵은 땅을 경작한다. 묵은 땅을 경작하지 않으면 그 땅에는 온갖 잡초와 가시떨기와 돌들만 있을 뿐이다. 여기에다가 아무리 씨를 뿌려도 열매를 맺지 못하고 고생은 고생대로 한다. 우리는 윗대의 조상으로부터 버려져 있던 땅에서 땅을 경작하면서 돌을 골라내고 잡초를 뽑고 깊이 박혀 있는 나무의 뿌리들을 걷어 내어야 우리의 자손들은 쉽게 열매를 얻으며 고생을 면하게 된다. 가난한 나라의 사람들은 하루 온 종일 밭에 나아가 허리를 피지 못하고 일하지만 하루에 1000원도 벌기에 벅차다. 선조들이 악만 행하면서 자손들에게 기경하지 않은 밭을 물려준 결과이다.

이렇게 땅을 기경하면서 여호와 하나님을 찾으면 마침내 여호와께서 임하시며 우리에게 의를 비와 같이 내리신다. 이렇게 값없이 얻어진 의를 또다시 심으면 긍휼함을 풍성히 얻어서 하나님께서 기뻐하시는 삶을 살게 된다. 자기 가족이나 자녀들을 긍휼이 여기는 마음도 귀한 것이지만 주를 알지 못하고 죽어 가는 수많은 영혼들을 불쌍히 여기며 눈물을 흘리며 대신 죄의 짐을 져 줄 수 있는 성도들이 필요하다. 성도들은 주님께서 풍성히 주시는 긍휼함을 받아서 행하는 주의 백성들이다. 사도 바울을 비롯해서 주님의 제자들과 믿음의 선조들이 자기 목숨을 아끼지 아니하고 복음을 전할 수 있었던 것은 모든 영혼을 긍휼히 여기는 마음이 넘쳤기 때문이다.

자칭 내가 믿는 믿음이 아닌 하나님께서 택하신 자들에게는 긍휼함과 자비함이 있다. 골로새서 3장에 말씀하시는 바와 같이 긍휼과 자비와 겸손과 온유와 오래 참음의 옷을 입고 있지 않으면 택한 자가 아니다. 너무나도 많은 사람들이 남에게 긍휼함과 자비를 베풀지 않으면서도 자신들은 택함을 받은 자라고 스스로에게 속고 있다.

골 3:12 "그러므로 너희는 하나님의 택하신 거룩하고 사랑하신 자처럼 긍휼과 자비와 겸손과 온유와 오래 참음을 옷입고"

예수님께서 마태복음을 통해서 말씀하신 바와 같이 우리의 의가 서기관과 바리새인보다 더 낫지 않으면 결단코 천국에 가지 못한다고 말씀한다. 이것은 단순한 교리의 문제가 아니라 천국과 지옥의 문제인데도 교회들은 이 문제에 대해서 침묵을 한다.

마 5:20 "내가 너희에게 이르노니 너희 의가 서기관과 바리새인보다 더 낫지 못하면 결단코 천국에 들어가지 못하리라"

그러면 바리새인의 의는 무엇이며 우리의 의가 바리새인들 보다 더 나을 수 있는 길은 무엇인가? 앞에서도 많이 언급을 하였지만 바리새인의 의는 자신들의 노력으로 죄인들과 다른 삶을 산다고 여기면서 자칭 의롭다고 여기는 자 들이다. 이들은 죄인들을 멸시하며 죄인들에게 긍휼함이 없다. 스스로 의롭기 때문에 회개할 일도 없으며 속과 겉이 다른 위선의 삶을 살고 있는 자들이다. 바리새인과 서기관 보다 더 나은 의는 우리에게는 없으며 그래서 그리스도의 보혈을 의지하며 회개하는 길뿐이다.

남을 용서하고 불쌍히 여기는 마음만이 천국에 갈 수 있음을 예수님께서는 마태복음 18장을 통해서 알려 주신다. 우리는 하나님께 셀 수 없이 많은 죄를 짓고 있으면서 그 죄들이 용서 받기를 원하면서도 나에게 잘못을 행한 사람들에게는 조그마한 관용도 없으며 불쌍히 여김도 용서함이 없는 악한 마음이 있다. 이것에 대해서 일만 달란트 빚진 자와 백 데나리온 빚진 자의 비유를 말씀하신다. 이것 역시 천국과 지옥의 문제인데도 교회들은 무감각하게 받아들인다.

마 18:23 "이러므로 천국은 그 종들과 회계하려 하던 어떤 임금과 같으니"
마 18:34-35 "34주인이 노하여 그 빚을 다 갚도록 저를 옥졸들에게 붙이니라 35너희가 각각 중심으로 형제를 용서하지 아니하면 내 천부께서도 너희에게 이와 같이 하시리라"

이렇듯 천국 가는 백성은 스스로를 의롭다 여기지 않으며 속과 겉이 다른 이중인격을 고치기 위해서 애통하며 회개기도를 하는 자들이다. 천국 가는 백성들에게서 나타나는 열매는 남을 불쌍히 여기는 긍휼한 마음이다. 하나님께서 우리에게 그의 인자하심을 보이시며 당장 멸하지 않으시고 길이 참으시는 것은 우리 모두가 회개하고 돌아오기를 기다리신다. 회개치 않는 마음과 고집은 진노를 쌓을 뿐이다. 회개가 사라져버린 교회들은 지금도 하나님께서 오래 참으시며 회개할 기회를 주시는데도 하나님의 사랑을 멸시하고 있다.

롬 2:4-5 "4혹 네가 하나님의 인자하심이 너를 인도하여 회개케 하심을 알지 못하여 그의 인자하심과 용납하심과 길이 참으심의 풍성함을 멸시하느뇨 5다만 네 고집과 회개치 아니한 마음을 따라 진노의 날 곧 하나님의 의로우신 판단이 나타나는 그날에 임할 진노를 네게 쌓는도다"

사도행전 7장에서 스데반이 전하는 말씀을 듣고 있던 이스라엘 백성들은 마음에 찔림을 받고도 마음이 강팍하기 때문에 이를 갈았으며 결국 스데반을 죽였다.(행 7:51-54) 마음에서 나오는 죄들을 회개하지 않으면 누구라도 마음이 강팍케 된다. 교회들이 돈을 사랑하는 마음과 남을 미워하는 마음을 그대로 가지고 하나님께 예배를 드리는 이러한 잘못을 반복하고 있다면 남은 것은 하나님의 진노뿐이다. 목회자들이나 교인들이 범죄를 저지르거나 부정한 일에 연루가 되면 사회의 지탄을 받는다. 그럴 때마다 '교회가 이러면 되겠는가?' 하는 자성의 목소리를 낸다. 회개하여 하나님께로 돌아가자고 외치는 설교자들도 가끔은 있다. 하지만 바른 회개란 말로만 하는 것이 아니라 하나님께로 돌아가서 회개에 합당한 열매가 있어야 한다. 유대인들이 바울 사도를 잡아 죽이려고 한 이유 중의 하나가 회개하고 하나님께 돌아가 회개에 합당한 일을 행하라고 했기 때문이다.

행 26:20-21 "20먼저 다메섹에와 또 예루살렘에 있는 사람과 유대 온 땅과 이방인에게까지 회개하고 하나님께로 돌아가서 회개에 합당한 일을 행하라 선전하므로 21유대인들이 성전에서 나를 잡아 죽이고자 하였으나"

유대인들 입장에서는 자기들처럼 잘 믿는 사람도 없는데 회개하라고 하니 이를 갈면서 죽이려고 했던 것이다. 지금의 교회들도 하나님께 영광을 돌리는 교회가 되려면 말씀으로 돌아가야 한다고 말로는 주장한다. 하지만 정작 말씀에 기록된 대로 회개에 합당한 열매를 맺을 수 있는 진정한 회개는 하지 않는다. 전도서 12장은 사람의 본분은 '하나님을 경외하고 명령을 지키는 것'이라고 말씀한다. 믿는 것이 사람의 본분이 아니라 '하나님을 경외하고 명령을 지키는 것'이 사람이 마땅히 하여야 할 일이다.

전 12:13-14 "13일의 결국을 다 들었으니 하나님을 경외하고 그 명령을 지킬찌어다 이것이 사람의 본분이니라 14하나님은 모든 행위와 모든 은밀한 일을 선악간에 심판하시리라"

앞에서 여러 번 언급한대로 경외도 그리스도 비밀로만 이루어지며 명령을 지키는 것도 내가 노력해서 되는 것이 아니다. 모든 명령은 그리스도 안에서 하나님을 경외하는 자만이 지킬 수 있기 때문에 그리스도의 비밀이 아니고서는 사람다운 삶을 살게 하는 길이 없다. 말씀을 행할 수 있는 길은 신명기에서 말씀하신 바와 같이 말씀이 내게 심히 가까이 있으며 나의 마음에 있을 때이다.

신 30:14 "오직 그 말씀이 네게 심히 가까와서 네 입에 있으며 네 마음에 있은즉 네가 이를 행할 수 있느니라"

말씀이 마음에 있으려면 우리가 먼저 주님 안에 있어야 한다. 열정적인 교회일수록 성경공부를 많이 한다. 그 이유는 말씀을 더 잘 알아서 하나님 말씀대로 살기 위함이지 남에게 성경지식을 자랑하기 위해서는 아닐 것이다. 갈라디아서는 증거하기를 성경을 연구하면 우리를 그리스도 앞으로 인도한다고 말씀한다.(갈 3:24-26) 그리스도 앞에 오면 죄를 깨닫고 죄를 회개를 하고 그리스도 안에 들어가 주님을 만나야 하는데 죄에 대한 깨달음이(롬 3:20) 없으면 성경을 머리로만 이해하는 현대판 바리새인이 되는 것이다. 믿음은 그리스도 예수 안에서 하나님의 아들이 되는 것이라고 성경이 말씀해도 그리스도 안에 들어가지 못하니 하나님께서 약속하신 아들의 복을 받지 못하고 산다.

성경은 연구해서 깨달아지는 것이 아니라 하나님께서 깨닫게 해 주셔야 하며 사람이 자기 지혜로는 하나님을 알지 못한다.(고전 1:21) 그런데도 교인들은 자기의 열심을 가지고 성경공부를 하며 자기 노력으로 말씀이신 하나님을(요 1:1) 알려고 하니 하나님의 살아 계심을 체험하지 못하는 것이다. 성경은 내가 공부해서 알아지는 것이 아니라 죄를 깨닫게 해주는 율법으로 읽어야 하며(롬 3:20) 깨달은 죄들을 그리스도의 피로 회개할 때 하나님께서 우리의 마음을 열어서 말씀을 깨닫게 해 주시는 것이다.

눅 24:44-45 "44또 이르시되 내가 너희와 함께 있을 때에 너희에게 말한바 곧 모세의 율법과 선지자의 글과 시편에 나를 가리켜 기록된 모든 것이 이루어져야 하리라 한 말이 이것이라 하시고 45이에 저희 마음을 열어 성경을 깨닫게 하시고"

죄인인 우리는 직접 하나님께 나아갈 수 없다. 그래서 우리에게 중보자인 그리스도 예수를 주셨으며 죄를 씻는 그리스도와의 관계가 먼저 이루어져야 그리스도 예수 안의 구속이 이루어진다. 모든 것이 나의 공로나 노력으로 되는 것이 아니고 전적인 하나님의 은혜로만 된다.

롬 3:23-24 "23모든 사람이 죄를 범하였으매 하나님의 영광에 이르지 못하더니 24그리스도 예수 안에 있는 구속으로 말미암아 하나님의 은혜로 값 없이 의롭다 하심을 얻은 자 되었느니라"

우리가 먼저 그리스도 안에 있어야 예수께서 우리 안에 들어오시는 믿음이 이루어지며(고후 13:5) 그때 예수님께서는 우리에게 지혜와 의로움과 거룩함과 구속함이 되시는 것이다. 순서가 바뀌면 아무것도 이루어지지 않는다. 교인들이 입으로는 '거룩 거룩'을 말하지만 그들의 삶속에서 거룩함을 찾아보기는 힘든 이유는 성경말씀과 거리가 멀기 때문이다. 이제는 바로 깨달아 진정 말씀으로 돌아가야 한다.

고전 1:30-31 "30너희는 하나님께로부터 나서 그리스도 예수 안에 있고 예수는 하나님께로서 나와서 우리에게 지혜와 의로움과 거룩함과 구속함이 되셨으니 31기록된바 자랑하는 자는 주 안에서 자랑하라 함과 같게 하려 함이니라"

우리를 구속하신 분은 거룩하신 분이시며 우리에게도 거룩하라고 말씀하신다.(벧전 1:15-16) 거룩함은 '그리스도 예수'안에서만 이루어진다. 교회들이 거룩에 대한 사전적 정의를 내리고 원어의 뜻을 찾으면서 공부를 해도 내면에서 거룩함이 이루어지지 않는다면 아무런 소용이 없다. 형식적인 거룩은 자기도 모르게 스스로를 바리새인으로 만든다. 하나님의 비밀은 그리스도를 깨닫는 것인데(골 2:2) 그리스도 안에 들어가지 않으면 지혜도 의도 거룩함도 구속함도 없다. 바울 사도를 비롯한 제자들도 '예수가 바로 그리스도"이심을 전하였다.(행17:3, 행 18:5, 요 20:31) 성경에 기록되어 우리에게 전하여진 것은 예수께서 하나님의 아들 그리스도이심을 우리로 믿게 하고 그 이름을 힘입어 생명을 얻게 하려 하심인데 그리스도를 모르니 어떻게 생명을 얻을 수 있겠는가?

요 20:31 "오직 이것을 기록함은 너희로 예수께서 하나님의 아들 그리스도이심을 믿게 하려 함이요 또 너희로 믿고 그 이름을 힘입어 생명을 얻게 하려 함이니라"

우리가 믿고 있는 것처럼 하나님께서는 전능자이시며 존재하지 않는 곳이 없으신 무소부재(無所不在)하신 분이시다. 예레미아서는 천지에 충만하신 여호와 하나님으로 기록하고 있으며 시편은 모든 곳에 존재하시는 하나님으로 말씀하신다. 이사야서는 하늘은 하나님의 보좌이고 땅은 발등상이라고 하시며 하나님께서 모든 곳에 존재하고 계심을 말씀한다.(렘 23:24, 시 139:7-10, 사 66:1) 이렇게 전능하시며 무소부재하신 하나님은 그리스도 안에 계신다. 그런즉 먼저 그리스도를 만나지 않고서는 하나님께로 갈 수가 없다.

고후 5:19 “이는 하나님께서 그리스도 안에 계시사 세상을 자기와 화목하게 하시며 저희의 죄를 저희에게 돌리지 아니하시고 화목하게 하는 말씀을 우리에게 부탁하셨느니라”

교회들은 너무나도 오랜 세월동안 그리스도를 무시하고 성 삼위가 되시는 예수님만 붙잡고 하나님께 나아가려고 했다. 예수님은 말씀 그대로 길이시며 진리이시며 생명이시다. 예수님으로 말미암지 않으면 하나님께로 갈 수가 없다.(요 14:6) 하지만 많은 교회들이 예수님께서 직접 자신이 그리스도임을 말씀하셨는데도 그 뜻을 깨닫지 못하고 ‘예수’만 부르다가 하나님께로 나아가지 못했다. 예수님은 하나님 아버지 안에 계시며 우리가 그리스도 안에 들어가서 주님 안에 있으면 예수 그리스도께서 우리 안에 계시는 믿음이 된다.(고후 13:5)

요 14:20 “그 날에는 내가 아버지 안에 너희가 내 안에 내가 너희 안에 있는 것을 너희가 알리라”

오늘도 우리 앞에는 ‘생명과 복’ 아니면 ‘사망과 화’ 오직 두 가지 선택지만 있을 뿐이다. 안타깝게도 수많은 사람들이 자기도 모르게 생명과 복 대신에 사망과 화를 선택하고 있다.

신 30:15-16 “15보라 내가 오늘날 생명과 복과 사망과 화를 네 앞에 두었나니 16곧 내가 오늘날 너를 명하여 네 하나님 여호와를 사랑하고 그 모든 길로 행하며 그 명령과 규례와 법도를 지키라 하는 것이라 그리하면 네가 생존하며 번성할 것이요 또 네 하나님 여호와께서 네가 가서 얻을 땅에서 네게 복을 주실 것임이니라”

누구나 생명과 복을 받기 원하지 사망이나 화를 받고 싶은 사람은 없다. 그럼에도 불구하고 사망과 화를 선택하는 이유는 생명과 복의 길로 어떻게 가는지를 모르기 때문이다. 뿐만 아니라 많은 사람들이 그렇다고 하니 그 길이 옳은 줄로 알고 무조건 따라가는 것이다.(마 7:13-14) 다수결로 한다면 약속의 땅을 폄하했던 열 지파의 보고가 맞겠지만 사실은 우리가 알다시피 여호수아와 갈렙이 옳았다.

오늘날도 많은 사람들이 교단과 교파의 전통과 교리라는 명목 하에 그 길이 옳은 줄 알고 따라가고 있지만 이 세상에서 절대로 변하지 않으며 옳은 것은 진리이신 하나님 말씀뿐이다. 그리스도의 비밀은 우리의 눈을 뜨게 하여 생명과 복의 길을 가게 한다. 그리스도의 비밀을 따르는 것은 많은 사람들이 가지 않기 때문에 좁은 길처럼 보이지만 이 길만이 형통의 길이요 축복의 길이다. 예수님을 따랐던 대다수의 많은 사람들이 결국 생명의 말씀을 버리고 예수님을 떠났다. 생명의 길을 선택한 열 두 제자들은 적은 수였고 미약해 보였고 그 당시에는 어리석은 선택을 한 것 같았지만 이들을 통해서 하나님의 복음이 전 세계로 전파되었으며 우리에게까지 전해진 것이다. 여호수아와 갈렙의 가나안 땅에 대한 보고가 다수의 이스라엘 백성에게는 너무나도 무모하고 과장된 것 같았지만 결국은 그들이 약속의 땅을 얻었다. 오늘날도 단지 몇 개의 성경 구절을 가지고 교리를 만들어서 진리인양 호도하는 다수의 무리가 있지만 생명의 말씀을 선택하여 성경이 말씀하고 있는 그리스도의 비밀을 따르는 사람들만이 결국은 하나님께 영광을 돌리며 나라를 영화롭게 하며 빛이 되는 삶을 살 것이다. 주님은 지금 우리에게 묻고 계신다. "너희도 가려느냐" 영생의 말씀인 줄 알고 주님을 따르는 사람들만이 생명을 얻는다.

요 6:67-68 "67예수께서 열 두 제자에게 이르시되 너희도 가려느냐

68시몬 베드로가 대답하되 주여 영생의 말씀이 계시매 우리가 뉘게로 가오리이까"

그리스도의 비밀 앞에서 우리가 해야 할 일은 둘 중 하나를 선택하는 것이다. "이 말은 어렵도다 누가 들을 수 있겠는가" 하면서 떠나갔던 대다수 제자들의 선택과 "영생의 말씀이 계시매 우리가 뉘게로 가오리까?"라고 말했던 열 두 제자들의 선택이다. 무엇을 선택하겠는가?

이 책을 쓰고 나서

여기에 쓰인 모든 내용들은 나의 이론이나 논리의 전개도 아니다. 내가 연구해서 얻어낸 것도 아니며 스스로 깨달아서 안 것도 아니다. 하나님의 기적과도 같은 섭리와 인도하심을 따라서 오래전에 4단계 회개복음을 전해 받았다. 이 복음을 전해 주신 박 목사님은 이미 주님 품으로 가셨다. 박 목사님은 자기 목숨을 아끼지 아니하시며 복음을 전하셨고 주님의 뜻을 따라 순종하시면서 많은 목회자들과 성도들에게 주님의 사랑을 그대로 보여 주신 분이다. 그리스도의 비밀을 알기 전에는 새해가 되면 기도원 바위에서 무릎을 꿇으며 하나님께 나아가기 위해 애썼고 새벽기도는 물론 금요철야와 선교단체의 찬양모임까지 빠지지 않고 참석하면서 하나님을 찾았지만 내게는 너무나도 멀고 먼 하나님이셨다. 그러나 그리스도의 비밀로 만난 하나님은 참으로 은혜로우시며 자비하시며 인자하심이 크신 사랑의 하나님으로 나에게 다가오셨다.

시 145:8 "여호와는 은혜로우시며 자비하시며 노하기를 더디하시며 인자하심이 크시도다"

이 책을 쓰게 된 동기는 너무나도 좋으신 하나님 아버지를 모든 사람들이 바로 알고 만났으면 하는 바람과 경외로 재앙을 막아야 함을 전하기 위함이다. 세상 곳곳에서는 지금 온갖 재난과 재앙이 넘쳐나고 있는데 교인들도 믿지 않는 자들과 똑같이 속수무책으로 당하고 있으니 안타까운 일이다. 하나님께서는 죄와 악은 미워하시지만 회개하는 심령에게는 최고의 좋은 것으로 갚아 주시는 사랑의 아버지이시다.

롬 8:32 "자기 아들을 아끼지 아니하시고 우리 모든 사람을 위하여 내어주신 이가 어찌 그 아들과 함께 모든 것을 우리에게 은사로 주지 아니하시겠느뇨"

지금은 그런 사람들이 별로 없지만 초기에 4단계 회개복음을 전할 때는 말씀을 문맥상으로 보아야 한다며 여기저기서 말씀을 인용하는 것에 대해 거부감을 가지는 사람들도 있었다. 성경 어디에서도 말씀을 문맥상으로 해석해야 한다고 하지 않으셨다. 도리어 예수님과 사도들은 성경을 자유롭게 오가면서 인용하며 말씀을 전했다. 그 예로써 사도행전 13장에서 바울 사도가 안디옥에서 전도를 하면서 말씀을 전하는데 사무엘상 13장 말씀을 비롯해서 시편 89편 20절, 시편 2편 7절, 이사야 55장 3절, 그리고 시편 16편 10절을 인용하였다. 문맥상으로 성경을 보았다면 이렇게 성경을 자유롭게 인용하면서 말씀을 전할 수 없다.

우리는 하루라도 빨리 사람의 편견과 이론과 해석에서 벗어나 하나님의 말씀으로 돌아가야 한다. 하나님께서는 이 책에 기록된 것들 외에도 수많은 기적들과 은혜를 베푸셨으며 형통에서 형통으로 인도하여 주셨다. 지난 몇 년 동안에 세계를 약 30번 이상 돌면서 복음을 전하게 하셨는데 곳곳에서 목회자들이 통회 자복하니 지역이 변화되고 교회가 부흥되는 은혜를 베푸셨다. 이 모든 것이 전적인 주님의 은혜로 된 것이지 나의 공로가 아니다. 우리의 자랑은 오직 주 예수 그리스도 십자가뿐이다.

갈 6:14 "그러나 내게는 우리 주 예수 그리스도의 십자가 외에 결코 자랑할 것이 없으니 그리스도로 말미암아 세상이 나를 대하여 십자가에 못 박히고 내가 또한 세상을 대하여 그러하니라"

복음을 전하는 것은 자랑할 일이 아니라 마땅히 해야 할 일이다.

고전 9:16 "내가 복음을 전할찌라도 자랑할 것이 없음은 내가 부득불 할 일임이라 만일 복음을 전하지 아니하면 내게 화가 있을 것임이로라"

어떤 사람들은 회개를 많이 하다 보니 오히려 죄책감에 더 사로잡히는 것 같다고 변명을 하는데 이것은 단순한 걱정에 불과하다. 회개를 많이 할수록 마음은 더 안정되고 여유롭게 되며 못된 옛 성품에서 벗어나 사람들에게 관용을 베풀 줄 아는 사람이 된다. 그리고 가장 중요한 것은 죄를 많이 회개할수록 은혜를 많이 받을 뿐 아니라(롬 5:20) 하나님을 더 사랑하게 되고 전혀 생각지도 못했던 예비 된 하나님의 복을 받게 된다. 이 얼마나 놀라운 축복인가?

고전 2:9 "기록된바 하나님이 자기를 사랑하는 자들을 위하여 예비하신 모든 것은 눈으로 보지 못하고 귀로도 듣지 못하고 사람의 마음으로도 생각지 못하였다 함과 같으니라"

사람들이 오해하는 것이 또 한 가지 있다. 말씀에 순종하며 살아야 한다고 말하면 사람은 어차피 말씀을 다 지키지 못하기 때문에 불가능하다는 논리로 반박을 한다. 서기관들과 바리새인들은 자신들의 노력으로 율법을 지키려고 하다가 더 큰 죄에 빠졌을 뿐 아니라 하나님의 아들을 정죄하고 죽였다. 율법은 나의 노력으로 지키라고 주신 것이 아니라 죄를 깨달으라고 주신 것이다. 성경을 율법으로 읽으면서 죄를 회개하고 그리스도 안에 있을 때 하나님께서 주시는 성령을 받고 성령의 열매인 사랑이 나타나면 율법의 모든 것을 지킨 바가 된다. 즉 사랑은 율법을 완성케 한다.

롬 13:10 “사랑은 이웃에게 악을 행치 아니하나니 그러므로 사랑은 율법의 완성이니라”

어떤 사람들은 4단계 회개라는 말이 성경에 없다고 거부감을 나타내지만 말씀에 깨달음을 얻고 보면 4단계 회개가 성경적인 회개임을 알게 될 것이다. 성경에는 삼위일체라고 문자 그대로 기록되어 있지 않지만 지금 우리 모두는 삼위일체란 단어를 사용하면서 하나님께서 삼위일체 되심을 믿는다. 성경은 살아 계신 생명력이 있는 말씀이지 이론이나 어떠한 사상의 체계가 아니다. (히 4:12-13)

교회나 사람들에게 상처를 받고 실망하여 신앙생활을 중단한 사람들이 있는가? 아무리 애써서 기도를 해 보아도 응답이 없어서 안타까워하고 있는가? 질병의 고통으로 신음하고 있거나 사고가 날까 두렵고 혹은 여러 가지 문제 때문에 걱정 속에서 살고 있는가? 그리스도의 비밀은 모든 문제들과 안타까운 마음을 깨끗이 치유하고 해결해 준다. 단 한 번뿐인 우리의 짧은 인생동안 고통과 좌절 속에서 느꼈던 실망감들은 지나간 날들로 족하다. 그리스도 안에서 새로운 피조물이 되어 날마다 새롭고 복된 삶을 살기를 주님의 이름으로 축원하는 바이다.

시 84:10-11 “10주의 궁정에서 한 날이 다른 곳에서 천날보다 나은즉 악인의 장막에 거함보다 내 하나님 문지기로 있는 것이 좋사오니 11 여호와 하나님은 해요 방패시라 여호와께서 은혜와 영화를 주시며 정직히 행하는 자에게 좋은 것을 아끼지 아니하실 것임이니이다”

그리스도의 비밀

초판 1쇄 발행 2024년 12월 24일

지은이 Paster Joshua Kim
펴낸이 박남선
펴낸곳 도서출판 경외
주소 충북 청주시 서원구 구룡산로 338번길 16-11
전화 043-293-3491

ISBN 979-11-990680-0-1 (03230)

- 가격은 뒤표지에 있습니다.

- 파본은 구입하신 서점에서 교환해 드립니다.